Best of Basics

Unschlagbar: Die Lieblingsrezepte aus allen Basics. Einfach genial!

Back to Basics:

Alles braucht

Aber manchmal kann es auch ganz schnell gehen. Da geistert im Sommer 1998 zum Beispiel eine Idee durch die Redaktion: Wie wäre es denn mal mit einem ganz neuen Typ Kochbuch – für alle, die bisher nur einen großen Bogen um die Küche gemacht haben. Die Zeit dafür ist einfach reif. Klar, es muss natürlich völlig anders aussehen als gewohnt. Die Rezeptmischung muss passen. Und der Sprachstil das gewisse Etwas haben. Erste Gespräche machen die Runde im Verlag und dann fällt ein schneller Startschuss: Bitte gleich, bitte bald! Also sofort.

Keine Zeit zum Zögern. Es ist fast Herbst und gleich nach Neujahr wird gedruckt. Wer soll der Autor sein? Sebastian Dickhaut, der kann toll schreiben. Schafft er das alleine? Eher nicht, meint er, weil er im Moment seine Koffer packt und mit der Familie nach Sydney auswandert.
Na gut, dann übernimm doch Du die Rezepte, Sabine.
Und Katharina die Redaktion.
Redaktionsleiterin Birgit Rademacker räumt alle Zweifel aus und hält uns den Rücken frei – der Termin muss doch zu schaffen sein!

Das Autorenteam geht in Klausur: Wer bastelt uns ein ultrachices jugendliches Layout? Thomas Jankovic und Sybille Engels.
Und wer liefert Rezeptfotos, schön klar, frisch, easy, die zum Look des Buches passen? Foodfotografin Barbara Bonisolli mit Team.

Sebastians Abflug nach Australien bedeutet: ratternde Faxgeräte im Dauereinsatz, kleine Pannen inklusive. Warum nicht die Texte schnell per E-Mail schicken? Nicht im Winter 1998. Aber für beide Autoren und das gesamte Basic-Team gilt ab sofort nur noch ein Gedanke: Wie schaffen wir es, ein Buch zu machen, das wirklich anders ist.

Kurz vor Jahresende folgt ein kleiner Zwischenspurt: die Peoplefotos. Denn das wird das Novum in der Welt der Kochbücher. Zwischen zwei Buchdeckeln wurden bis dahin nur besternte und dekorierte Profiköche gesichtet, denen alles am Herd gnadenlos perfekt von der Hand geht. Wir wollen es wieder anders: keine Profis, keine Perfektion! Kurzerhand werden Kollegen und Familienmitglieder zu Basic-Models erklärt, die alle mit bester Laune dabei sind und sich auf ein Experiment mit offenem Ausgang freuen. Das findet bald darauf statt in der Wohnung von guten Freunden, die mal

seine Zeit*

schnell für ein paar Tage verschwinden und Platz machen, auch in ihrem Kühlschrank. Aber wer um Gottes Willen traut sich zu, an einem Wochenende mit einem Haufen kochlustiger junger Leute mitreißende Szenen in einer Küche zu fotografieren? Und dann überrascht der Fotograf Axel Walter das versammelte Team – denn er ist der Profi schlechthin! Lässig, lustig, entspannt und vor allem entschlossen, aufs Ganze zu gehen. Drum lässt er auch erst mal einen grandiosen Herd durchs Treppenhaus in den fünften Stock ohne Lift anschleppen, den wir mitten im Raum platzieren können. Damit seine Kamera von allen Seiten den Blick aufs Geschehen hat, wenn die Modelgruppe fröhlich im Topf rührt.

Das Experiment gelingt: Aus dem 2-tägigen Koch-Marathon zaubert die Basic-Kurzzeit-WG eine unvergleichlich lebensfrohe Bildergeschichte, die alle im Verlag endgültig begeistert.

Jetzt geht alles noch schneller. Das Buch wird gedruckt und erscheint pünktlich – im Frühjahr 1999. Wer bisher erwartet hatte, dass nur eine Handvoll blutjunger Kochanfänger Feuer fängt, kann schon nach 5 Tagen seine Meinung ändern. Denn da wird nachgedruckt, die ersten 30.000 Exemplare sind gleich weg. Auf der Buchmesse im Herbst reißen sich ausländische Verlage um die Lizenz – und kurz darauf ist Basic cooking in 11 Sprachen übersetzt. Und mit Medaillen geschmückt.

Aber das Spektakulärste kam erst noch: E-Mails! E-Mails von Basic-Lesern, die reichlich Gebrauch machten von dieser ganz neuen Art der Kommunikation. Ein intensiver und schneller Austausch, heute selbstverständlich, damals völlig neu.

Die Folge: Basic baking. Italian Basics. Und viele andere Themen, die sich kochfreudige Leser wünschen und die nach und nach die Basic-Familie vergrößern.
Für diese fabelhafte Aufgabe kommt zusätzlich Cornelia Schinharl an Bord, die mit GU eng verbundene, ideenreiche und bewährte Autorin. Fast alle Rezepte der nachfolgenden Basics werden von ihr mit viel Gefühl und Geschmack erdacht, gekocht, geschrieben.

Und aus diesem gewaltigen Rezepte-Fundus entstand jetzt der hier vorliegende Sammelband: Best of Basics – 300 Lieblingsrezepte, die jeden an den Herd locken!

* Diese Zeit ist und bleibt für uns alle unvergesslich. Und wir freuen uns heute noch über den magischen Moment, als es einfach hieß: Macht mal!

Best of Basics

Inhalt

Snacks,

Sandwiches & Fingerfood

Kleiner Hunger, große Party oder ständig unterwegs? Alles kein Problem: Hier gibt's die besten Kleinigkeiten zum Schnabulieren und Probieren, Dazwischenessen und Fingerschlecken.

Bruschetta

Genial einfach und gut

Zutaten für 4 Personen:
½ Bund Basilikum
3–4 Tomaten
4 EL bestes Olivenöl
Salz | Pfeffer
4 große Scheiben italienisches Weißbrot
4 Knoblauchzehen

Zubereitungszeit: 15 Minuten
Kalorien pro Portion: 140

1 Basilikumblättchen von den Stängeln zupfen, in feine Streifen schneiden. Die Tomaten waschen und würfeln – ohne die Stielansätze. Beides mit dem Öl vermischen, salzen und pfeffern.

2 Die Brote halbieren und rösten – im Toaster oder im Backofen auf höchster Stufe (etwa 4 Minuten).

3 Inzwischen den Knoblauch schälen. Die heißen knusprigen Brote damit einreiben, sie funktionieren wie eine Reibe. Tomaten drauf und gleich essen.

Gemüsecrostini mit Mandeln

Schnell gemixt

Zutaten für 4 Personen:
1 Tomate | 1 Knoblauchzehe
1 gelbe oder rote Paprikaschote
1 Stück Salatgurke | 2 EL Mandeln
ein paar Blättchen Basilikum
4 EL Olivenöl
Salz | Pfeffer
8 Scheiben Weißbrot

Zubereitungszeit: 15 Minuten
Kalorien pro Portion: 235

1 Tomate waschen, Knoblauch schälen, Paprika und Gurke waschen und putzen. Alles mit den Mandeln nicht zu fein zerkleinern (am besten in einem Mixer). Basilikum in Streifen schneiden, mit Öl untermischen. Salzen und pfeffern.

2 Backofen auf 250 Grad vorheizen (auch schon jetzt: Umluft 230 Grad). Die Brotscheiben aufs Blech legen und im Ofen (Mitte) etwa 4 Minuten rösten. Oder im Toaster braun und knusprig backen. Gemüse drauf, fertig!

Crostini mit Olivencreme

Auch mit schwarzen Oliven sehr lecker

Zutaten für 4 Personen:
1 Bund Basilikum
100 g entsteinte grüne Oliven
1 getrockneter Peperoncino
1 EL Pinienkerne
2 EL Olivenöl
12 dünne Scheiben Weißbrot

Zubereitungszeit: 15 Minuten
Kalorien pro Portion: 155

1 Basilikumblättchen von den Stängeln zupfen. Mit Oliven, Peperoncino, Pinienkernen und Öl fein pürieren (im Mixer oder mit dem Pürierstab). Salz braucht's eher nicht, weil die Oliven schon genug davon haben.

2 Die Brotscheiben toasten oder im Backofen etwa 4 Minuten rösten (siehe links). Mit der Creme bestreichen und bald essen.

Kräutercrostini mit Backtomaten

Raffinierte kleine Vorspeise

Zutaten für 4 Personen:
12 Kirschtomaten
2 Knoblauchzehen
1 EL Pinienkerne
2 EL frisch geriebener Parmesan
5 EL Olivenöl
Salz | Pfeffer
je ½ Bund Petersilie und Basilikum
2 Frühlingszwiebeln
12 Scheiben Ciabatta oder anderes italienisches Weißbrot

Zubereitungszeit: 25 Minuten
Kalorien pro Portion: 345

1 Den Backofen auf 225 Grad vorheizen (auch schon jetzt: Umluft 200 Grad). Die Tomaten waschen und halbieren, nebeneinander in eine ofenfeste Form legen. Den Knoblauch schälen und mit den Pinienkernen auf ein Brett legen. Mit einem großen Messer gut durchhacken, mit dem Käse und 1 EL Öl verrühren.

2 Die Tomaten salzen und pfeffern und die Käsemischung drauflöffeln. Tomaten in den Ofen (Mitte) schieben und etwa 12 Minuten backen.

3 Inzwischen die Kräuter abbrausen und gut trocken schütteln. Die Blättchen abzupfen und fein hacken. Die Frühlingszwiebeln waschen, die Wurzelbüschel und die dunkelgrünen welken Teile abschneiden, den Rest schön fein hacken. Mit den Kräutern und übrigem Olivenöl verrühren, mit Salz und Pfeffer würzen.

4 Brotscheiben während der letzten 5 Minuten neben der Form mit den Tomaten in den Ofen legen. Brote aus dem Ofen nehmen (Vorsicht, die sind gut heiß!) und auf eine Platte geben. Zuerst die Kräutermischung drauflöffeln, dann die Brote mit je 2 Tomatenhälften belegen. Warm essen.

Auch gut:

Statt der Tomaten kleine Ziegenkäse quer halbieren, mit ein wenig Olivenöl bestreichen und für ein paar Minuten unter den heißen Grill schieben. Auf die Kräuterbrote legen.

Lachstramezzini

Echte Partyhäppchen

Zutaten für 4 Personen:
200 g Räucherlachs
1 kleiner junger Zucchino
½ Bund Dill
100 g Ricotta (ersatzweise Frischkäse)
50 g Salatmayonnaise
Salz | Pfeffer
4 Salatblätter
8 Scheiben Sandwichbrot

Zubereitungszeit: 25 Minuten
Kalorien pro Portion: 350

1 Lachs klein würfeln. Zucchino nach dem Waschen auch. Den Dill abbrausen, trocken schütteln, Spitzen fein schneiden. Den Ricotta mit Mayonnaise verrühren, Lachs, Zucchini und Dill drunterrühren, mit Salz und Pfeffer würzen. Die Salatblätter waschen und abtupfen, die dicken Rippen rausschneiden.

2 Die Hälfte der Brotscheiben mit Salat belegen, die Lachsmischung drauf verstreichen. Übrige Brote drauflegen und leicht andrücken. Mit einem scharfen Messer in kleine Würfel schneiden.

Tramezzini mit Fischcreme

Cremig und leicht – ideal für den lauen Sommerabend

Zutaten für 4 Personen:
300 g geräuchertes Fischfilet (Forelle oder Saibling) oder 200 g Räucherlachs oder 300 g Thunfisch aus der Dose (naturell, im eigenen Saft)
1 Sardellenfilet (in Öl)
½ Bio-Zitrone
100 g Crème fraîche
2 TL Kapern
Salz | Pfeffer
1 Handvoll Kerbel oder ½ Bund Basilikum
8 Scheiben Sandwichbrot
4 Salatblätter oder 1 Handvoll Rucola

Zubereitungszeit: 20 Minuten
Kalorien pro Portion: 280 kcal

1 Das Fischfilet oder den Räucherlachs zerpflücken oder Thunfisch abtropfen lassen, Sardellenfilet grob zerkleinern. Die Zitronenhälfte heiß waschen und abtrocknen, die Schale fein abreiben.

2 Fischfilet, Räucherlachs oder Thunfisch mit der Crème fraîche, der Zitronenschale, der Sardelle und den Kapern mit dem Pürierstab fein pürieren, mit Salz und Pfeffer würzen. Kräuter abbrausen, trocken schütteln, fein hacken und unter die Creme rühren.

3 Die Brotscheiben toasten. Die Salatblätter oder den Rucola waschen und trocken schütteln, alle dicken Blattrippen flacher schneiden. Salat oder Rucola auf die Hälfte der Brotscheiben legen, mit der Creme bestreichen. Die übrigen Brotscheiben darauflegen, die Brote leicht zusammendrücken, diagonal halbieren, auf Tellern anrichten.

Frischkäsebrote mit Lachs

Hingucker beim Sonntagsbrunch

Zutaten für 4 Personen:
1 kleiner Zucchino (etwa 100 g)
1 Frühlingszwiebel | ¼ Bio-Zitrone
125 g Doppelrahm-Frischkäse
Salz | Pfeffer
12 dünne Scheiben Baguette (leicht schräg geschnitten)
100–150 g Räucherlachs (in dünnen Scheiben)

Zubereitungszeit: 15 Minuten
Kalorien pro Portion: 335 kcal

1 Zucchino waschen, putzen und auf der Küchenreibe fein raspeln. Die Frühlingszwiebel waschen, putzen und fein hacken. Zitronenviertel heiß waschen und abtrocknen, Schale fein abreiben. Alles mit dem Frischkäse verrühren und mit Salz und Pfeffer würzen.

2 Den Zucchinofrischkäse auf den Brotscheiben verstreichen. Lachs in Stücke zupfen und darauflegen.

Pan bagnat

Snack aus Südfrankreich

Zutaten für 4 Personen:
2 weiße Zwiebeln (die milden, sonst rote nehmen)
2 Dosen Thunfisch (im Sud, je 150 g)
8 Kopfsalatblätter (schöne große, sonst ein paar mehr)
2 EL schwarze Oliven | 4 Tomaten
2 EL Essig | 6 EL Olivenöl
Salz | Pfeffer
1 Baguette

Zubereitungszeit: 25 Minuten
+ mindestens 1 Stunde Kühlen
Kalorien pro Portion: 375

1 Die Zwiebeln schälen, einmal durchschneiden und aufs Brett legen. Hälften in ganz feine Streifen schneiden. Den Thunfisch abtropfen lassen, zerpflücken. Kopfsalat waschen, trocken tupfen und in Streifen schneiden. Die Oliven ganz lassen (dann muss man später Kerne spucken) oder entsteinen. Wer beides nicht mag, kauft einfach Oliven ohne Stein. Tomaten waschen und würfeln.

2 Essig und Öl mit einer Gabel cremig verschlagen. Salzen, pfeffern und mit den übrigen klein geschnittenen Zutaten vermischen. Eventuell noch nachwürzen.

3 Das Baguette der Länge nach durchschneiden, dann je in vier gleich große Stücke schneiden. Salat auf die unteren Hälften verteilen. Obere Stücke darauflegen. Jedes Brotstück in Klarsichtfolie einpacken und mindestens 1 Stunde in den Kühlschrank legen.

Croque monsieur

Feiner Imbiss

Zutaten für 4 Personen:
8 Scheiben Toastbrot | 60 g Butter
4 Scheiben roher oder gekochter Schinken (so groß wie die Toastscheiben)
4 Scheiben Comté oder Cantal (so groß wie die Toastscheiben)
1 EL Öl

Zubereitungszeit: 15 Minuten
Kalorien pro Portion: 355 kcal

1 Alle Toastscheiben auf einer Seite mit etwas Butter bestreichen. Die Hälfte der Scheiben auf der bestrichenen Seite mit 1 Schinken- und 1 Käsescheibe belegen. Die übrigen Toasts mit der Butterseite nach unten darauflegen und leicht andrücken.

2 In einer großen Pfanne die restliche Butter mit dem Öl heiß werden lassen. Die Hitze auf mittlere Stufe schalten. Die zusammengeklappten Brote in die Pfanne legen und 1 ½ Minuten braten, dann umdrehen und noch mal so lange braten, bis sie rundum schön braun sind. Dabei zwischendurch mit einem Spatel daraufdrücken, damit die Toastscheiben durch den schmelzenden Käse gut zusammenhalten. Auf Teller legen und gleich essen.

Peperonata-Brötchen mit Grillkäse

Herzhaft, würzig, vegetarisch

Zutaten für 4 Personen:
je 1 rote, grüne und gelbe Paprikaschote
2 Zwiebeln
3 EL Olivenöl
2 TL frische Thymianblättchen oder knapp 1 TL getrockneter Thymian
2 TL Tomatenmark
Salz | Pfeffer
300 g Schafskäse (Feta)
4 größere flache Brötchen (Sandwich- oder Baguettebrötchen, manchmal heißen sie auch Bauernsemmeln oder Ciabattini)

Zubereitungszeit: 30 Minuten
Kalorien pro Portion: 430

1 Die Paprikaschoten waschen und längs aufschneiden. Stiele rausbrechen, Trennwände mit den Kernchen abziehen. Wenn noch Kerne in den Schoten sind, kurz unter den Wasserstrahl halten. Die Paprika in knapp 1 cm breite Streifen schneiden. Die Zwiebeln schälen, halbieren und in etwa genauso breite Streifen schneiden.

2 In einem Topf bei starker bis mittlerer Hitze 2 EL Öl heiß werden lassen. Die Zwiebelstreifen mit Thymian (getrockneten vorher zwischen den Fingern leicht zerreiben) kurz andünsten. Die Paprika dazugeben und kurz mitbraten. Tomatenmark mit 1 EL Wasser untermischen, das Gemüse mit Salz und Pfeffer würzen. Deckel drauf, Hitze klein stellen und das Gemüse etwa 8 Minuten garen, bis die Paprika weich werden, aber noch Biss haben. Zwischendurch mal den Deckel abheben und umrühren. Wenn das Gemüse recht trocken aussieht, 1 oder auch 2 EL Wasser dazugeben. Fertige Peperonata lauwarm abkühlen lassen.

3 Den Backofengrill anschalten. Den Schafskäse in 12 gleich dicke Scheiben schneiden, nebeneinander in eine ofenfeste Form legen. Das übrige Olivenöl darüberlaufen lassen und auf dem Käse verstreichen. Den Käse unter die heißen Grillschlangen schieben (mit etwa 10 cm Abstand) und etwa 5 Minuten grillen, bis er braun wird.

4 Die Brötchen aufschneiden. Die Peperonata auf den unteren Hälften verteilen. Den heißen Käse daraufsetzen, obere Brötchenhälften auflegen. Die Brötchen am besten gleich essen.

Avocado-Huhn-Mango-Sandwich

Fruchtig, frisch und leicht

Zutaten für 4 Personen:
400 g Hähnchenbrustfilet
1 EL scharfer Senf
2 EL frisch gepresster Zitronensaft
2 TL Ahornsirup oder flüssiger Honig
1 TL Chilipulver | Salz
1 Avocado | 1 Mango
Pfeffer | 1 Kästchen Gartenkresse
150 g saure Sahne
1 EL Olivenöl | 1 EL Butter
8 Scheiben Sandwichbrot (ersatzweise 4 flache, breite Brötchen, z. B. Ciabatta-Brötchen)

Zubereitungszeit: 30 Minuten
Kalorien pro Portion: 455 kcal

1 Das Hähnchenbrustfilet längs in knapp 1 cm dicke Scheiben schneiden. Senf mit 1½ EL Zitronensaft, dem Ahornsirup oder Honig, Chilipulver und Salz verrühren und die Hähnchenscheiben damit einstreichen.

2 Die Avocado rundherum bis zum Kern einschneiden, Hälften gegeneinanderdrehen und auseinanderlösen. Den Kern herausheben, die Hälften schälen und in dünne Scheiben schneiden. Die Mango schälen und das Fruchtfleisch in dünnen Scheiben vom Stein schneiden. Avocado und Mango mit übrigem Zitronensaft beträufeln und leicht salzen und pfeffern.

3 Die Kresse vom Beet schneiden und mit der sauren Sahne verrühren, mit Salz und Pfeffer abschmecken.

4 Öl und Butter in einer Pfanne erhitzen, bis die Butter aufschäumt. Hitze kleiner stellen (zwischen geringer und mittlerer Hitze). Die Hähnchenscheiben einlegen, etwa 2 Minuten braten, dann umdrehen und noch mal so lange braten.

5 Die Hälfte der Brotscheiben mit der Kressesahne bestreichen. Die Hälfte der Avocado- und Mangoscheiben darauflegen. Darauf kommt jetzt das Hähnchenfilet und darauf dann die übrigen Mango- und Avocadoscheiben. Restliche Brotscheiben auflegen, leicht andrücken und die Sandwiches gleich servieren (mit der Serviette in die Hand nehmen).

Schnitzelbrötchen

Mediterraner Schnellimbiss

Zutaten für 4 Personen:
150 g gehäutete rote Paprikaschoten (aus dem Glas)
4 EL Olivenöl | 2 EL schwarze Oliven
2 Zweige Thymian
Salz | Pfeffer | Chilipulver
4 Artischockenböden oder -herzen (aus dem Glas oder von der Feinkosttheke)
4 Salatblätter
4 Schweineschnitzel (je etwa 120 g)
4 Baguette- oder Ciabattabrötchen

Zubereitungszeit: 25 Minuten
Kalorien pro Portion: 390 kcal

1 Die Paprikaschoten abtropfen lassen, grob zerschneiden und mit 2 EL Öl mit dem Pürierstab fein zerkleinern. Das Olivenfleisch von den Steinen schneiden und fein hacken. Thymian abbrausen und trocken schütteln, die Blättchen abstreifen und mit den Oliven unter das Paprikapüree rühren. Mit Salz, Pfeffer und Chili nach Geschmack würzen.

2 Artischocken abtropfen lassen und in dünne Scheiben schneiden. Salatblätter waschen und trocken schütteln. Wenn nötig, die dicken Mittelrippen flacher schneiden oder ganz rausschneiden.

3 Die Schweineschnitzel mit Salz und Pfeffer würzen. Das restliche Öl in einer Pfanne erhitzen. Schnitzel hineinlegen und pro Seite 2 ½ Minuten bei mittlerer Hitze braten.

4 Die Brötchen aufschneiden und die Salatblätter auf die unteren Hälften legen. Die Artischocken darauf verteilen. Mit den heißen Schnitzeln belegen, die Paprikasauce darüberlöffeln. Obere Brötchenhälften auflegen und die Schnitzelbrötchen ganz frisch essen.

Tipp:

Anstatt Schweineschnitzel schmecken auch dünne Scheiben von der Rinderlende oder vom Lamm sehr gut. Beim Lamm Fleisch aus der Keule nehmen und vom Metzger in etwa 1 cm dicke Scheiben schneiden lassen.

Zucchini-Feta-Toasts

Griechischer Sommersnack

Zutaten für 4 Personen:
1 Frühlingszwiebel
150 g Schafskäse (Feta)
50 g fester Naturjoghurt
Salz | Pfeffer
1 Msp. Honig
1 junger Zucchino (etwa 150 g)
4 Zweige Thymian
2 TL Olivenöl
8 Scheiben Sandwichbrot
1 EL kleine entsteinte Oliven
oder 4 eingelegte Peperoni

Zubereitungszeit: 15 Minuten
Kalorien pro Portion: 240 kcal

1 Frühlingszwiebel waschen, putzen und samt dem knackigen Grün fein schneiden. Schafskäse mit einer Gabel zerdrücken, mit dem Joghurt und der Zwiebel mischen und mit Salz (wenig!), Pfeffer und Honig würzen.

2 Zucchino waschen, putzen und in dünne Scheiben schneiden. Thymian abbrausen und trocken schütteln. Die Thymianblättchen von den Zweigen streifen und mit den Zucchinischeiben und dem Olivenöl mischen, salzen.

3 Die Brotscheiben auf einer Seite mit der Schafskäsemischung bestreichen. Die Hälfte der Brotscheiben mit Zucchinischeiben belegen. Jetzt noch ein paar Oliven daraufstreuen oder die Peperoni auf die Käsemischung legen. Übrige Brotscheiben auflegen, leicht andrücken.

4 Die belegten Toasts nacheinander im Sandwichtoaster 3–4 Minuten backen. Heiß servieren.

Knusperkäsebrote

Perfekt für Käsereste

Zutaten für 4 Personen:
200 g Käse (Hartkäse, Camembert und Edelpilzkäse in beliebiger Mischung)
40 g weiche Butter | Pfeffer
½ TL edelsüßes Paprikapulver
Salz | 8 Scheiben Brot

Zubereitungszeit: 20 Minuten
Kalorien pro Portion: 605 kcal

1 Backofen auf 200 Grad vorheizen (auch schon jetzt: Umluft 180 Grad). Den Käse je nach Sorte von der Rinde befreien und reiben oder klein würfeln. Käse mit der Butter vermischen und mit Pfeffer und Paprika würzen. Probieren und, falls nötig, auch salzen.

2 Die Brotscheiben mit der Käsecreme bestreichen. Brote nebeneinander auf ein Backblech legen und 8–10 Minuten im Ofen (Mitte) backen, bis der Belag leicht braun ist. Warm servieren.

Das schmeckt dazu: Salat oder Gewürzgurken oder/und Ketchup.

Zwiebel-Speck-Brote

Flammbrote statt Flammkuchen

Zutaten für 4 Personen:
2 Zwiebeln
100 g Bacon (in dünnen Scheiben)
100 g Crème fraîche oder saure Sahne
Salz | Pfeffer
eventuell 1 Prise gemahlener Kümmel
8 dünne Scheiben Roggen- oder Mischbrot

Zubereitungszeit: 15–20 Minuten
Kalorien pro Portion: 455 kcal

1 Backofen auf 220 Grad vorheizen (auch schon jetzt: Umluft 200 Grad). Zwiebeln schälen, vierteln und in feine Streifen schneiden. Speck ebenfalls in Streifen teilen. Beides mit Crème fraîche oder saurer Sahne verrühren, mit Salz, Pfeffer und eventuell Kümmel würzen.

2 Die Zwiebel-Speck-Mischung auf den Broten verteilen und diese nebeneinander auf ein Backblech legen. Im Ofen (Mitte) etwa 5 Minuten backen, bis die Brote knusprig sind.

Tipps:

Die Zwiebeln bleiben beim Backen schön knackig. Wer das nicht mag, dünstet sie mit 2 TL Öl unter Rühren 3–4 Minuten an, bevor sie mit Speck und Crème fraîche oder Sahne vermischt werden.
Auch sehr fein:statt Speck und Zwiebeln einmal 250 g Mett oder rohe Bratwurstmasse mit 50 g Crème fraîche mischen und auf die Brote streichen. Und als Farbtupfer nach Belieben noch Schnittlauchröllchen auf die Brote streuen.

Marinierter Blumenkohl auf Brot

Sehr speziell und sehr aromatisch

Zutaten für 4 Personen:
150 g kleine Blumenkohlröschen
Salz
2 EL Haselnüsse
6–8 getrocknete Tomaten (in Öl)
¼ Bund Basilikum
1 EL frisch gepresster Zitronensaft
Pfeffer
2 EL Öl
1 EL Haselnussöl (ganz besonders fein, aber nicht ganz billig: Öl aus gerösteten Haselnusskernen)
8 Scheiben italienisches Weißbrot oder 12 Scheiben Vollkornbaguette

Zubereitungszeit: 35 Minuten + mindestens 1 Stunde Marinieren
Kalorien pro Portion: 310

1 Die Blumenkohlröschen in einem Sieb kalt abbrausen. In einem Topf Wasser mit Salz zum Kochen bringen. Die Röschen darin in etwa 6 Minuten bissfest garen. Dann wieder ins Sieb schütten, kurz kalt überbrausen und abtropfen lassen.

2 Die Haselnüsse in feine Scheiben schneiden (macht ein bisschen Arbeit) oder fein hacken (das geht deutlich schneller). Die Nüsse ohne Fett in einer Pfanne unter Rühren nur so lange erhitzen, bis sie fein duften. Auf einem Teller kalt werden lassen. Tomaten abtropfen lassen und in feine Streifen schneiden. Basilikumblättchen von den Stängeln abzupfen und fein hacken.

3 Zitronensaft mit Salz und Pfeffer verrühren, beide Öle kräftig unterschlagen. Nüsse, Basilikum, Tomaten und Blumenkohlröschen untermischen und mindestens 1 Stunde (gerne auch über Nacht, dann aber Basilikum erst später dazugeben) ziehen lassen.

4 Zum Essen die Brotscheiben im Backofen bei 250 Grad (Mitte, Umluft 220 Grad) 4–5 Minuten rösten oder im Toaster bräunen. Blumenkohl noch mal durchrühren, auf die knusprigen Brote löffeln und gleich aufessen.

Olgabrote

Macht was her

Zutaten für 4 Personen:
200 g Crème fraîche
150 g saure Sahne
1 Baguette
1 Bund Schnittlauch
50 g schwarzer Kaviar (echter superteurer vom Stör oder falscher, aber immerhin schwarzer vom Seehasen)
50 g roter Kaviar (von Lachs oder Forelle)

So viel Zeit muss sein: 15 Minuten
Kalorien pro Portion: 540

1 Crème fraîche mit der sauren Sahne glatt rühren. Das Baguette in dünne Scheiben schneiden. Schnittlauch abbrausen und fein aufschneiden.

2 Die Brotscheiben mit der Sahnecreme bestreichen, schwarzen und roten Kaviar aufhäufen und mit Schnittlauch garnieren.

Saté-Spieße

Fingerfood aus Asien

Zutaten für 4 Personen:

Für die Spieße:
700 g Fleisch (Schweinefilet, Lammkeule oder Hähnchenbrustfilet)
1 Stück Ingwer (1–2 cm)
4 EL Sojasauce
4 EL Kecap manis (süße Sojasauce)
eventuell 2 EL Öl

Für die Erdnusssauce:
125 g geröstete gesalzene Erdnüsse
2 EL Öl
2 EL rote Currypaste
¼ l Kokosmilch
2 EL Palmzucker (als Ersatz geht auch brauner Zucker)
Salz
2 EL frisch gepresster Limettensaft

Zubereitungszeit: 50 Minuten
+ 2 Stunden Marinieren
Kalorien pro Portion: 540

1 Fleisch in ganz dünne Scheiben schneiden und wellenförmig auf lange Spieße aus Holz oder Metall stecken. Den Ingwer schälen und fein reiben, mit Sojasauce und Kecap manis mischen und über den Spießen verteilen. Gut abdecken und etwa 2 Stunden (oder auch länger) ziehen lassen.

2 Für die Sauce die Erdnüsse ganz fein hacken oder mahlen, z. B. in der Nussmühle. Öl im Topf erwärmen. Die Currypaste drin anbraten. Kokosmilch, ⅛ l Wasser, die Erdnüsse und den Zucker dazugeben und alles bei mittlerer Hitze 10–15 Minuten köcheln lassen. Sauce mit Salz und Limettensaft abschmecken und lauwarm werden lassen.

3 Die Saté-Spieße garen: auf dem Holzkohlegrill, unter den heißen Grillschlangen im Ofen oder in einer Pfanne im Öl bei starker Hitze. In jedem Fall aber nur so lange, bis das Fleisch außen knusprig ist, sonst wird es trocken. Mit der Erdnusssauce essen.

Variante:
Yakitori-Spieße

Je 100 ml Sake (japanischer Reiswein), Mirin (süßer japanischer Reiswein) und Sojasauce mit 2 EL Zucker in einen Topf geben und dickflüssig einkochen lassen, bis die Mischung zu schäumen anfängt. 2 dünne Stangen Lauch putzen, längs einschneiden, waschen und leicht schräg in etwa 1 cm breite Scheiben schneiden. 600 g Hähnchenbrustfilet in 1 cm dicke und 2 cm lange Stücke schneiden. Hähnchen und Lauch abwechselnd auf lange Spieße aus Holz oder Metall stecken. Am besten bei Tisch auf dem heißen Stein, sonst unter dem Grill im Ofen ungefähr 10 Minuten grillen. Oder notfalls in der Pfanne in wenig Öl braten. In jedem Fall beim Garen häufig mit Sauce bepinseln.

Fleischbällchen

Arabische Variante

Zutaten für 4 Personen
(etwa 30 Stück):
1 EL Rosinen
2 EL Pinienkerne
ein paar Stängel Minze
1 große Zwiebel
2–3 EL Butterschmalz
500 g Lammhackfleisch (beim Metzger vorbestellen)
1 Döschen gemahlener Safran
je ½ TL Zimtpulver, gemahlene Chili und Kreuzkümmel
Salz | Pfeffer
1 Ei (M)
3 EL Semmelbrösel

Zubereitungszeit: 35 Minuten
Kalorien pro Portion: 620

1 Die Rosinen in eine Schüssel füllen, heißes Wasser drübergießen und einweichen. Pinienkerne in eine Pfanne geben, auf den Herd stellen und unter Rühren rösten, bis sie leicht goldgelb sind. Aus der Pfanne nehmen, hacken.

2 Die Minze abbrausen und trocken schütteln, die Blättchen fein hacken. Die Zwiebel schälen und hacken, in 1 EL Butterschmalz etwa 5 Minuten dünsten.

3 Rosinen abtropfen lassen und grob hacken. Mit den zerkleinerten Zutaten, dem Hackfleisch, Gewürzen, Ei und den Semmelbröseln mit den Händen gut durchkneten – bis man spürt, dass das Ganze zusammenhält. Die Hackmasse zu Bällchen formen.

4 Das übrige Butterschmalz in einer großen Pfanne erhitzen. Die Bällchen darin von allen Seiten schön braun braten, insgesamt etwa 8 Minuten. Abkühlen lassen.

Chinesische Krautröllchen

Prima für Partys

Zutaten für 4 Personen
(16 Stück):
1 Weißkohlkopf (den man aber nicht ganz braucht, Rest für Suppe, Salat oder Ähnliches verwenden)
Salz
1 rote Paprikaschote
1 Bund Frühlingszwiebeln
2 rote Chilischoten
1 Stück Ingwer (etwa 3 cm)
3 EL Öl
2 EL Zucker
4 EL Reisessig

Zubereitungszeit: 25 Minuten
+ 1– 3 Tage Marinieren
Kalorien pro Portion: 135

1 Von dem Kohl alle welken Blätter abtrennen. Aus dem übrigen Kohl den Strunk wie einen Keil rausschneiden. In einem großen Topf reichlich Wasser mit Salz zum Kochen bringen.

2 Den Kohl in das Wasser legen und etwa 8 Minuten kochen. Ins Sieb legen, kalt überspülen und abtropfen lassen. Etwa 16 kleine Blätter vorsichtig ablösen (oder 8 große und dann halbieren). Und dann noch mal 4 Blätter.

3 Die Paprika und Frühlingszwiebeln waschen, putzen und in feine Streifen schneiden. Und die 4 Blätter auch. Die anderen Kohlblätter auf dem Brett ausbreiten, mit ein paar Gemüsestreifen belegen, die Seiten einklappen. Fest aufrollen, Röllchen in eine Schale legen.

4 Die Chili waschen und in ganz feine Ringe schneiden. Den Ingwer schälen und in feinste Stifte schneiden. Beides mit 100 ml Wasser, Öl, Zucker, Salz und Essig aufkochen. Dann über die Röllchen gießen und 1–3 Tage zugedeckt im Kühlschrank marinieren.

Reispapier-röllchen

Zartes aus Vietnam

Zutaten für 4 Personen:
Für die Röllchen:
16 Reispapierblätter (22 cm Ø)
8 Kopfsalatblätter | 250 g Tofu
1 EL Fischsauce | Chilipulver
100 ml Öl zum Frittieren
4 Weißkohlblätter
1 Handvoll Sojabohnensprossen
1 Bund Minze | ½ Bund Koriandergrün
Für die Sauce:
1 rote Chilischote | 2 Knoblauchzehen
1 Stück Ingwer (1–2 cm)
2 EL geröstete gesalzene Erdnüsse
4 EL Fischsauce | 1–2 EL heller Reisessig
1 TL Zucker

Zubereitungszeit: 50 Minuten
Kalorien pro Portion: 285

1 Eine Schüssel mit lauwarmem Wasser füllen. Reispapierblätter nacheinander reintauchen, bis sie biegsam sind, und nebeneinander auf die Arbeitsplatte legen. Mit einem feuchten Küchentuch bedecken, damit sie auch weich bleiben.

2 Salatblätter waschen und abtupfen, die dicken Rippen flach schneiden. Tofu in 1 cm dicke Streifen schneiden und mit Fischsauce und Chilipulver würzen. Öl in einer Pfanne erhitzen, die Tofustreifen darin rundherum braun frittieren. Rausheben, auf Küchenpapier abfetten lassen.

3 Kohlblätter, Sprossen und Kräuter abbrausen und abtropfen lassen oder trocken schütteln. Den Kohl in Streifen schneiden, Kräuterblättchen von den Stängeln zupfen.

4 Je 2 Reispapierblätter aufeinanderlegen, je 1 Salatblatt daraufgeben und die übrigen vorbereiteten Zutaten in der Mitte verteilen. Blattränder leicht über die Füllung klappen und die Reispapierblätter wie Frühlingsrollen aufrollen. Auf eine Platte legen.

5 Für die Sauce Chili waschen, den Knoblauch und Ingwer schälen und wie die Erdnüsse ganz fein hacken. Fischsauce mit dem Essig und dem Zucker verrühren, die gehackten Zutaten untermischen und die Sauce in vier Schälchen verteilen. Die Reispapierröllchen in die Sauce tunken und abbeißen.

Salate &

Vorspeisen

Endlich sitzen alle am Tisch – mit knurrenden Mägen und erwartungsvollen Augen. Wann geht's denn endlich los? Jetzt! Und mit was? Mit feiner Schafskäsecreme, Kichererbsensalat und Lachstatar mit Pistou. Was soll man da nur zuerst essen?

Artischocken mit Saucen

Feine Vorspeise, die man mit den Fingern essen muss

Zutaten für 4 Personen:

8 fleischige Artischocken
(die dicken französischen
Salz

Für die Paprika-Mayo:
1 rote Paprikaschote
1 rote Chilischote
1 EL Olivenöl
100 g Mayonnaise
Salz | Pfeffer
1 TL frisch gepresster Zitronensaft

Für die Olivencreme:
200 g saure Sahne
1 EL Olivencreme (aus dem Glas)
1 TL Tomatenmark
Salz | Pfeffer

Für die Vinaigrette:
1 Bund gemischte Kräuter
1 kleine Zwiebel
4 EL Essig
2 TL scharfer Senf
Salz | Pfeffer
6 EL Olivenöl

Zubereitungszeit: 1 Stunde
Kalorien pro Portion: 500

1 Untere Blätter von den Artischocken abreißen und den Stiel abschneiden. Die Blattspitzen mit der Schere kürzen. In einem großen Topf reichlich Salzwasser zum Kochen bringen und erst mal 4 Artischocken reinlegen. Den Topfdeckel halb drauflegen und das Gemüse 20–30 Minuten kochen. Wenn sich eins der äußeren Blätter leicht rausziehen lässt, sind sie fertig.

2 Inzwischen für die Paprika-Mayo die Paprika und Chili waschen, putzen, grob würfeln und im Öl anbraten. Zugedeckt etwa 10 Minuten dünsten, dann pürieren und abkühlen lassen. Das Püree mit der Mayonnaise mischen, mit Salz, Pfeffer und Zitronensaft würzen.

3 Für die Olivencreme die saure Sahne mit der Olivencreme und dem Tomatenmark mischen, salzen und pfeffern.

4 Für die Vinaigrette die Kräuter abbrausen und trocken schütteln, die Blättchen von den Stängeln zupfen und ganz fein hacken. Zwiebel schälen und auch ganz fein schneiden. Essig mit Senf, Salz, Pfeffer und 4 EL warmem Wasser verrühren, das Öl unterschlagen. Die Kräuter und die Zwiebel untermischen.

5 Die fertigen Artischocken aus dem Wasser heben und umgedreht im Sieb abtropfen lassen. Gleich die übrigen 4 Artischocken kochen. Und gleich die fertigen mit den Fingern essen: Blatt für Blatt abzupfen, mit dem unteren Teil in die Sauce tunken und auszuzeln. Zum Schluss kommt was Haarähnliches zum Vorschein, dieses Heu abschneiden – darunter liegt noch der (sehr feine) Artischockenboden.

Das schmeckt dazu: Weißbrot und Weißwein.

Gegrillte Auberginen

Klassiker aus Italien

Zutaten für 4–6 Personen:
10–12 EL Olivenöl
2 kleinere Auberginen (etwa 500 g)
Salz | Pfeffer
2 Stangen Staudensellerie
½ Bio-Zitrone
½ Bund Petersilie
4 Sardellenfilets (in Öl)
2 TL kleine Kapern
50 ml trockener Weißwein

Zubereitungszeit: 35 Minuten
+ mindestens 4 Stunden Marinieren
Kalorien pro Portion (bei 6): 205

1 Den Backofengrill anheizen, Backblech mit 2 EL Öl auspinseln. Restliches Öl in ein Schälchen gießen. Auberginen waschen und Stielansatz abschneiden. Ganz fein werden sie, wenn man sie auch noch schält.

2 Die Auberginen in etwa ½ cm dicke Scheiben schneiden, ob längs oder quer ist egal. Mit Salz und Pfeffer bestreuen und nebeneinander auf das Backblech legen (nacheinander in zwei Portionen), mit Olivenöl einpinseln. Auberginen auf die mittlere Schiene schieben und etwa 10 Minuten grillen, dabei zwischendurch umdrehen.

3 Während der Grillzeit den Sellerie waschen, Enden und welke Teile abschneiden. Rest ganz klein würfeln. Die Zitrone heiß waschen und abtrocknen. Die Schale mit dem Sparschäler dünn abschälen – vom Weißen soll nichts dran sein, sonst wird das Gemüse bitter. Schale fein hacken. Saft auspressen. Die Petersilie abbrausen, trocken schütteln und auch fein hacken. Die Sardellen zerdrücken, mit Zitronensaft und übrigem Öl verrühren. Sellerie, Zitronenschale, Petersilie und Kapern untermischen.

4 Auberginen aus dem Backofen holen, in eine flache Schale legen. Bratansatz auf dem Blech mit dem Wein lösen und unter die Sardellensauce mischen. Über die Auberginen gießen und mindestens 4 Stunden ziehen lassen.

Schafskäsecreme

Passt zu Rohkostgemüse und zu Fladenbrot

Zutaten für 4 Personen:
200 g Schafskäse (Feta)
100 g Naturjoghurt
1 großes Bund Petersilie
1 Bund Koriandergrün
1 Knoblauchzehe
Pfeffer

Zubereitungszeit: 10 Minuten
Kalorien pro Portion: 135

1 Den Schafskäse in kleine Stücke zerkrümeln und mit dem Joghurt im Mixer fein durchmixen.

2 Kräuter abbrausen und trocken schütteln, Blättchen abzupfen und fein hacken. Knoblauch schälen und durchpressen. Die Kräuter und den Knoblauch unter die Creme rühren, pfeffern. Salz braucht's eher nicht, davon liefert der Käse schon genug.

Rote Bete mit Joghurt

Orientalisch gewürzt

Zutaten für 4 Personen:
500 g gegarte Rote Beten (vakuumverpackt)
1 Bund Minze | 4 Knoblauchzehen
300 g Naturjoghurt
3 EL frisch gepresster Zitronensaft
1 TL gemahlener Koriander
Salz | Pfeffer

Zubereitungszeit: 15 Minuten
Kalorien pro Portion: 85

1 Die Roten Beten in ganz kleine Würfel schneiden. Achtung: am besten dabei ein altes Brett (auch gut: Plastik) verwenden, da die Beten stark färben, und der Schneideuntergrund meistens nicht mehr ganz sauber wird.

2 Die Minze abbrausen und trocken schütteln, Blättchen abzupfen und fein hacken. Knoblauch schälen und auch ganz fein schneiden. Beides mit Joghurt unter die Bete rühren. Mit Zitronensaft, Koriander, Salz und Pfeffer würzen.

Safranzwiebeln mit Honig

Zum Reinlegen gut

Zutaten für 4 Personen:
500 g kleine Zwiebeln (am besten die flache Sorte nehmen, es können aber auch kleine rote Zwiebeln oder Schalotten sein)
½ Döschen Safranfäden
2 EL Olivenöl
je 1 TL Ingwerpulver, edelsüßes Paprikapulver und Zimtpulver
2 EL Honig
2 EL frisch gepresster Zitronensaft
Salz

Zubereitungszeit: 35 Minuten
Kalorien pro Portion: 105

1 Den Wurzelansatz von den Zwiebeln abschneiden, Zwiebeln schälen. Safranfäden mit 150 ml lauwarmem Wasser mischen, kurz stehen lassen, bis das Wasser gelb wird.

2 Das Olivenöl im Topf warm werden lassen. Die Zwiebeln reinlegen und ein paar Minuten bei mittlerer Hitze braten, bis sie leicht braun sind. Dabei immer mal wieder umrühren, damit nichts ansetzt. Ingwer-, Paprika- und Zimtpulver darüberstreuen, den Honig dazulaufen lassen. Noch kurz weiterbraten, dann mit dem Safranwasser aufgießen.

3 Die Hitze ganz klein schalten und den Deckel auflegen. Die Zwiebeln etwa 20 Minuten schmoren, bis sie schön weich sind. Ab und zu den Deckel heben und nachschauen, ob noch ausreichend Flüssigkeit im Topf ist. Falls nicht, wenig Wasser dazugießen. Die Zwiebeln mit Zitronensaft und Salz abschmecken und abkühlen lassen.

Mariniertes Gemüseallerlei

Hier ist garantiert für jeden Geschmack etwas dabei

Zutaten für 8 Personen:

Für die gegrillten Paprika:
8 Spitzpaprika (rot oder hellgrün)
Salz | Pfeffer
1 Stück Ingwer (etwa 4 cm)
4 Knoblauchzehen
8 EL Olivenöl | 1 Bio-Zitrone

Für die Tomaten mit Mozzarella:
400 g Tomaten | 1 Bund Basilikum
6 EL Olivenöl | Salz | Pfeffer
500 g (Büffel-)Mozzarella
5 getrocknete Tomaten (in Öl)

Für die Pilze mit Balsamico:
1 kg kleine Champignons oder Egerlinge
8 Knoblauchzehen (am besten frische)
4 EL Olivenöl | 75 ml Aceto balsamico
1/8 l trockener Sherry, Weißwein oder Gemüsebrühe
2 Lorbeerblätter | 2 TL Honig
Salz | Pfeffer
etwas Chilipulver (wer mag)

Für die Zucchini:
1 kg kleine Zucchini | 8 EL Olivenöl
Salz | Pfeffer | ½ Bund Petersilie
2 EL Orangensaft | 1 TL scharfer Senf
100 g Parmesan oder Pecorino
Rucolablätter zum Garnieren (wer mag)

Zubereitungszeiten
für die Paprika: 20 Minuten
für die Tomaten: 20 Minuten
für die Pilze: 35 Minuten
für die Zucchini: 30 Minuten
+ jeweils das Marinieren
Kalorien pro Portion: 590 kcal

1 Die Paprika waschen, die Stiele abschneiden und die Trennhäutchen samt Kernen aus dem Inneren herauszupfen. Den Backofengrill anheizen. Die Schoten innen salzen und pfeffern. Ingwer und Knoblauch schälen, fein hacken und in den Schoten verteilen. Die Schoten nebeneinander in eine ofenfeste Form legen, mit 2 EL Öl beträufeln. Paprikaschoten mit etwa 10 cm Abstand zur Hitzequelle etwa 8 Minuten grillen, dabei einmal umdrehen.

2 Die Zitrone heiß waschen, von einer Hälfte die Schale dünn abschneiden und fein hacken, die restliche Zitronenhälfte in Spalten schneiden. Zitronenschale mit dem restlichen Olivenöl verrühren und mit Salz und Pfeffer würzen. Über den gegrillten Paprika verteilen und mindestens 2 Stunden marinieren lassen. Mit den Zitronenspalten servieren.

3 Tomaten waschen und in sehr kleine Würfel schneiden, die Stielansätze dabei entfernen. Basilikumblättchen von den Stängeln zupfen und fein hacken. Beides mit dem Öl mischen und mit Salz und Pfeffer würzen. Die Tomaten mindestens 30 Minuten zugedeckt bei Zimmertemperatur marinieren lassen.

4 Dann Mozzarella in dünne Scheiben schneiden und auf Tellern auslegen. Die Tomaten darauf verteilen. Wer möchte, schneidet jetzt noch die getrockneten Tomaten in feine Streifen und streut sie vor dem Servieren darüber.

5 Die Pilze eventuell kurz waschen oder nur mit feuchtem Küchenpapier abreiben – kommt ganz darauf an, wie schmutzig sie sind. Die Stielenden abschneiden. Den Knoblauch schälen und halbieren.

6 Das Olivenöl in einem weiten Topf erhitzen. Pilze darin bei starker Hitze 3–4 Minuten braten, Knoblauch dazugeben. Mit Essig und Sherry, Wein oder Brühe ablöschen. Lorbeerblätter, Honig, Salz, Pfeffer und eventuell etwas Chilipulver (vielleicht auch nur unter einen Teil mischen) dazugeben und offen etwa 10 Minuten köcheln lassen. Dann in eine Schüssel füllen, mindestens 4 Stunden marinieren lassen.

7 Die Zucchini waschen und die Enden abschneiden. Die Zucchini längs in ½ cm dicke Scheiben schneiden. Mit 4 EL Öl, Salz und Pfeffer mischen. Den Backofengrill anheizen. Das Backblech mit Backpapier auslegen. Die Zucchini (nacheinander in drei Portionen) auf dem Blech auslegen und mit etwa 10 cm Abstand zur Hitzequelle 10 Minuten grillen, dabei einmal umdrehen.

8 Die Petersilie abbrausen, trocken schütteln und die Blättchen fein hacken. Orangensaft mit Senf und restlichem Öl gut verrühren. Zucchini in eine Schale füllen, mit der Petersilie bestreuen und die Marinade darüberlöffeln. Mindestens 4 Stunden marinieren lassen. Vorm Servieren den Parmesan oder Pecorino in feinen Spänen über die Zucchini hobeln. Eventuell auf ein Rucolabett legen.

Frittiertes Gemüse mit Salsa verde

Die berühmte Sauce passt auch zu Fleisch und Geflügel

Zutaten für 4 Personen:
Für die Sauce:
2 Knoblauchzehen
6 Sardellenfilets (in Öl)
2 Bund Petersilie
1 EL Kapern
2 EL Weißweinessig
2 EL Semmelbrösel
etwa 10 EL Olivenöl
Salz | Pfeffer
Für Teig und Gemüse:
2 Eier (M)
100 g Mehl
200 g grüner Spargel
1 Zucchino
1 große weiße Zwiebel
Öl zum Frittieren

Zubereitungszeit: 45 Minuten
Kalorien pro Portion: 480

1 Für die Sauce Knoblauch schälen, Sardellen abtropfen lassen. Petersilie abbrausen, Blättchen abzupfen. Alles mit Kapern, Essig, Semmelbröseln und 4 EL Wasser pürieren (Mixer, Pürierstab). Das Öl schlückchenweise gründlich unterrühren. Die Sauce salzen und pfeffern.

2 Für den Teig die Eier in eine Schüssel aufschlagen, leicht verquirlen, das Mehl mit dem Schneebesen gut unterrühren.

3 Den Spargel und Zucchino waschen, von dem Spargel die holzigen Enden abschneiden. Die Stangen schräg in 2 cm lange Stücke schneiden. Zucchino längs in 1 cm dicke Scheiben, dann in 1 cm dicke Streifen und zuletzt in 4 cm lange Stücke abschneiden. Zwiebel schälen, halbieren, Schichten auseinanderlösen.

4 Das Öl in einem weiten Topf heiß werden lassen. Gemüse unter den Teig mischen. Mit einem Schaumlöffel jeweils etwas Gemüse rausfischen und in das Öl legen. Gemüsestückchen 3–4 Minuten frittieren, rausholen und auf eine dicke Schicht Küchenpapier zum Abtropfen geben, dann im Backofen bei 50 Grad warm halten. Wenn alles frittiert ist, mit der Sauce essen.

Kleine Käsesoufflés

Leicht, luftig und wunderbar pikant

Zutaten für 4 Personen:
50 g Butter
3 EL Mehl (30 g)
¼ l Milch
150 g Cantal, Comté oder Gruyère
Salz | Pfeffer
frisch geriebene Muskatnuss
5 Eier (M)
Butter für die Form

Zubereitungszeit: 25 Minuten
+ 25 Minuten Backen
Kalorien pro Portion: 445 kcal

1 Butter bei mittlerer Hitze im Topf zerlaufen, aber nicht braun werden lassen. Mehl auf einmal hineinschütten und mit dem Kochlöffel umrühren und rösten, bis es goldgelb ist. Auf den Schneebesen umsteigen und nach und nach die Milch einfließen lassen und dabei alles immer kräftig durchschlagen. Sauce offen bei geringer Hitze etwa 10 Minuten köcheln lassen, dabei ab und zu durchrühren.

2 Backofen auf 220 Grad vorheizen (auch schon jetzt: Umluft 200 Grad). Vier Souffléförmchen (je etwa 400 ml Inhalt) mit Butter ausstreichen.

3 Vom Käse die Rinde abschneiden. Käse fein reiben und unter die Sauce rühren. Die Käse-Béchamel-Sauce lauwarm abkühlen lassen, mit Salz, Pfeffer und Muskat kräftig würzen.

4 Die Eier trennen. Eiweiße mit 1 Prise Salz gut steif schlagen. Die Eigelbe nacheinander unter die Käsesauce rühren. Eischnee rasch, aber locker unterheben. Die Soufflémasse auf die Förmchen verteilen. Die Soufflés im Ofen (unten) etwa 25 Minuten backen. Dabei die Backofentür in den ersten 20 Minuten keinesfalls aufmachen!

Tipp:
Die Soufflés schmecken am besten, wenn man sie direkt aus den Förmchen löffelt und dazu einen Salat und ofenfrisches Baguette isst.

Feine Pastetchen

Mit köstlicher Füllung

Zutaten für 4 Personen:
2 Schalotten
250 g geschälte, rohe Garnelen
½ Bio-Zitrone | 1 Avocado
2 EL Butter | 2 EL Cognac
50 ml trockener Weißwein oder Fischfond (aus dem Glas)
50 g Crème fraîche
Salz | Pfeffer
4 Blätterteig-Pasteten (unbedingt beim guten Bäcker 1 Tag vorher bestellen!)

Zubereitungszeit: 30 Minuten
Kalorien pro Portion: 460 kcal

1 Den Backofen auf 180 Grad vorheizen (auch schon jetzt: Umluft 160 Grad). Die Schalotten schälen, halbieren, in feine Streifen schneiden. Wenn am Rücken der Garnelen ein schwarzer, feiner Faden zu sehen ist, die Garnelen dort leicht einschneiden und den Darm herausziehen. Garnelen abbrausen und trocken tupfen, größere in kleinere Stücke schneiden.

2 Zitrone heiß waschen und abtrocknen, die Schale fein abreiben, 2 TL Saft auspressen. Die Avocado rundherum bis zum Kern einschneiden. Die Hälften gegeneinanderdrehen und voneinander lösen, Kern mit der Messerspitze herausheben. Avocado schälen, klein würfeln, mit Zitronenschale und -saft mischen.

3 Butter in einer Pfanne oder einem Topf zerlaufen lassen, die Schalotten einrühren und bei mittlerer Hitze andünsten. Die Garnelen dazugeben und mitbraten, bis sich das Garnelenfleisch rot färbt. Den Cognac darüberlöffeln, mit einem langen Streichholz anzünden. Abbrennen lassen, dann den Wein oder Fond dazugeben. Crème fraîche unterrühren. Die Garnelen mit Salz und Pfeffer würzen und zugedeckt warm halten.

4 Die Pasteten auf dem Blech in den Ofen (Mitte) schieben und in 5 Minuten warm werden lassen. Avocado unter die Garnelen mischen und abschmecken. Die Pasteten auf Teller setzen, die Garnelenmischung einfüllen, die Pastetendeckel auflegen. Falls Füllung übrig ist, daneben löffeln.

Lachstatar mit Pistou

Superfeine Vorspeise – ganz einfach

Zutaten für 4 Personen:
Für das Tatar:
½ Bio-Zitrone
½ TL frische grüne Pfefferkörner (ersatzweise aus dem Glas)
250 g ganz frischer, roher Lachs (nach Sushi-Qualität fragen!)
Salz
75 g geräucherter Lachs
1 EL Olivenöl
Für das Pistou:
2 Knoblauchzehen
1 Bund Basilikum
4 EL Olivenöl
Salz | Pfeffer
1 Spritzer frisch gepresster Zitronensaft (von der Zitrone fürs Tatar)

Zubereitungszeit: 30 Minuten + 2 Stunden Kühlen
Kalorien pro Portion: 295 kcal

1 Für das Tatar die Zitronenhälfte heiß waschen und abtrocknen, Schale hauchdünn abschneiden und mit den Pfefferkörnern sehr fein hacken. 1 EL Zitronensaft (plus 1 Spritzer mehr für das Pistou) auspressen.

2 Den frischen Lachs mit den Fingern abtasten. Falls Gräten zu spüren sind, mit einer Pinzette rausziehen. Frischen Lachs fein hacken und mit der Zitronenschalenmischung, Zitronensaft und Salz mischen, 2 Stunden kühl stellen.

3 Dann auch den geräucherten Lachs fein schneiden und mit dem Olivenöl unter den frischen Lachs rühren. Das Tatar abschmecken.

4 Für das Pistou Knoblauch schälen und fein hacken. Die Basilikumblättchen von den Stängeln abzupfen und klein schneiden. Beides mit dem Olivenöl fein mixen. Mit Salz, Pfeffer und Zitronensaft abschmecken.

5 Das Lachstatar auf Teller verteilen. Das Pistou in feinen Spiralen darüberlaufen lassen. Gleich servieren!

Gebackene Garnelen

Typisch Südostasien

Zutaten für 4 Personen:
2 walnussgroße Stücke gepresste Tamarinde (ersatzweise 1 EL Tamarindenpaste aus dem Glas)
2 rote Zwiebeln
5 Knoblauchzehen
1 rote Chilischote
500 g rohe Garnelen
1 l Öl zum Frittieren
1 EL Palmzucker (als Ersatz geht auch brauner Zucker)
1 EL Fischsauce
1 TL Reisessig (egal welche Farbe)
1 Eiweiß (M)
Salz
2 EL Speisestärke

Zubereitungszeit: 50 Minuten
Kalorien pro Portion: 245

1 Die Tamarindenstücke mit 100 ml lauwarmem Wasser in eine Schüssel geben, etwa 30 Minuten stehen lassen, dann Tamarindenstücke im Wasser verkneten und durch ein Sieb streichen.

2 Inzwischen Zwiebeln und Knoblauch schälen und ganz fein hacken. Die Chilischote waschen und den Stiel entfernen, die Schote auch fein hacken. Garnelen aus den Schalen brechen. Falls an den Rücken ein ganz feiner schwarzer Strich zu sehen ist, das Fleisch an dieser Linie entlang leicht einschneiden und den schwarzen Faden (den Darm) rausziehen. Garnelen waschen und trocken tupfen.

3 Öl in einem Topf heiß werden lassen (Temperaturprobe: an einem hineingetauchten Holzlöffelstiel steigen sofort kleine Bläschen auf.) Zwiebeln, Knoblauch und Chili mit der Tamarinde (wer die fertige Paste nimmt, diese mit etwa 100 ml Wasser verrühren) und dem Palmzucker in einen Topf füllen, 5 Minuten kräftig kochen lassen. Die Sauce mit Fischsauce und Reisessig abschmecken.

4 Das Eiweiß mit Salz verrühren und die Garnelen darin wenden, dann fein mit der Stärke bestäuben. Die Garnelen im heißen Öl etwa 2 Minuten frittieren, bis sie schön braun sind. Mit einem Schaumlöffel herausheben und kurz abtropfen lassen. Gebackene Garnelen sofort mit der Sauce servieren.

Kalte Entenbrust mit Balsamico-Vinaigrette

Perfekt für Gäste

Zutaten für 4 Personen:
1 Entenbrustfilet (etwa 300 g)
2 Knoblauchzehen
1 getrockneter Peperoncino
½ Bund Petersilie
4 EL bestes Olivenöl
Salz | Pfeffer
2 Frühlingszwiebeln
1 Msp. scharfer Senf
3 EL Aceto balsamico
1 Bund Rucola

Zubereitungszeit: 50 Minuten
+ 1 Stunde Ruhen und das Auskühlen
Kalorien pro Portion: 335

1 Entenbrust waschen und abtupfen. Knoblauch schälen und durchpressen. Peperoncino im Mörser fein zerstoßen oder ganz fein hacken. Die Petersilie abbrausen, trocken schütteln, hacken und mit Knoblauch, Peperoncino und 1 EL Öl verrühren. Die Entenbrust damit einreiben, 1 Stunde in Ruhe lassen.

2 Eine Pfanne – am besten wäre eine schwere aus Gusseisen, aber eine andere geht auch – auf dem Herd sehr heiß werden lassen. Das Entenbrustfilet mit der Hautseite reinlegen, die Hitze auf mittlere Stufe zurückschalten und die Brust 8 Minuten braten, dann wenden und noch mal 8 Minuten braten. Salzen, pfeffern, in Alufolie packen und ganz auskühlen lassen.

3 Von den Frühlingszwiebeln welke Teile und Wurzelbüschel abschneiden, die Zwiebeln waschen und in ganz feine Ringe schneiden. Senf mit Balsamico, Salz und Pfeffer verrühren. Übriges Öl teelöffelweise dazugeben und jeweils mit einer Gabel cremig unterschlagen. Zwiebeln untermischen.

4 Vom Rucola die welken Blätter und die groben Stiele aussortieren. Übrige Blätter abbrausen und trocknen. Auf vier Teller verteilen. Entenbrust in Scheiben schneiden, so dünn wie möglich. Die Scheiben auf den Rucola legen und mit der Vinaigrette beträufeln.

Das schmeckt dazu: knuspriges Brot.

Kaltes Huhn mit Sesamsauce

Einfach fein und echt chinesisch

Zutaten für 4 Personen:

400 g Hähnchenbrustfilet
Salz
1 Salatgurke
2 getrocknete Chilischoten
2 EL Öl
1 EL Sichuan-Pfeffer
4 EL Sesamsamen
3 EL Sojasauce
2 EL Sesamöl
1 TL Zucker

Zubereitungszeit: 30 Minuten
Kalorien pro Portion: 340

1 Das Hähnchenbrustfilet in einen Topf legen, mit Wasser bedecken, salzen und langsam, also nicht bei ganz starker Hitze, zum Kochen bringen. Dann das Hähnchenfleisch zugedeckt bei geringer Hitze etwa 10 Minuten garen. Anstechen. Wenn klarer Saft rausfließt, ist es fertig. Ist der Saft noch rötlich, noch ein paar Minuten Garzeit drauflegen. Das Fleisch im Sud erkalten lassen.

2 Inzwischen die Gurke waschen, den Stielansatz wegschneiden und die Gurke der Länge nach aufschneiden. Die Kerne aus der Mitte mit einem Löffel herauskratzen, die Gurke in dünne Streifen (etwa 10 cm lang) schneiden. Die Chilischoten entweder mit den Fingern zerkrümeln (Hände danach aber sehr gut waschen!) oder im Mörser zerstoßen.

3 Das Öl in einer Pfanne oder im Wok erhitzen. Chilischoten und den Pfeffer darin anbraten. Gurkenstreifen dazugeben, bei starker Hitze etwa 2 Minuten rühren und braten. Salzen und auf einen Teller geben, abkühlen lassen.

4 Das Hähnchenfleisch aus dem Sud nehmen, abtropfen lassen und in feine Streifen zupfen. Die Gurkenstreifen auf einer Platte oder vier Tellern anrichten, das Hähnchenfleisch darauf verteilen.

5 Für die Sauce Sesamsamen in einer Pfanne rösten, bis sie würzig duften. In den Mörser schütten und so fein wie möglich zerdrücken oder in der Gewürzmühle fein mahlen. (So fein wie Sesampaste aus dem Glas wird das natürlich nicht. Soll es auch gar nicht.) Sesam mit der Sojasauce, dem Sesamöl und dem Zucker verrühren. Wenn die Sauce zu fest ist, ganz wenig Wasser druntermischen. Die Sauce über Hähnchen und Gurke verteilen. Servieren.

Variante:

Essig-Ingwer-Dip

1 Stück Ingwer (etwa 2 cm) und 2 Knoblauchzehen schälen, sehr fein hacken oder reiben. 2 Frühlingszwiebeln putzen, waschen und ebenfalls möglichst fein zerkleinern. 3 EL dunklen Reisessig mit 3 EL Sojasauce und 2 TL Sesamöl gut verrühren. Klein geschnittene Zutaten damit mischen. Zum Huhn servieren.

Basic-Tipp:

Noch zarter wird das Hähnchenbrustfilet, wenn man es nicht in Wasser gart, sondern dämpft. Dazu das Fleisch mit etwas Sake (japanischer) Reiswein beträufeln, in einen Dämpfkorb legen und mit ein paar dünnen Lauchstreifen und Ingwerscheiben belegen. Im geschlossenen Topf bei starker Hitze über kochendem Wasser im heißen Dampf etwa 10 Minuten garen.

Blattsalate mit gebackenem Ziegenkäse

Ganz einfach und raffiniert

Zutaten für 4 Personen:
250 g Salatblätter und Kräuterblättchen gemischt (z. B. Burgunder- oder Kopfsalat, Rucola, Portulak, Zitronenmelisse, zarter Löwenzahn und Kerbel)
2 Handvoll Himbeeren (falls Saison ist)
2 EL Himbeeressig (ersatzweise Rotweinessig)
Salz | Pfeffer
1 TL Honig
2 EL Haselnussöl (am besten eines aus gerösteten Nüssen, ersatzweise auch Walnussöl oder mehr Olivenöl)
2 ½ EL Olivenöl
4 kleine, runde Ziegenweichkäse oder 8 kleine, runde Ziegenfrischkäse (Crottin oder Picandou, etwa 200 g)

Zubereitungszeit: 20 Minuten
Kalorien pro Portion: 265 kcal

1 Die Salatblätter und Kräuterblättchen waschen und trocken schleudern. Salatblätter in kleinere Stücke zupfen oder schneiden. Wer sie bekommen hat: Die Himbeeren nur verlesen, möglichst nicht waschen. Den Backofengrill vorheizen.

2 Den Himbeeressig mit Salz, Pfeffer und dem Honig verrühren. Das Haselnussöl und 2 EL Olivenöl mit einer Gabel kräftig unterschlagen, bis eine cremige Sauce entstanden ist.

3 Die Ziegenkäse nebeneinander in eine ofenfeste Form setzen und mit dem übrigen Olivenöl bestreichen. Die Form mit gut 10 cm Abstand unter die Grillschlangen in den Backofen schieben und die Käse etwa 4 Minuten grillen, bis sie goldbraun sind.

4 Inzwischen die Salatmischung und die Himbeeren mit der Sauce mischen und auf Teller verteilen. Jeweils 1 Crottin oder 2 Picandou daraufsetzen. Und jetzt: Bon appétit!

Caesar's salad

Legendärer US-Klassiker aus den 20er-Jahren

Zutaten für 4 Personen:
1 großer Romanasalat
100 g Bacon (in dünnen Scheiben)
2 Scheiben Toastbrot oder Kastenweißbrot
3 EL Sonnenblumenöl
2 Knoblauchzehen
2 ganz frische Eier (M)
3–4 EL frisch gepresster Zitronensaft
100 ml Olivenöl
2–3 TL Worcestersauce
Salz | Pfeffer
2 Sardellenfilets (in Öl)
1 kleines Stück Parmesan (50 g)

Zubereitungszeit: 30 Minuten
Kalorien pro Portion: 450

1 Den Strunk von dem Salatkopf wegschneiden, einzelne Blätter ablösen, waschen und im Sieb abtropfen lassen.

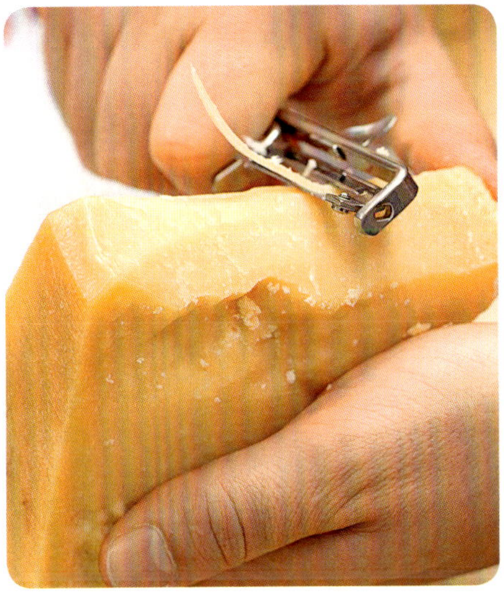

2 Den Bacon in Streifen schneiden, in einer heißen Pfanne bei mittlerer Hitze ausbraten. Brotscheiben würfeln. Speck aus der Pfanne nehmen, Öl angießen, Brotwürfel darin bei mittlerer Hitze zu knusprigen Croûtons braten. Den Knoblauch schälen, fein hacken und zum Schluss kurz mitbraten.

3 Die Eier anstechen und 1 Minute (nicht länger!) in kochendes Wasser legen. Kalt abschrecken, aufschlagen und das noch fast flüssige Innere mit einem Löffel in eine Schüssel befördern. Mit Zitronensaft, Olivenöl und Worcestersauce verquirlen, salzen und pfeffern.

4 Die Salatblätter quer in 2 cm breite Streifen schneiden, Sauce untermischen. Sardellenfilets waschen, trocknen und klein schneiden, mit dem Bacon und den Brotcroûtons auf den Salat streuen. Den Parmesan grob drüberraspeln.

Tomatensalat mit Kräutern und Schinken

Frisch und knusprig

Zutaten für 4 Personen:
2 große Bund Petersilie
1 Bund Rucola (50 g)
4 Frühlingszwiebeln
400 g Tomaten (z. B. Fleischtomaten)
2 EL Walnüsse
2 EL frisch gepresster Zitronensaft
1 Msp. Honig
Salz | Pfeffer
4 EL Olivenöl
150 g Südtiroler Speck, Parma- oder Serranoschinken (in dünnen Scheiben)

Zubereitungszeit: 25 Minuten
Kalorien pro Portion: 280 kcal

1 Petersilie und Rucola abbrausen und trocken schütteln, Petersilienblättchen von den Stängeln abzupfen. Frühlingszwiebeln waschen, putzen und in feine Ringe schneiden. Tomaten waschen, halbieren und in dünne Scheiben schneiden, dabei die Stielansätze entfernen.

2 Die Walnüsse in Stücke brechen und in einer Pfanne bei mittlerer Hitze ohne Fett anrösten, bis sie fein duften. Dann herausnehmen und abkühlen lassen.

3 Den Zitronensaft mit Honig, Salz und Pfeffer gut verrühren, das Olivenöl (bis auf 1 TL) unterschlagen. Die Sauce mit den Kräutern, Zwiebeln, Tomaten und den Walnüssen mischen und auf Teller verteilen.

4 Pfanne wieder auf den Herd stellen und das übrige Öl darin erhitzen. Den Speck oder Schinken nebeneinander hineinlegen und bei mittlerer Hitze in gut 1 Minute knusprig braten (Parma- und Serranoschinken vorher in grobe Stücke reißen). Speck oder Schinken auf dem Salat verteilen. Wer möchte, träufelt auch noch das Speckfett aus der Pfanne darüber.

Möhrenrohkost mit Erdnüssen

Köstliches aus Indien

Zutaten für 4 Personen:
500 g möglichst dicke Möhren
1 EL Sonnenblumenöl
¼ TL Kreuzkümmelsamen
¼ TL braune Senfkörner
1 Prise Asafoetida (Würzpulver mit Knoblaucharoma)
2 EL frisch gepresster Limettensaft
1 Prise Zucker
Salz | Pfeffer
3 EL geröstete, ungesalzene Erdnüsse
2 EL gehacktes Koriandergrün

Zubereitungszeit: 25 Minuten
+ 30 Minuten Durchziehen
Kalorien pro Portion: 110 kcal

1 Die Möhren schälen, auf einer Rohkostreibe grob raffeln und dann in eine Schüssel geben.

2 Das Öl in einem Pfännchen heiß werden lassen. Darin bei mittlerer Hitze die Kreuzkümmelsamen, Senfkörner und Asafoetida rösten, bis es knistert. Vom Herd nehmen, kurz abkühlen lassen und mit Limettensaft und Zucker verrühren. Dann unter die Möhren mischen, salzen, pfeffern, noch einmal durchrühren und 30 Minuten durchziehen lassen.

3 Die Erdnüsse grob hacken und mit dem Koriandergrün unter die Möhren mischen. Rohkost mit Salz und Pfeffer abschmecken, servieren.

Das schmeckt dazu: gegrillter Fisch.

Tipp:

Für alle, die gar nicht mehr ohne Chilischärfe können: 1 grüne Chilischote waschen, entstielen, fein hacken und zusätzlich unter die Rohkost mischen.

Gurkensalat mit Granatapfel

Erfrischend pikant

Reicht für 4:
1 großer Granatapfel
1 Salatgurke
1 rote oder milde weiße Zwiebel
½ Bund Minze (am besten Nana-Minze)
3 EL Zitronensaft
Salz | Pfeffer

So viel Zeit muss sein: 25 Minuten
+ 1 Stunde Marinieren
Kalorien pro Portion: 40

1 Den Granatapfel einmal quer durchschneiden. Die beiden Hälften über einer Schüssel – in die der Saft gleich reintropfen kann – mit den Händen in Stücke brechen. Die roten Kerne mit den Fingern rauslösen und alle weißen Häutchen entfernen, die sind bitter. Kerne in die Schüssel geben.

2 Die Gurke schälen und der Länge nach halbieren, Kerne mit einem Löffel herausschaben. Hälften noch mal längs durchschneiden, dann quer in feine Scheiben teilen. Die Zwiebel schälen, vierteln und in feine Streifen schneiden.

3 Die Minze abbrausen und trocken schütteln, Blättchen abzupfen und fein hacken. Mit der Gurke zu den Granatapfelkernen in die Schüssel geben. Den Zitronensaft, Salz und Pfeffer dazurühren und den Salat ungefähr 1 Stunde durchziehen lassen. Abschmecken und auf den Tisch stellen.

Auch gut:

Wer den Salat cremiger mag, mischt noch 2–3 EL Naturjoghurt oder etwas Öl unter die Salatsauce.

Türkischer Hirtensalat

Unkompliziert und lecker

Zutaten für 4 Personen:
500 g reife feste Tomaten
1 Salatgurke
2 rote oder weiße Zwiebeln
4 eingelegte grüne Peperoni (mittelscharf oder mild)
200 g Schafskäse (Feta)
2 Knoblauchzehen
je 1/4 Bund Minze und Petersilie
4 EL frisch gepresster Zitronensaft
Salz | Pfeffer
6 EL Olivenöl
2 EL schwarze Oliven
Zitronenschnitze zur Deko

Zubereitungszeit: 25 Minuten
Kalorien pro Portion: 385

1 Die Tomaten waschen, Stielansätze rausschneiden. Die Gurke schälen oder ebenfalls waschen, längs teilen und die Kerne rausschaben. Die Tomaten und Gurke in 1 cm große Würfel schneiden. Die Zwiebeln schälen und vierteln, in dünne Streifen schneiden.

2 Die Peperoni in mittelfeine Ringe schneiden. Den Schafskäse auf der Rohkostreibe grob raspeln. Den Knoblauch schälen und fein hacken oder durch die Presse drücken. Die Kräuter abbrausen und trocken schütteln, die Blättchen abzupfen und fein hacken.

3 Den Zitronensaft mit Salz, Pfeffer und Knoblauch gründlich verrühren, das Olivenöl kräftig unterschlagen. Tomaten, Gurke, Zwiebeln, Peperoni, Käse und Kräuter in eine Schüssel füllen, locker mischen. Die Salatsauce unterheben. Aber nicht mehr zu heftig rühren, sonst zerfällt der Käse zu sehr. Den Hirtensalat mit den Oliven belegen und mit den Zitronenschnitzen garnieren.

Kürbissalat mit Orangen

Vorspeise oder Imbiss

Zutaten für 4 Personen:
1 Stück Kürbis (etwa 750 g)
100 g Rucola, Feldsalat oder zarter Blattspinat
2 Orangen
8 getrocknete Tomaten (in Öl)
1 rote Chilischote
2 Knoblauchzehen
6 EL Olivenöl
Salz | Pfeffer
2 EL frisch gepresster Zitronensaft

Zubereitungszeit: 30 Minuten
Kalorien pro Portion: 270

1 Aus dem Kürbis die Kerne mit dem weichen fasrigen Fruchtfleisch herausschneiden. Kürbis schälen (Hokkaido wird mit Schale verwendet) und in etwa ½ cm dicke Scheiben schneiden. Große Scheiben zusätzlich halbieren oder vielleicht sogar vierteln. Man soll den Kürbis bequem essen können.

2 Bei Rucola, Feldsalat oder Blattspinat die welken Blätter aussortieren und alle ganz dicken Stiele abknipsen. Vom Feldsalat kleine Wurzeln abschneiden. Die Blätter waschen und trocken schleudern.

3 Von den Orangen oben und unten eine Scheibe abschneiden und mit einer Schnittfläche aufs Küchenbrett stellen. Die Schale rundherum von oben nach unten so abschneiden, dass auch die weiße Haut entfernt wird und man das Orangenfleisch sieht. Die Filets aus den Trennwänden rausschneiden. Den dabei ablaufenden Saft in einem Schüsselchen auffangen.

4 Tomaten abtropfen lassen und in Streifen schneiden. Chili waschen, entstielen, entkernen und fein hacken. Den Knoblauch schälen und fein würfeln.

5 Eine große Pfanne oder den Wok auf den Herd stellen und die Hälfte vom Öl darin heiß werden lassen. Kürbis einrühren und bei mittlerer Hitze 6–8 Minuten braten, bis er bissfest und gebräunt ist. Dabei häufig umrühren. Mit Salz und Pfeffer würzen, Orangensaft angießen und verdampfen lassen.

6 Den Zitronensaft mit dem übrigen Öl, Salz und Pfeffer cremig rühren, Chili und Knoblauch untermischen. Rucola, Feldsalat oder Spinat mit Orangenfilets und Tomaten und der Hälfte der Salatsauce mischen und auf Teller füllen. Kürbis mit der übrigen Salatsauce vermengen und warm darauf verteilen.

Kichererbsen-salat

Mediterrane Beilage

Zutaten für 4 Personen:
400 g Kichererbsen (aus der Dose)
4 eingelegte Artischockenherzen (aus dem Glas oder von der Feinkosttheke)
150 g geröstete, gehäutete Paprikaschoten (aus dem Glas oder von der Feinkosttheke)
200 g Kirschtomaten
1 Bund Basilikum
2 EL frisch gepresster Zitronensaft oder Balsamico bianco
Salz | Pfeffer
4 EL Olivenöl
2 EL schwarze oder grüne Oliven

Zubereitungszeit: 20 Minuten
Kalorien pro Portion: 435 kcal

1 Die Kichererbsen in ein Sieb geben und gründlich abbrausen, bis das Einlegewasser komplett abgewaschen ist. Kichererbsen abtropfen lassen.

2 Die Artischockenherzen und Paprika in Streifen schneiden. Tomaten waschen und vierteln. Die Basilikumblättchen abzupfen und in kleinere Stücke zupfen.

3 Für das Dressing den Zitronensaft oder Balsamico mit Salz und Pfeffer verrühren. Das Öl unterschlagen, bis eine cremige Sauce entstanden ist.

4 Kichererbsen, Artischocken, Paprika und Tomaten mit dem Basilikum unters Dressing mischen, Salat abschmecken. Und jetzt noch die Oliven aufstreuen.

Das schmeckt dazu: Lamm- oder Rindersteaks, aber auch Halloumi oder Tempeh.

Tipps:

Noch würziger wird der Salat, wenn er statt mit Oliven mit Sardellenfilets (in Öl) garniert wird. Oder gleich Oliven und Sardellenfilets in kleinen Schälchen mit auf den Tisch stellen und jeden selbst entscheiden lassen.

Linsensalat mit Feta

Aus roten Linsen schnell gemacht

Zutaten für 4 Personen:
200 g rote Linsen
2 Knoblauchzehen
5 EL Olivenöl
1 rote oder weiße Zwiebel
1 Bund Basilikum
1 große rote Paprikaschote
2 eingelegte Peperoni
150 g Schafskäse (Feta)
2 ½ EL Weißweinessig
1 TL Honig
Salz | Pfeffer

Zubereitungszeit: 20 Minuten
Kalorien pro Portion: 355 kcal

1 Die Linsen in ein Sieb geben, kurz abbrausen und gut abtropfen lassen. Den Knoblauch schälen und möglichst fein schneiden.

2 In einem Topf 1 EL Öl mit dem Knoblauch erwärmen. Die Linsen dazugeben und kurz andünsten. Mit ¾ l heißem Wasser aufgießen, zum Kochen bringen und die Linsen zugedeckt bei mittlerer Hitze in etwa 12 Minuten bissfest und nicht zu weich garen.

3 Zwiebel schälen, vierteln und in feine Streifen schneiden. Basilikumblättchen abzupfen und in grobe Stücke zupfen. Paprikaschote vierteln, putzen, waschen und in dünne Streifen schneiden. Die Peperoni abtropfen lassen und in dünne Ringe schneiden. Schafskäse in kleine Stücke krümeln.

4 Weinessig mit Honig, Salz und Pfeffer verrühren, das übrige Öl nach und nach dazugeben und alles zu einer cremigen Sauce schlagen. Die Linsen abgießen und samt dem Knoblauch mit Sauce, Zwiebel, Paprika und Peperoni mischen. Den Salat abschmecken und mit Basilikum und Feta bestreuen – diese beiden Zutaten erst beim Essen untermischen.

Das schmeckt dazu: Ölsardinen aus der Dose oder auch geräucherte Makrelen- oder Forellenfilets.

Toskanischer Brotsalat

Das Original heißt Panzanella

Zutaten für 4 Personen:
150 g Weißbrot (mindestens vom Vortag, noch besser 2–3 Tage alt)
1 milde weiße Zwiebel
1 Knoblauchzehe
200 g feste reife Tomaten
½ Salatgurke (etwa 200 g)
1 gelbe Paprikaschote
1 Bund Rucola
½ Bund Petersilie
2–3 EL Rotweinessig
Salz | Pfeffer
5–6 EL bestes Olivenöl
1 EL kleine Kapern

Zubereitungszeit: 25 Minuten
+ 1 Stunde Ruhe
Kalorien pro Portion: 210

1 Brot in Würfel schneiden. Wenn die noch weich und feucht sind, Würfelchen in einer Pfanne ohne Fett bei mittlerer Hitze leicht anrösten.

2 Die Zwiebel schälen, vierteln und in feine Streifen schneiden. Knoblauch schälen und fein hacken. Die Tomaten, die Gurke und die Paprika waschen. Aus der Paprika den Stielansatz herausschneiden, die Kerne mit den Häutchen abzupfen. Alles Gemüse in kleine Würfel schneiden.

3 Vom Rucola die welken Blätter wegwerfen, die dicken Stiele abknipsen. Rucola und Petersilie abbrausen, trocken schütteln und fein hacken. Essig, Salz, Pfeffer und Öl gut verrühren.

4 Brot, Gemüse, Kräuter und Sauce in einer großen Schüssel locker mischen. Den Salat mindestens 1 Stunde stehen lassen, bis das Brot weicher wird. Dann den Panzanella noch mal durchrühren, Kapern darüberstreuen – und auf den Tisch damit.

Bohnensalat mit Minze

Frisch und exotisch

Zutaten für 4 Personen:
500 g grüne Bohnen
Salz
1 Bund Frühlingszwiebeln
1 Bund Minze
2 Tomaten
2 Knoblauchzehen
4 EL frisch gepresster Zitronensaft
½ TL rosenscharfes Paprikapulver
Pfeffer
4 EL Olivenöl
Zitronenschnitze zur Deko

Zubereitungszeit: 30 Minuten
Kalorien pro Portion: 140

1 Die Bohnen waschen und die Enden abschneiden. In einem Topf 1 l Wasser zum Kochen bringen, kräftig salzen. Die Bohnen dazugeben, den Deckel auflegen und die Bohnen bei mittlerer Hitze 8–12 Minuten kochen, bis sie bissfest sind. Zur Probe zwischendurch eine rausfischen und reinbeißen.

2 Die gekochten Bohnen in ein Sieb schütten und reichlich kaltes Wasser darüberlaufen lassen. Die Bohnen zum Abkühlen in eine Schüssel umfüllen.

3 Genügend Zeit, um die restlichen Zutaten vorzubereiten. Von den Frühlingszwiebeln die Wurzelbüschel und die grünen welken Teile abschneiden. Zwiebeln waschen und in feine Ringe schneiden. Die Minze abbrausen und trocken schütteln, Blättchen abzupfen und in Streifen schneiden. Die Tomaten waschen und würfeln, dabei die Stielansätze entfernen. Die Knoblauchzehen schälen und fein hacken.

4 Für die Sauce den Zitronensaft mit dem Paprikapulver, Salz und Pfeffer gut verrühren. Das Olivenöl nach und nach mit einer Gabel unterschlagen.

5 Sauce mit Zwiebelringen, Tomaten, Knoblauch und Minze zu den Bohnen in die Schüssel geben. Alles gut mischen und probieren. Wenn genug Salz und Pfeffer dran ist, Salat mit den Zitronenschnitzen belegen und servieren.

Orientalischer Kartoffelsalat

Auch zum Sattessen für zwei

Zutaten für 4 Personen:
600 g festkochende Kartoffeln
Salz | 2 Zwiebeln | 4 Knoblauchzehen
1 grüne Spitzpaprikaschote oder
 1 dicke milde Peperoni
4 EL Olivenöl
1 EL Schwarzkümmelsamen
je ½ TL edelsüßes Paprikapulver, gemahlener Kreuzkümmel und Koriander
2 EL entsteinte grüne Oliven
1 Stück Bio-Zitronenschale (2–3 cm)
½ Bund Petersilie
100 g Schafskäse (Feta)
5 EL frisch gepresster Zitronen- oder Limettensaft

Zubereitungszeit: 40 Minuten
Kalorien pro Portion: 255

1 Die Kartoffeln waschen und in der Schale in ausreichend Salzwasser zugedeckt 15–20 Minuten kochen, bis sie fast weich sind. Abgießen und ein wenig abkühlen lassen, dann schälen und in 1 cm dicke Scheiben schneiden.

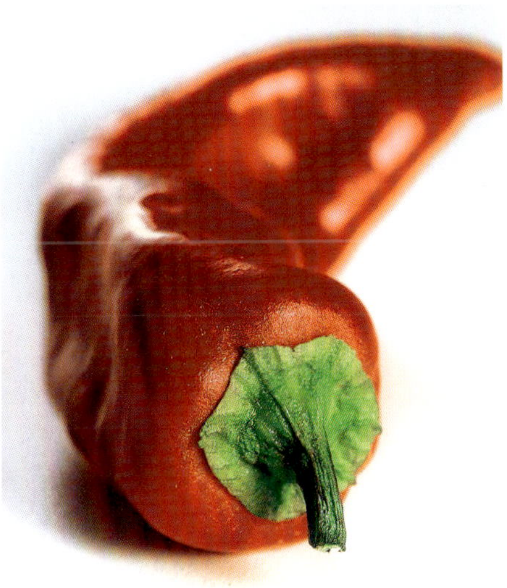

2 Zwiebeln und Knoblauch schälen, Zwiebeln vierteln und in feine Streifen schneiden, den Knoblauch fein hacken. Die Spitzpaprika oder Peperoni waschen und den Stiel abschneiden. Die Schote in Ringe schneiden.

3 Das Öl in einer großen Pfanne heiß werden lassen. Zwiebeln, Knoblauch und Schotenringe darin bei mittlerer Hitze ein paar Minuten braten, aber nicht braun werden lassen. Schwarzkümmel 1–2 Minuten mitbraten, übrige Gewürze daraufstreuen und gut untermischen.

4 Die Kartoffeln dazugeben und unter Rühren noch so lange braten, bis sie ganz gar sind. In der Zeit schon mal die Oliven und die Zitronenschale ganz fein hacken. Die Petersilie abbrausen und trocken schütteln, Blättchen ebenfalls fein hacken. Schafskäse zerkrümeln und mit Petersilie und der Oliven-Zitronenschalen-Mischung locker verrühren.

5 Die Kartoffeln in eine Schüssel füllen und lauwarm werden lassen. Zitrussaft untermischen und den Salat mit Salz abschmecken, die Käsemischung daraufstreuen. Lauwarm schmeckt er ebenso gut wie gut gekühlt.

Nudelsalat mit Joghurtsauce

Einfach die Lieblingsnudelsorte nehmen

Zutaten für 4 Personen:
250 g kleine Nudeln (z. B. Muschelnudeln, Orecchiette oder auch Kritharaki, griechische Nudeln in Reisform)
Salz
250 g Zucchini
½ Aubergine
1 große rote Paprikaschote
6 EL Olivenöl
Pfeffer
2 ½ EL frisch gepresster Zitronensaft
4 Knoblauchzehen
250 g Naturjoghurt
4 Frühlingszwiebeln (wer mag)

Zubereitungszeit: 35 Minuten
Kalorien pro Portion: 435 kcal

1 Für die Nudeln in einem großen Topf reichlich Wasser zum Kochen bringen, salzen. Die Nudeln darin nach Packungsangabe bissfest garen.

2 Schon während das Nudelwasser heiß wird, das Gemüse waschen, putzen und klein würfeln. In einer Pfanne 2 EL Öl erhitzen. Gemüse darin bei starker Hitze unter Rühren in 6–7 Minuten bissfest garen. Mit Salz und Pfeffer würzen.

3 Nudeln abgießen, kurz abschrecken, abtropfen lassen und in einer Schüssel mit dem Gemüse, dem übrigen Öl und 2 EL Zitronensaft mischen. Mit Salz und Pfeffer abschmecken.

4 Knoblauch schälen und in ein Schälchen pressen. Mit Joghurt und übrigem Zitronensaft verrühren, salzen, pfeffern. Nach Belieben die Frühlingszwiebeln waschen, putzen, in ganz feine Ringe schneiden und in ein Schälchen füllen.

5 Beim Essen Salat auf den Teller löffeln und ganz nach Belieben etwas von der Joghurtsauce daraufgeben. Wer möchte, streut auch noch Frühlingszwiebelringe auf den Salat.

Das schmeckt dazu: Fladenbrot, am besten im Ofen kurz warm und knusprig aufgebacken.

Couscoussalat mit Garnelen

Schmeckt lauwarm ganz besonders fein

Zutaten für 4 Personen:
¼ l Gemüsebrühe
200 g Instant-Couscous
2 Tomaten
1 kleine Salatgurke
¼ Bund Minze
2 Knoblauchzehen
3 EL frisch gepresster Zitronensaft
Salz | Pfeffer
5 EL Olivenöl
200 g geschälte, gegarte Garnelen

Zubereitungszeit: 15 Minuten
Kalorien pro Portion: 355 kcal

1 Gemüsebrühe zum Kochen bringen. Den Couscous in einer Schüssel damit begießen und etwa 5 Minuten zugedeckt quellen lassen.

2 Die Tomaten waschen und in sehr kleine Würfel schneiden, dabei die Stielansätze herausschneiden. Gurke waschen und ebenfalls klein würfeln. Minze abbrausen und trocken schütteln, Blättchen abzupfen und in feine Streifen schneiden. Den Knoblauch schälen und in feine Scheiben schneiden.

3 Den Zitronensaft mit Salz und Pfeffer verrühren. 4 EL Olivenöl nach und nach dazugeben und alles zu einer cremigen Sauce schlagen. Das restliche Öl in einer Pfanne mit dem Knoblauch bei mittlerer Hitze erwärmen. Garnelen dazugeben und nur warm werden lassen.

4 Tomaten, Gurke und Minze mit der Sauce unter den Couscous rühren und abschmecken. Die Garnelen salzen und pfeffern und mit dem Knoblauch auf dem Salat verteilen. Gleich essen.

Tintenfischsalat mit Basilikum

Schön scharf, schön erfrischend

Zutaten für 4 Personen:
1 rote Zwiebel
1 Bund Basilikum (am besten Thai-Basilikum)
2 Knoblauchzehen
1 Stück Ingwer (etwa ½ cm)
2–3 rote Chilischoten
1 Stange Zitronengras
500 g Tintenfische
Salz
3 EL Fischsauce
3 EL frisch gepresster Limettensaft
1 TL Zucker

Zubereitungszeit: 30 Minuten
Kalorien pro Portion: 110

1 Zwiebel schälen und halbieren und in halbe Ringe schneiden. Basilikumblättchen von den Stängeln zupfen und noch ein wenig kleiner zupfen, nicht hacken.

2 Den Knoblauch und Ingwer schälen, die Chilis waschen und entstielen. Vom Zitronengras das obere und das untere

Ende großzügig wegschneiden, äußere Schicht ablösen und wegwerfen. Alles zusammen ganz fein hacken.

3 Tintenfische waschen und der Länge nach durchschneiden. Das Innere der Beutel mit den Fingern abtasten. Da ist wahrscheinlich noch eine »Gräte« (sieht aus wie ein durchsichtiger Spieß) oder sonst etwas Härteres zu spüren. Und das kann man ablösen oder muss es abschneiden. Tintenfische dann in gut 1 cm breite, nicht zu lange Stücke schneiden.

4 Wasser mit Salz zum Kochen bringen. Die Tintenfische dazugeben, erneut aufkochen und 1 Minute sprudelnd kochen lassen. Ein Stückchen Tintenfisch herausangeln, probieren. Wenn es noch nicht weich ist, noch kurz weitergaren. Fertige Tintenfische in ein Sieb abgießen, kurz kaltes Wasser drüberlaufen lassen und den Fisch abtropfen lassen.

5 Die Fischsauce mit Limettensaft und Zucker zur Sauce verrühren. Mit fein gehackten Zutaten, Zwiebel und Basilikum mischen, Tintenfische auch dazurühren. Den Salat abschmecken und am besten lauwarm essen.

Meeresfrüchtesalat

Dazu ein Gläschen Weißwein

Zutaten für 4–6 Personen:
300 g Tintenfische (möglichst geputzt, sonst selber machen, siehe links)
Salz
300 g geschälte, gegarte Garnelen (wer rohe bekommt, kann auch die nehmen, aber die gibt's eher selten)
1 Stange Staudensellerie
1 Möhre
½ Bund Petersilie
2 EL frisch gepresster Zitronensaft
Pfeffer
4 EL bestes Olivenöl
Zitronenschnitze zum Servieren

Zubereitungszeit: 30 Minuten
+ 2 Stunden Marinieren
Kalorien pro Portion (bei 6): 145

1 Die Tintenfische unter den kalten Wasserstrahl halten, abtropfen lassen. Wasser mit Salz zum Kochen bringen. Die Tintenfische hineingeben und etwa 1 Minute kochen lassen. Nicht länger, sonst werden sie zäh.

2 Tintenfische in ein Sieb schütten, kaltes Wasser darüberlaufen und abtropfen lassen. Die Fische in ½ cm dicke Streifen schneiden. Wer kleine Tintenfischchen gekauft hat, lässt sie ganz.

3 Garnelen auch kurz waschen, trocken tupfen. Sellerie waschen, alles, was welk aussieht, abschneiden. Und wenn Fäden mit abgehen, kann man die auch gleich abziehen. Sellerie längs halbieren, dann in feine Scheibchen schneiden. Möhre schälen und erst in sehr dünne Scheiben, dann in feine Stifte schneiden. Petersilie abbrausen, trocken schütteln und die Blättchen fein hacken.

4 Zitronensaft mit Salz, Pfeffer und Öl in einer Schüssel mit einer Gabel cremig verrühren. Tintenfische und Garnelen, Gemüse und die Petersilie untermischen, 2 Stunden in den Kühlschrank stellen. Bevor der Salat auf den Tisch kommt, noch mal durchrühren und probieren. Vielleicht braucht er noch Zitronensaft oder Salz und Pfeffer. Zitronenschnitze an den Rand der Schüssel legen, für die, die's ganz erfrischend mögen.

Glasnudelsalat mit Hack und Pilzen

Auch zum Sattessen für zwei

Zutaten für 4 Personen:
6 getrocknete Mu-Err-Pilze
100 g Glasnudeln
2 rote Chilischoten
2 Schalotten
1 Bund Schnittlauch
100 g Austernpilze oder Champignons
4 EL Fischsauce
4 EL frisch gepresster Limetten- oder Zitronensaft
1 EL Zucker
2 EL Öl
200 g gemischtes Hackfleisch

Zubereitungszeit: 20 Minuten
+ 20 Minuten Quellen
Kalorien pro Portion: 300

1 Die Mu-Err-Pilze in eine Schüssel legen, warmes Wasser darübergießen und 20 Minuten stehen lassen. Nudeln nur 10 Minuten in Wasser einweichen.

2 Die Chilis waschen, die Stiele abschneiden und die Schoten in sehr feine Ringe schneiden. Schalotten schälen, halbieren und in feine Streifen schneiden. Den Schnittlauch abbrausen, trocken schütteln und in 4–5 cm lange Röllchen schneiden. Die Austernpilze oder Champignons mit Küchenpapier abreiben, die Stiele abschneiden, die Hüte in dünne Streifen oder Scheiben schneiden.

3 Mu-Err-Pilze aus dem Wasser fischen, die Stiele abschneiden, die Hüte kleiner schneiden. Die Glasnudeln abtropfen lassen und mit der Küchenschere ebenfalls kleiner schneiden. Fischsauce mit Zitrussaft und Zucker verrühren.

4 Das Öl in einer Pfanne erhitzen. Alle Pilze darin bei starker Hitze kurz braten. Fleisch dazugeben und braten, bis es krümelig ist. Chilis und Schalotten dazugeben und auch kurz braten. Die Nudeln untermischen, 1–2 Minuten braten. Die Sauce und den Schnittlauch dazugeben, alles gut umrühren und den Salat in eine Schüssel füllen. Lauwarm werden lassen. Dann den Salat durchrühren, probieren und eventuell nachwürzen.

Hähnchensalat mit Sellerie und Walnüssen

Tolles Resteessen

Zutaten für 2 Personen:
½ kaltes Brathähnchen (siehe Tipps)
6 Stangen Staudensellerie
1 EL gute Mayonnaise
1 EL scharfer Senf (z. B. Dijon-Senf)
2 EL Weißweinessig oder Balsamico bianco
Salz | Pfeffer
1 Prise Zucker
4 EL Sonnenblumenöl
4 EL Walnüsse
½ Bund glatte Petersilie

Zubereitungszeit: 15 Minuten
Kalorien pro Portion: 670 kcal

1 Das Brathähnchenfleisch von den Knochen ablösen und klein schneiden. Selleriestangen waschen und putzen, ein bisschen vom frischen schönen Grün aufheben. Die Stangen in feine Scheiben schneiden. Hähnchenfleisch und Sellerie in einer Schüssel mischen.

2 Für das Dressing die Mayonnaise mit dem Senf und Essig verquirlen. Mit Salz, Pfeffer und Zucker würzen, dann das Sonnenblumenöl unterschlagen. Nochmals würzig abschmecken und das Dressing über den Salat gießen, mischen, kurz ziehen lassen.

3 Walnüsse mit einem großen Messer grob hacken. Petersilie abbrausen und trocken schütteln, Blättchen abzupfen und fein hacken. Selleriegrün ebenfalls fein schneiden. Jeweils die Hälfte von den Nüssen und dem Grün unter den Salat mischen, den Rest dekorativ aufstreuen und den Salat servieren.

Tipps:

Mal schnell an ein fertiges Brat- oder Grillhähnchen rankommen? Gibt's sicher bei fast jedem irgendwo an einer Bude oder um die Ecke zu kaufen. Aber bitte möglichst nicht gerade das billigste der Billighühner nehmen!
Besonders frisch schmeckt dieser Salat, wenn man 1 EL Sonnenblumenöl durch Zitronen- oder Limettenöl ersetzt.

Salatteller mit Grillfisch

Ganz schön edel

Zutaten für 4 Personen:
1 Bund Petersilie | 2–3 Knoblauchzehen
1 EL frisch gepresster Zitronensaft
1 TL abgeriebene Bio-Zitronenschale
8 EL Olivenöl | Salz | Pfeffer
4 Fischfilets (Seeteufel, Kabeljau oder Viktoriabarsch, jedes etwa 200 g)
500 g grüner Spargel
250 g Zuckerschoten
1 Romanasalat | 250 g Kirschtomaten
1 Bund Rucola | 2 EL schwarze Oliven
2 EL milder Essig (z. B. Balsamico bianco)

Zubereitungszeit: 30 Minuten
+ 2 Stunden Marinieren
Kalorien pro Portion: 430

1 Petersilie abbrausen und trocken schütteln, Blättchen abzupfen. Knoblauch schälen, beides zusammen fein hacken und mit Zitronensaft und -schale, 4 EL Öl, Salz und Pfeffer verrühren.

2 Fischfilets in eine flache ofenfeste Form legen und die Knoblauchmischung drauf verteilen. Etwa 2 Stunden ziehen lassen. Oder auch länger.

3 Dann Spargel waschen, 3–4 cm der unteren Enden abschneiden. Die Zuckerschoten waschen, Enden abschneiden. Salzwasser aufkochen. Erst den Spargel darin 3–5 Minuten kochen und mit dem Schaumlöffel rausfischen. Anschließend im gleichen Kochwasser Zuckerschoten 2–3 Minuten kochen lassen. Beides in einem Sieb kalt abschrecken.

4 Backofengrill anschalten. Romanasalat auseinanderlösen, waschen, gut trocken schütteln, in Streifen schneiden. Tomaten waschen und halbieren. Rucola waschen und trocken schütteln, dicke Stiele abknipsen. Die Oliven in Streifen schneiden und dabei entsteinen.

5 Fisch in der Form in den Ofen stellen und etwa 10 Minuten grillen. Inzwischen Essig mit Salz, Pfeffer und restlichem Öl gut verquirlen. Spargel in 3–4 cm lange Stücke schneiden. Alle Salate mit dem Dressing mischen. Auf Teller verteilen. Fisch darauf oder daneben legen.

Suppen

Hier kommen unsere besten Rezepte für Nächstenliebe. Denn ein dampfender Topf Suppe sorgt für pure Harmonie am Küchentisch. Klar, in unseren Suppentöpfen treffen sich ja auch nur echte Traumpaare: Erbse und Frischkäsenockerl, Linsen und Kokos, Kartoffeln und Speck. Ach, muss Suppenliebe lecker sein!

Eisgekühlte Gurkensuppe

Herrlich sommerlich

Zutaten für 8 Personen:
2 Salatgurken
2 EL Butter
2 EL Noilly Prat (wer mag)
1 l Gemüsebrühe oder -fond
2 EL frisch gepresster Zitronensaft
250 g saure Sahne
Salz | Pfeffer
1 Prise gemahlener Koriander
1 kleines Bund Dill
Zum Aufpeppen (wer mag):
150 g gepulte Nordseekrabben oder Räucherlachs oder Schafskäse (Feta)

Zubereitungszeit: 30 Minuten
+ 4 Stunden Kühlen
Kalorien pro Portion: 90 kcal

1 Salatgurken schälen und die Enden abschneiden. Gurken längs halbieren und die Kerne mit einem Teelöffel aus der Mitte herausschaben. Ein etwa 5 cm langes Stück Salatgurke abschneiden und beiseitelegen, Rest grob würfeln.

2 Butter in einem Topf zerlassen und die Gurkenwürfel darin andünsten. Wer mag, gibt jetzt den Noilly Prat dazu, in jedem Fall aber Brühe oder Fond. Aufkochen und die Gurken zugedeckt bei geringer Hitze etwa 10 Minuten garen. Etwas abkühlen lassen, dann mit dem Zitronensaft und der sauren Sahne mit dem Pürierstab fein pürieren. Suppe auskühlen lassen und mit Salz, Pfeffer und dem Koriander würzen. Für etwa 4 Stunden in den Kühlschrank stellen.

3 Dann den Dill abbrausen, trocken schütteln und die Spitzen fein hacken. Weggelegtes Gurkenstück klein würfeln. Suppe mit dem Pürierstab nochmals aufmixen, mit Dill mischen, abschmecken und in tiefe Teller oder Gläser verteilen. Und jetzt kommen die Gurkenwürfel drauf und nach Lust und Laune noch die Krabben oder der Lachs in feinen Streifen oder der Feta in Krümeln.

Gazpacho

Schmeckt nach Sonne und Andalusien

Zutaten für 4 Personen:
750 g richtig reife Tomaten
1 Salatgurke
1 grüne Paprikaschote
3 Knoblauchzehen
2 Zwiebeln
3 Scheiben Weißbrot
1–2 EL Rotweinessig
3 EL Olivenöl
Salz | Pfeffer
1 EL Butter

Zubereitungszeit: 45 Minuten
+ 2–3 Stunden Kühlen
Kalorien pro Portion: 200

1 Für später 2–3 Tomaten auf die Seite legen. Die übrigen Tomaten 1 Minute in kochendes Wasser legen, dann kalt abbrausen. Haut einritzen und abziehen. Tomaten etwas kleiner schneiden.

2 Die Gurke waschen und halbieren, eine Hälfte zur Seite legen. Rest schälen und in Stückchen schneiden. Paprikaschote halbieren, putzen und waschen. Eine Schotenhälfte würfeln.

3 Den Knoblauch schälen, 1 Zwiebel schälen und klein schneiden. Beides mit dem zerkleinerten Gemüse im Mixer fein pürieren. 2 Weißbrotscheiben mit dem Essig und 150 ml Wasser beträufeln. Mit dem Öl dazugeben und alles cremig pürieren. Mit Salz und Pfeffer würzen. Zugedeckt 2–3 Stunden kühl stellen.

4 Dann alles übrige Gemüse in sehr feine Würfelchen schneiden. Das übrige Brot würfeln, in Butter knusprig braten. Die Gemüse- und Brotwürfel in die kalte Suppe streuen.

Kalte Artischockensuppe

Feine Vorspeise

Zutaten für 4 Personen:
etwa 250 g gegarte Artischockenböden (aus dem Glas oder frisch geputzt und selber in Salz-Zitronen-Wasser gekocht)
250 g Naturjoghurt (besser einen nicht so festen nehmen oder später beim Pürieren ein bisschen mehr Flüssigkeit zugeben)
1½ EL frisch gepresster Zitronensaft
400 ml milde Gemüse- oder Hühnerbrühe
1 TL gemahlener Kreuzkümmel
Salz | Pfeffer
½ grüne Spitzpaprikaschote
¼ Bund Dill
2 Frühlingszwiebeln

Zubereitungszeit: 30 Minuten
+ 4 Stunden Kühlen
Kalorien pro Portion: 100

1 Artischockenböden abtropfen lassen und grob würfeln. Mit Joghurt, Zitronensaft und Brühe im Mixer fein pürieren.

2 Die Suppe mit Kreuzkümmel, Salz und Pfeffer würzen und mindestens 4 Stunden in den Kühlschrank stellen.

3 Dann die Paprika putzen, waschen und sehr klein würfeln. Dill abbrausen und trocken schütteln, die Spitzen sehr fein hacken. Von den Frühlingszwiebeln Wurzelbüschel und alle welken Teile abschneiden. Die Zwiebeln waschen und in sehr feine Ringe schneiden. Mit Paprika und Dill mischen und mit wenig Salz und Pfeffer würzen.

4 Die Suppe aus dem Kühlschrank holen, noch einmal gut durchrühren und eventuell mit Salz, Pfeffer und ein bisschen Zitronensaft nachwürzen. In Teller füllen und mit ein paar Löffelchen von der Paprikamischung bestreuen. Rest in ein Schälchen füllen und mit auf den Tisch stellen.

Das schmeckt dazu: warmes Fladenbrot (ist ein sehr guter Gegensatz zur kalten Suppe).

Kartoffel-Lauch-Suppe

Gekühlt heißt sie Vichyssoise und warm Potage parmentier

Zutaten für 4 Personen:
400 g vorwiegend festkochende Kartoffeln
400 g Lauch
2 EL Butter (am besten gesalzene)
1 l Hühnerbrühe (Gemüsebrühe geht aber genauso)
100 g Crème fraîche
Salz | Pfeffer
Kerbel- oder zarte Petersilienblättchen oder Schnittlauchhalme zum Bestreuen

Zubereitungszeit: 30 Minuten
Kalorien pro Portion: 310 kcal

1 Die Kartoffeln schälen, waschen und in kleine Würfel schneiden. Vom Lauch die Wurzelbüschel und die dunkelgrünen Teile abschneiden. Den Lauch längs aufschneiden und gründlich waschen, auch zwischen den Schichten. Den Lauch in feine Streifen schneiden.

2 Butter in einem großen Topf erhitzen. Kartoffeln und Lauch einrühren und kurz andünsten. Mit der Brühe aufgießen und zum Kochen bringen. Den Topfdeckel auflegen und die Suppe 15–20 Minuten bei mittlerer Hitze garen, bis das Gemüse sehr weich ist.

3 Die Suppe im Topf mit dem Pürierstab oder im Mixer fein pürieren. (Wer die Suppe ganz glatt haben möchte, streicht sie zusätzlich durch ein Sieb.) Crème fraîche unterrühren, die Suppe mit Salz und Pfeffer abschmecken.

4 Für die warme Potage parmentier jetzt noch Kräuterblättchen fein hacken oder den Schnittlauch in kleine Röllchen schneiden, auf die heiße Suppe streuen und gleich servieren.

5 Für die kalte Vichyssoise die Suppe abkühlen lassen, noch mal abschmecken und für mindestens 2 Stunden in den Kühlschrank stellen, bis sie richtig kalt ist. Ist es so weit, die Kräuter schneiden, aufstreuen und die Suppe servieren.

Spinat-Reis-Suppe

Schnell gemacht

Zutaten für 4 Personen:
450 g TK-Blattspinat
2 Knoblauchzehen
500 g Naturjoghurt (am besten griechischer)
1 TL Kurkuma
2 Stangen Lauch
2 EL Olivenöl
100 g Langkornreis
1 l Gemüsebrühe
Salz | Pfeffer
1 EL frisch gepresster Zitronensaft

Zubereitungszeit: 15 Minuten
+ Zeit um Auftauen
+ 20 Minuten Kochen
Kalorien pro Portion: 265

1 Den Spinat aus der Packung nehmen und in einem Sieb auftauen lassen. Den Knoblauch schälen und zum Joghurt pressen, Kurkuma untermischen.

2 Vom Lauch die Wurzelbüschel und die dunkelgrünen Teile abschneiden, Lauch längs halbieren, gut waschen und quer in Streifen schneiden. Spinat ausdrücken und hacken.

3 Das Olivenöl im Topf erhitzen. Den Lauch, Spinat und Reis reinrühren, kurz andünsten, Brühe dazugießen. Deckel drauf, alles etwa 20 Minuten kochen.

4 Spinat-Reis-Suppe mit Salz, Pfeffer und Zitronensaft abschmecken. Joghurtmischung unterrühren. Die Suppe gut erhitzen, aber nicht mehr kochen.

Brokkolicreme mit Knusperkernen

Würzig-süßliche Verbindung

Zutaten für 4 Personen:
500 g Brokkoli
1 Zwiebel
2 EL Butter
1 TL Chiliflocken
1 l Gemüsebrühe (siehe auch Tipp)
2 TL Puderzucker
2 EL Sonnenblumenkerne (ersatzweise gehackte Mandeln)
Salz | Pfeffer
2 EL saure Sahne
1 Kästchen Gartenkresse

Zubereitungszeit: 30 Minuten
Kalorien pro Portion: 100 kcal

1 Den Brokkoli waschen und die Röschen von den Stielen abschneiden. Die Stiele schälen und klein würfeln. Die Zwiebel schälen und fein würfeln.

2 In einem Suppentopf 1 EL Butter zerlassen. Darin Zwiebel, Chiliflocken und Brokkoli unter Rühren etwa 2 Minuten andünsten. Die Brühe dazugießen, aufkochen und die Suppe zugedeckt etwa 5 Minuten bei mittlerer Hitze köcheln lassen, bis der Brokkoli weich ist.

3 Inzwischen in einer kleinen Pfanne übrige Butter mit dem Puderzucker bei mittlerer Hitze zerlassen. Sonnenblumenkerne einrühren und unter Rühren braten, bis sie knusprig werden. Das dauert um die 2–3 Minuten. Kerne leicht salzen und pfeffern und auf einen Teller schütten.

4 Brokkoli mitsamt der Brühe im Topf mit einem Pürierstab pürieren, saure Sahne unterrühren. Suppe mit Salz und Pfeffer abschmecken, in tiefe Teller oder Suppenschalen füllen. Knusperkerne aufstreuen. Kresse mit einer Küchenschere vom Beet schneiden, die Suppe damit garnieren.

Tipp:
Wer für die Brühe gekörntes Pulver verwendet, rührt es mit heißem Wasser aus dem Wasserkocher an. Dann geht das Erhitzen im Topf nachher schneller.

Minestrone

Macht schön satt

Zutaten für 4 Personen:
500 g gemischtes Gemüse (am besten: Stangensellerie, Zucchini, Möhren, junger Wirsing, Spinat)
4 Tomaten
1 Zwiebel
2 Knoblauchzehen
3 EL Olivenöl
1½ l Gemüse- oder Fleischbrühe
200 g Makkaroni
1 Dose weiße Bohnen (360 g)
Salz | Pfeffer
4 EL frisch geriebener Parmesan oder Pecorino

Zubereitungszeit: 45 Minuten
+ 25 Minuten Kochen
davon 30 zu tun
Kalorien pro Portion: 400

1 Alle Gemüse waschen, die Möhren schälen. Das Gemüse in Würfel (Sellerie, Zucchini, Möhren und Tomaten) oder in Streifen (Wirsing, Spinat) schneiden. Die Zwiebel und den Knoblauch schälen und ganz fein schneiden.

2 Einen großen Suppentopf auf den Herd stellen. 1 EL Öl darin warm werden lassen. Die Zwiebel und den Knoblauch reinrühren und anbraten. Gemüsebrühe dazugießen, Gemüse untermischen und alles schön heiß werden lassen.

3 Die Gemüsemischung soll jetzt etwa 15 Minuten köcheln. Also die Hitze auf mittlere Stufe stellen. Und den Deckel nur halb auflegen (einen Kochlöffel dazwischenklemmen, dann rutscht der Deckel nicht).

4 Die Nudeln in Stücke brechen (etwa 5 cm lang). Die Bohnen im Sieb waschen, die Garflüssigkeit ist nämlich trüb und glibberig. Die Nudeln und die Bohnen zur Suppe geben und noch einmal etwa 10 Minuten weiterköcheln lassen, bis die Nudeln al dente sind.

5 Die Minestrone probieren, fehlt noch Salz und Pfeffer? Die Suppe in tiefe Teller schöpfen, das übrige Öl darüberlaufen lassen, Käse daraufstreuen und fertig ist die italienischste Suppe aller Zeiten.

Das schmeckt dazu: frisches Weißbrot, wer mag, kann es leicht anrösten. Auch gut: pro Teller 1 Löffelchen Pesto.

Erbsensuppe mit Frischkäse-nockerl

Leicht und frisch

Zutaten für 4 Personen:
1 Zwiebel
2 Knoblauchzehen
2 EL Butter
450 g TK-Erbsen
800 ml Gemüsebrühe
½ Bio-Zitrone
150 g Doppelrahmfrischkäse
Salz | Pfeffer
100 g Sahne

Zubereitungszeit: 20 Minuten
Kalorien pro Portion: 330 kcal

1 Zwiebel und Knoblauch schälen und fein würfeln. Butter in einem großen Topf zerlassen. Zwiebel und Knoblauch darin andünsten. Die Erbsen dazugeben und unter Rühren antauen lassen. Brühe angießen, zum Kochen bringen. Deckel auflegen und die Erbsen bei mittlerer Hitze in etwa 10 Minuten gut weich kochen.

2 Inzwischen die Zitronenhälfte heiß waschen und abtrocknen, Schale fein abreiben. Frischkäse und Zitronenschale mischen, salzen und pfeffern. Mit zwei Teelöffeln kleine Nocken abstechen.

3 Die Erbsen mit dem Pürierstab in der Brühe fein pürieren. Die Sahne einrühren, Suppe mit Salz und Pfeffer abschmecken. In tiefe vorgewärmte Teller füllen und die Frischkäsenockerl in die Suppe setzen. Gleich servieren.

Linsen-Kokos-Suppe mit Chili

Asiatisch vegetarisch

Zutaten für 4 Personen:
1 Zwiebel
1 Möhre
2–3 getrocknete Chilischoten
2 EL Öl
150 g Linsen (braune oder grüne)
2 TL Tomatenmark
800 ml milde Gemüsebrühe
200 g Weiß-, China- oder Spitzkohl
100 g Kirschtomaten
1 Dose Kokosmilch (400 ml)
2 Frühlingszwiebeln
Salz

Zubereitungszeit: 1 Stunde
Kalorien pro Portion: 440

1 Die Zwiebel und die Möhre schälen und in kleine Würfel schneiden. Chilischoten zerkrümeln oder im Mörser fein zerkleinern.

Das Öl im Suppentopf heiß werden lassen. Zwiebel, Möhre und Chilis kurz andünsten, dabei gut rühren. Linsen untermischen, das Tomatenmark und die Brühe in den Topf geben, gründlich verrühren. Den Deckel auflegen und die Suppe etwa 30 Minuten bei geringer Hitze köcheln lassen.

2 In der Zeit den Kohl waschen, putzen und die Blätter in feine Streifen schneiden. Sie sollen nicht zu lang sein, lange Streifen also kürzen. Tomaten waschen und vierteln.

3 Kohl mit Kokosmilch in die Suppe rühren, noch mal 10–15 Minuten garen, bis der Kohl bissfest und die Linsen weich sind. Von den Frühlingszwiebeln die Wurzelbüschel und die welken Teile abschneiden. Die Zwiebeln waschen und in feine Ringe schneiden, mit Tomaten in die Suppe rühren. Nur warm werden lassen! Jetzt noch die Suppe mit Salz fein abschmecken. Fertig!

Das schmeckt dazu: Fladenbrot oder Tortillachips.

Grüne Brot-Gemüse-Suppe

Zum Reinlegen gut

Zutaten für 4 Personen:
2 Stangen Lauch
2 Stangen Staudensellerie
2 junge Zucchini
2 Knoblauchzehen
1 1/4 l Gemüse- oder Hühnerbrühe
100 g TK-Erbsen oder TK-Dicke-Bohnen
Salz | Pfeffer
1/2 TL Chilipulver oder Cayennepfeffer
1 EL frisch gepresster Zitronensaft
je 1 Bund Petersilie, Minze und Koriandergrün
1/2 Fladenbrot (vom Vortag, etwa 200 g)
4 EL Olivenöl

Zubereitungszeit: 30 Minuten
Kalorien pro Portion: 390

1 Vom Lauch Wurzelbüschel und welke Teile abschneiden. Den Lauch der Länge nach aufschlitzen und gut waschen, in Streifen schneiden. Sellerie waschen, die Enden abschneiden und dabei gleich die Fäden abziehen. Die Selleriestangen in Scheiben schneiden. Die Zucchini waschen, putzen und würfeln. Den Knoblauch schälen und fein hacken.

2 Lauch, Sellerie, Zucchini und Knoblauch mit der Brühe und den Erbsen oder Bohnen in einen Topf füllen und warm werden lassen. Mit Salz, Pfeffer, Chilipulver oder Cayennepfeffer und dem Zitronensaft abschmecken. Die Hitze auf mittlere Stufe schalten, den Deckel drauf und die Suppe 10–15 Minuten vor sich hin köcheln lassen, bis das Gemüse bissfest ist.

3 Zeit genug für den Rest: Die Kräuter abbrausen und trocken schütteln, Blättchen abzupfen und ganz fein hacken. Brot in kleine Stücke brechen. Olivenöl in einer Pfanne heiß werden lassen, die Brotstücke darin unter Rühren braten, bis sie knusprig sind.

4 Kräuter unter die Suppe mischen, die Suppe abschmecken. Das Brot dazugeben und alles gleich auf den Tisch stellen, damit das knusprige Brot auch knusprig bleibt.

Kürbissuppe mit Kartoffeln

Feine Herbstsuppe

Zutaten für 4 Personen:
1 Stück Kürbis (etwa 900 g)
1 Stange Lauch
2 EL Butter
2 Wacholderbeeren
1 l Gemüsebrühe
250 g festkochende Kartoffeln
1 EL Öl
Salz | Pfeffer
2 EL saure Sahne
2 EL Kürbiskernöl (wer mag)

Zubereitungszeit: 30 Minuten
Kalorien pro Portion: 205 kcal

1 Den Kürbis schälen und die Kerne mitsamt dem faserigen Fruchtfleisch entfernen. Den Kürbis würfeln. Den Lauch putzen, längs aufschlitzen, gut waschen und in schmale Streifen schneiden.

2 In einem großen Topf 1 EL Butter zerlassen. Kürbis, Lauch und Wacholderbeeren darin andünsten. Die Brühe angießen und aufkochen. Den Deckel auflegen und den Kürbis bei geringer Hitze in etwa 15 Minuten gut weich kochen.

3 Inzwischen die Kartoffeln schälen, waschen und gut ½ cm groß würfeln. Übrige Butter und das Öl in einer Pfanne erhitzen. Kartoffeln darin 8–10 Minuten bei geringer bis mittlerer Hitze braten, bis sie weich und knusprig sind. Ab und zu umrühren. Mit Salz und Pfeffer würzen.

4 Die Kürbissuppe mit dem Pürierstab im Topf ganz fein pürieren, mit Salz und Pfeffer würzen, in tiefe Teller verteilen. Jeweils ein paar Kartoffelwürfel auf die Suppe löffeln und mit ein wenig saurer Sahne garnieren. Und wer mag, träufelt noch etwas Kürbiskernöl darüber.

Zwiebelsuppe

Eine echte Pariserin

Zutaten für 4 Personen:
600 g Zwiebeln
40 g Butter
1 Prise Zucker
1 EL Mehl
2 EL Cognac (kann man auch weglassen)
¾ l Fleischbrühe (klassisch ist die vom Rind)
¼ l trockener Weißwein
Salz | Pfeffer
1 Prise Cayennepfeffer
8–12 Scheiben Baguette (kommt darauf an, welchen Durchmesser sie haben)
80 g frisch geriebener Gruyère

Zubereitungszeit: 45 Minuten
Kalorien pro Portion: 485 kcal

1 Die Zwiebeln schälen und in dünne Ringe schneiden. Die Butter im Suppentopf zerlaufen lassen. Die Zwiebeln einrühren, mit Zucker bestreuen und bei geringer bis mittlerer Hitze unter Rühren etwa 10 Minuten andünsten. Sie sollen dabei nur goldgelb, nicht braun werden.

2 Mehl darüberstäuben und goldgelb werden lassen. Wer mag, gießt jetzt den Cognac dazu und lässt ihn verdampfen. Die Brühe und den Wein zugießen und aufkochen. Deckel auflegen und alles bei geringer Hitze etwa 20 Minuten köcheln lassen, bis die Zwiebeln sehr weich sind.

3 Den Backofen auf 250 Grad vorheizen (auch schon jetzt: Umluft 220 Grad). Die Hälfte der Zwiebeln mit dem Schöpfer aus dem Topf fischen, übrige Zwiebeln in der Brühe mit dem Pürierstab grob durchpürieren. Die herausgefischten Zwiebeln wieder untermischen und die Suppe mit Salz, Pfeffer und Cayennepfeffer abschmecken.

4 Die Suppe in ofenfeste Suppenteller oder -tassen füllen. Brotscheiben mit dem Käse bestreuen, auf die Suppe legen. Im Ofen (Mitte) etwa 7 Minuten gratinieren, bis der Käse geschmolzen und braun ist.

Geröstete Grünkernsuppe

Eher was Leichtes

Zutaten für 4 Personen:
300 g Gemüse (z. B. Kohlrabi, Möhren, Topinambur und/oder Pastinaken)
1 Bund fertig gemischte Kräuter (oder selber zusammenstellen: Petersilie, Basilikum, Borretsch, Sauerampfer, Rucola und/oder Zitronenmelisse)
2 EL Butter
70 g Grünkernschrot
1 l Gemüsebrühe
2 Frühlingszwiebeln
4 EL Sahne
Salz | Pfeffer

Zubereitungszeit: 30 Minuten
Kalorien pro Portion: 210

1 Das Gemüse schälen und putzen und in kleine Würfel schneiden. Die Kräuter abbrausen und trocken schütteln, die Blättchen von den Stängeln zupfen. Ein paar davon beiseitelegen, den Rest fein schneiden.

2 Butter im Suppentopf schmelzen lassen. Grünkernschrot einstreuen und unter Rühren 2–3 Minuten in der Butter braten, bis er schön würzig duftet.

3 Die Gemüsewürfelchen und Kräuter gut unterrühren. Brühe angießen, kräftig verrühren. Hitze klein schalten, Deckel auflegen und die Suppe etwa 10 Minuten vor sich hin köcheln lassen. Zwischendurch mal den Deckel abheben und die Suppe umrühren.

4 Zeit genug für den Rest: Von den Frühlingszwiebeln Wurzelbüschel und welke dunkelgrüne Teile abschneiden. Die Zwiebeln waschen und in ganz feine Ringe schneiden. Die beiseitegelegten Kräuter fein schneiden.

5 Die Sahne unter die Suppe rühren, die Grünkernsuppe mit Salz und Pfeffer abschmecken. Die Frühlingszwiebeln und die übrigen Kräuter aufstreuen und die Suppe auf den Tisch stellen.

Das schmeckt dazu: geröstetes (Vollkorn-)Toastbrot.

Hühnertopf mit Gemüse

Asiatisch frisch

Zutaten für 4 Personen:
1 kleine Poularde (etwa 1,1 kg)
2 Stangen Lauch
1 Stück Ingwer (etwa 4 cm)
1 Bio-Limette
1 getrocknete Chilischote
Salz
250 g Spinat oder Mangoldblätter
2 Stangen Staudensellerie
2 Möhren
100 g Zuckerschoten
200 g kleine Champignons oder Egerlinge
4 EL Sojasauce
Koriander- oder Basilikumblättchen zum Bestreuen

Zubereitungszeit: 45 Minuten
+ 1 Stunde Garen
Kalorien pro Portion: 270 kcal

1 Die Poularde abbrausen und in einen Topf legen. Ganz mit Wasser bedecken und zum Kochen bringen.

2 In der Zeit vom Lauch Wurzelbüschel und welke Teile abschneiden. Stangen längs aufschneiden, gründlich waschen und in größere Stücke schneiden. Ingwer schälen und in feine Scheiben schneiden. Limette heiß waschen, Schale dünn abschneiden. Das alles mit der Chilischote zum Huhn geben, salzen. Die Hitze klein schalten, Kochlöffel an den Topfrand legen, den Deckel auflegen. Huhn etwa 1 Stunde garen.

3 Spinat oder Mangold verlesen, dicke Stiele abknipsen. Die Blätter waschen und abtropfen lassen, eventuell klein schneiden. Sellerie waschen, putzen und in Scheiben schneiden. Möhren schälen und in kurze Stifte schneiden. Zuckerschoten waschen und die Enden abschneiden. Pilze putzen und halbieren oder vierteln.

4 Huhn aus der Brühe nehmen und kurz abkühlen lassen, dann häuten. Fleisch in Stücken von den Knochen lösen. Brühe durchs Sieb gießen und 1 l davon wieder in den Topf geben und erhitzen (Rest der Brühe einfrieren oder in den nächsten Tagen für eine Suppe verwenden).

5 Die Möhren, den Sellerie und die Zuckerschoten in der Brühe 2 Minuten sprudelnd kochen. Dann die Pilze und den Spinat oder Mangold dazugeben und 2–3 Minuten weitergaren. Etwas Limettensaft in den Hühnertopf pressen, mit Sojasauce abschmecken. Hühnerfleisch einlegen und wieder heiß werden lassen. Vor dem Servieren die Kräuter aufstreuen.

Tom Yam Gung

Klassiker der Thaiküche

Zutaten für 4 Personen:
400 g ungeschälte, rohe Garnelen
2 Stangen Zitronengras
1 EL getrocknete Garnelen (falls man sie bekommt, sonst einfach weglassen)
2 EL Öl | ½ Bund Koriandergrün
2 Knoblauchzehen
4 schwarze Pfefferkörner
4–6 Shiitake- oder Austernpilze
1 Stück Galgant (etwa 1 cm, ersatzweise Ingwer)
4 rote Chilischoten
4 EL frisch gepresster Limettensaft
4 Limettenblätter
4 EL Fischsauce | 1 TL Zucker
2 Frühlingszwiebeln | Salz

Zubereitungszeit: 35 Minuten
Kalorien pro Portion: 170

1 Die rohen Garnelen schälen, am Rücken längs leicht einschneiden und den dunklen Faden (Darm) rauslösen. Garnelen waschen und in 1 cm breite Stücke schneiden. Die Schalen ebenfalls waschen. 1 Zitronengrasstange waschen und in grobe Stücke schneiden.

2 Garnelenschalen und getrocknete Garnelen im Öl anrösten. Zerkleinertes Zitronengras und 1 l Wasser dazugeben, aufkochen, 15 Minuten kochen lassen. Koriander abbrausen, trocken schütteln, die Blättchen von den Stängeln zupfen. Knoblauch schälen, mit Koriander und Pfeffer grob hacken, dann im Mörser zu einer feinen Paste verarbeiten.

3 Pilze mit Küchenpapier abreiben, Stiele abschneiden, Hüte in Streifen schneiden. Galgant schälen und in Scheiben schneiden. Chilis waschen, entstielen, in Ringe schneiden. Übriges Zitronengras waschen, Stielansatz und oberen harten Teil abschneiden, den Rest in feine Ringe schneiden.

4 Brühe durch ein Sieb gießen und wieder in den Topf füllen. Chilis, Gewürzpaste, Limettensaft, Zitronengrasringe, Limettenblätter, Fischsauce und Zucker dazugeben. Alles einmal aufkochen.

5 Galgant, Pilze und rohe Garnelen reinrühren und 1–2 Minuten bei mittlerer Hitze ziehen lassen. Frühlingszwiebeln putzen, waschen und in sehr feine Ringe schneiden. Suppe mit Salz abschmecken und mit den Zwiebelringen bestreuen.

Fischsuppe süßsauer

Exotische Vorspeise

Zutaten für 4 Personen:
50 g Glasnudeln | 2 Tomaten
1 Stück Salatgurke (etwa 100 g)
50 g Sojabohnensprossen
1 Bund Frühlingszwiebeln
2 rote Chilischoten
2 Scheiben Ananas + 2 EL Saft (aus der Dose)
¼ Bund Koriandergrün
300 g Fischfilet (z. B Seelachs, Rotbarsch oder Heilbutt)
1 EL frisch gepresster Zitronensaft
½ l Fischfond (Hühnerbrühe geht auch)
2 EL heller Reisessig
½ EL Zucker | Salz

Zubereitungszeit: 20 Minuten
Kalorien pro Portion: 375

1 Glasnudeln in eine Schüssel legen, lauwarmes Wasser darübergießen und die Nudeln 10 Minuten stehen lassen. In der Zeit Stielansätze aus den Tomaten rausschneiden. Tomaten mit kochendem Wasser überbrühen, kurz ziehen lassen.

In ein Sieb abgießen, mit kaltem Wasser überbrausen. Die Tomaten häuten und in Achtel schneiden.

2 Gurke schälen, längs halbieren und die Kerne rauskratzen. Gurke in dünne Scheiben schneiden. Die Sprossen abbrausen und abtropfen lassen. Frühlingszwiebeln putzen, waschen und in etwa 4 cm lange Stücke schneiden, die Stücke längs in Viertel teilen. Chilis waschen, entstielen, in dünne Ringe schneiden. Ananasscheiben in kleine Stücke teilen. Den Koriander abbrausen und trocken schütteln, Blättchen abzupfen.

3 Fischfilet in etwa 1 cm große Stücke schneiden und mit dem Zitronensaft mischen. Den Fischfond mit ¼ l Wasser, Essig, Zucker und den Chilis zum Kochen bringen. Die Frühlingszwiebeln und die Sprossen 1 Minute darin kochen lassen. Die Gurke und die Tomaten dazugeben, 1 Minute mitgaren.

4 Die Glasnudeln abtropfen lassen und mit der Küchenschere in essbare Stücke schneiden. Mit Fisch, Ananas und -saft unter die Suppe mischen, gut 2 Minuten ziehen lassen (nicht kochen!). Salzen, mit Koriander bestreuen.

Misosuppe

Die gibt's in Japan schon zum Frühstück

Zutaten für 4 Personen:
250 g Tofu
2 zarte Stangen Lauch
¾ l Dashi-Brühe (aus Instant-Dashi)
80 g mitteldunkle Misopaste

Zubereitungszeit: 10 Minuten
Kalorien pro Portion: 100

1 Tofu möglichst exakt in 2 cm große Würfel schneiden. Vom Lauch Wurzeln und dunkelgrüne Teile wegschneiden, den Rest waschen und leicht schräg in ganz dünne Ringe schneiden.

2 Dashi-Brühe in einem Topf erwärmen, aber nicht kochen lassen. Die Misopaste durch ein Sieb dazugeben und gründlich unterrühren. Kochen darf die Brühe auch jetzt nicht, sonst trennen sich Brühe und Miso wieder.

3 Den Tofu und Lauch in die Suppe legen und etwa 1 Minute darin ziehen lassen, bis beides gut warm ist. Die Misosuppe servieren.

Consommé Express

Ganz schnelle Kraftbrühe

Zutaten für 4 Personen:
300 g Rinderfilet
1 Bund Schnittlauch
4 EL trockener Sherry
½ TL Worcestersauce
1 l sehr leckere Kraftbrühe (selbst gemacht oder sehr gut eingekauft)
Salz

Zubereitungszeit: 10 Minuten
+ 15 Minuten Marinieren
Kalorien pro Portion: 115 kcal

1 Das Filet in sehr dünne Scheiben und diese in 1 cm breite Streifen schneiden. Den Schnittlauch abbrausen, trocken schütteln, in feine Röllchen schneiden. Beides mit Sherry und Worcestersauce mischen, 15 Minuten marinieren lassen.

2 Brühe aufkochen und leicht salzen. Filet in Suppenteller verteilen und die heiße Brühe dazugießen – das Fleisch zieht in Sekundenschnelle gar und darf sofort samt Brühe gelöffelt werden.

Kartoffelsuppe mit Knusperspeck

Angenehm würzig

Zutaten für 4 Personen:
600 g Kartoffeln (mehligkochend oder vorwiegend festkochend)
1 Stück Knollensellerie (etwa 150 g)
1 Zwiebel
1 EL Butter
1 TL Currypulver
1 1/8 l Gemüsebrühe
150 g durchwachsener Räucherspeck (in dünnen Scheiben)
Salz

Zubereitungszeit: 25 Minuten
Kalorien pro Portion: 360 kcal

1 Die Kartoffeln und das Selleriestück schälen, waschen und in kleine Würfel schneiden. Die Zwiebel schälen und in feine Würfel schneiden.

2 Die Butter in einem großen Topf zerlassen. Kartoffeln, Sellerie und Zwiebel darin unter Rühren 1–2 Minuten bei mittlerer Hitze andünsten. Das Currypulver darüberstäuben und kurz mitdünsten. Brühe angießen und aufkochen lassen. Den Deckel auflegen und das Gemüse etwa 15 Minuten garen, bis es schön weich ist.

3 Inzwischen Schwarte und Knorpel von den Speckscheiben abschneiden. Speck in feine Streifen schneiden und ohne weiteres Fett in einer Pfanne bei mittlerer Hitze in etwa 5 Minuten erst glasig, dann knusprig werden lassen. Oft umrühren.

4 Kartoffeln, Sellerie und Zwiebel in der Brühe fein pürieren, Suppe salzen. Die Kartoffelsuppe in tiefe Teller oder Suppentassen schöpfen und jeweils ein paar Speckstreifen darauf verteilen

Tipp:

Wer sehr gerne scharf isst, halbiert die Suppe und würzt eine Hälfte mit mehr Currypulver (etwa 1 TL) oder Currypaste aus dem Glas. Die zweite milde Hälfte ist dann für alle zarten Gaumen.

Gulaschsuppe

Mittagessen oder Mitternachtssuppe

Zutaten für 4 Personen:
500 g Rinderschulter oder -keule
2 Zwiebeln
1 Möhre
1 Stück Knollensellerie (mit der Möhre zusammen etwa 150 g)
1 EL Öl
1 EL Butter
1 TL Kümmelsamen
2 Knoblauchzehen
Salz | Pfeffer
je 1 TL edelsüßes und rosenscharfes Paprikapulver
etwa 1 1/4 l Fleisch- oder Gemüsebrühe
2 EL Tomatenmark
je 1 rote und grüne Paprikaschote
300 g festkochende Kartoffeln

Zubereitungszeit: 45 Minuten
+ 1 3/4 Stunden Garen
Kalorien pro Portion: 330 kcal

1 Das Fleisch in gut 1 cm große Würfel schneiden, dabei gleich alle größeren Fettstücke und die Sehnen abschneiden. Zwiebeln, Möhre und Sellerie schälen. Zwiebeln fein hacken, das Gemüse 1 cm groß würfeln.

2 Öl und Butter in einem Suppentopf erhitzen. Fleisch mit Gemüse, Zwiebeln und dem Kümmel darin unter Rühren anbraten, bis es nicht mehr ganz rot ist. Knoblauch schälen und dazupressen. Salz, Pfeffer und Paprikapulver unterrühren. Brühe angießen und erhitzen.

3 Tomatenmark unterrühren, die Hitze klein stellen und den Deckel auflegen. Die Suppe etwa 1½ Stunden ganz sanft köcheln lassen, dabei falls nötig, noch mehr Brühe zugießen.

4 Dann die Paprikaschoten putzen, waschen und in etwa 1 cm große Würfel schneiden. Kartoffeln schälen, waschen und gleich groß würfeln. Beides unter die Suppe mischen und alles noch etwa 15 Minuten weitergaren. Gulaschsuppe abschmecken und in tiefe Teller füllen.

Das schmeckt dazu: Brot oder Brezeln.

Leberknödelsuppe

Bayerische Wirtshausküche

Zutaten für 4 Personen:
5 altbackene Brötchen (ersatzweise etwa 250 g Knödelbrot)
150 ml lauwarme Milch
1 kleine Zwiebel
½ Bund Petersilie
2 TL Butter
200 g Kalbs- oder Rinderleber
¼ Bio-Zitrone
2 Eier (M)
Salz | Pfeffer
frisch geriebene Muskatnuss
gut 1 l Fleischbrühe (z. B. vom Tafelspitz)
1 Bund Schnittlauch

Zubereitungszeit: 25 Minuten
+ 15 Minuten Garziehen
Kalorien pro Portion: 290 kcal

1 Die Brötchen in Scheiben schneiden und in eine größere Schüssel füllen. Die Milch darübergießen und die Brötchen 10 Minuten einweichen.

2 Inzwischen die Zwiebel schälen und sehr fein würfeln. Petersilie abbrausen und trocken schütteln, die Blättchen abzupfen und fein hacken. Butter in einer kleinen Pfanne zerlaufen lassen. Zwiebel und Petersilie darin bei geringer Hitze 3–4 Minuten andünsten. Zu den Brötchen in die Schüssel geben.

3 Die Leber in Würfel schneiden, alle Häute dabei entfernen. Die Leber in der Küchenmaschine fein zerkleinern, ebenfalls in die Schüssel geben. Zitrone heiß waschen, die Schale fein abreiben und mit den Eiern, Salz, Pfeffer und Muskat mit in die Schüssel füllen. Alles zu einer sehr gut gebundenen Masse verkneten. Daraus 16 kleine, runde Knödel formen.

4 Brühe in einem großen Topf erhitzen. Knödel einlegen, die Hitze auf schwache Stufe stellen und die Knödel in der Brühe in etwa 15 Minuten gar ziehen lassen. Die Brühe soll dabei nicht kochen, sondern nur leise köcheln. Schnittlauch abbrausen, trocken schütteln und in feine Röllchen schneiden. Leberknödelsuppe abschmecken und vorm Essen Schnittlauch aufstreuen.

Nudel

gerichte

Das wussten wir schon in Basic cooking:
Die Nudel ist unser liebster Sattmacher.
über 100 Nudelrezepte haben wir seitdem
geschrieben. Unsere Lieblingsnudeln?
Pasta alla bolognese. Und Pasta mit
Kräuter-Carbonara. Und mit Lauch und
Feta. Und alle anderen 18 Nudel-Ideen
auf den nächsten Seiten!

Spaghetti mit Brotbröseln

Simples vom Feinsten

Zutaten für 4 Personen:
150 g altbackenes Weißbrot (ersatzweise nicht zu feine Brotbrösel)
500 g Spaghetti | Salz
4 Stängel Petersilie | 2 Knoblauchzehen
8 getrocknete Tomaten (in Öl)
8 EL Olivenöl | Pfeffer

Zubereitungszeit: 20 Minuten
Kalorien pro Portion: 765 kcal

1 Vom Brot die Rinde abschneiden und das Brot mit den Fingern nicht zu fein zerkrümeln oder in der Küchenmaschine mittelgrob zerkleinern.

2 Für die Nudeln in einem großen Topf reichlich Wasser (um die 5 l) zum Kochen bringen, salzen. Die Spaghetti einlegen, mit dem Kochlöffel nach und nach ganz unter Wasser drücken und nach Packungsangabe al dente kochen.

3 Schon während das Wasser heiß wird, Petersilie abbrausen, trocken schütteln und die Blättchen fein hacken. Knoblauch schälen, Tomaten kurz abtropfen lassen und in kleine Stücke schneiden.

4 In einer großen Pfanne 6 EL Öl heiß werden lassen. Brotbrösel untermischen und bei mittlerer Hitze unter Rühren ein paar Minuten rösten, bis sie schön knusprig sind. Knoblauch dazupressen und gut unterrühren, die Petersilie untermischen und die Brösel eventuell leicht salzen. Pfanne vom Herd ziehen.

5 Spaghetti abgießen, mit übrigem Öl und Tomaten mischen. In vorgewärmte Teller verteilen, die Brösel daraufstreuen – und erst beim Essen untermischen, damit sie schön knusprig bleiben. Nach Belieben noch mit Pfeffer übermahlen.

Das schmeckt dazu: frisch geriebener Parmesan.

Supervariante:

Die Brotbösel-Nudeln mit Thymian, Sardellenfilets (in Öl), Chili und abgeriebener Zitronenschale zubereiten – statt mit Petersilie, Tomaten und Parmesan.

Spaghetti mit Knoblauch, Öl und Peperoncino

Die Rettung, wenn fast nichts im Haus ist

Zutaten für 4 Personen:
Salz
500 g Spaghetti
4 Knoblauchzehen
1–4 getrocknete Peperoncini (je nach Größe und Lust auf Scharfes)
ein paar Stängel Petersilie
6 EL bestes Olivenöl

Zubereitungszeit: 15 Minuten
Kalorien pro Portion: 590

1 In einem großen Topf 5 l Wasser aufkochen, gut 1 EL Salz muss auch dazu. Die Nudeln dazugeben und mit dem Kochlöffel ins Wasser drücken, bis alle schwimmen. Spaghetti nach Packungsangabe bissfest kochen.

2 Den Knoblauch schälen, halbieren und in feine Scheiben schneiden. Die Peperoncini zerkrümeln. Die Petersilie abbrausen, trocken schütteln und die Blättchen hacken.

3 Das Öl in einem zweiten Topf mit Knoblauch, Peperoncini und Petersilie in knapp 1 Minute warm machen, aber nicht zu heiß, sonst verbrennt der Knoblauch und schmeckt bitter.

4 Die Nudeln abgießen und nur ganz kurz abtropfen lassen, dann unter das Würzöl mischen und sofort essen.

Pasta mit Kräutercarbonara

Klassiker neu kombiniert

Zutaten für 4 Personen:
500 g Spaghetti oder Linguine | Salz
100 g roh geräucherter Schinken (in dünnen Scheiben)
½ Bund Basilikum
je 3–4 Stängel Zitronenmelisse und Petersilie
2 sehr frische Eier (M) | 50 g Sahne
50 g frisch geriebener Parmesan
Pfeffer

Zubereitungszeit: 20 Minuten
Kalorien pro Portion: 620 kcal

1 Eine Servierschüssel in den Backofen stellen, den Ofen auf 70 Grad (Ober- und Unterhitze oder Umluft) vorheizen. Für die Nudeln in einem großen Topf reichlich Wasser aufkochen, salzen. Nudeln darin nach Packungsangabe al dente kochen.

2 Inzwischen Schinken vom Fettrand befreien, in schmale Streifen schneiden. Kräuter abbrausen, trocken schütteln und die Blättchen sehr fein hacken.

3 Pastateller in den Ofen stellen und kurz vorwärmen. Die Schüssel herausnehmen und darin Eier, Sahne und Käse miteinander verrühren. Den Schinken und die Kräuter untermischen, Carbonara mit Salz und Pfeffer abschmecken.

4 Die Nudeln in ein Sieb abgießen, gut abtropfen lassen und sehr heiß zur Eiermischung geben. Beides so lange miteinander verrühren, bis die Eiermischung zu stocken beginnt. Auf Teller verteilen und servieren.

Das schmeckt dazu: frisch geriebener Parmesan.

Variante: Carbonara klassisch

100 g Pancetta in feinen Streifen mit 1 fein gehackten Knoblauchzehe in 1 EL Olivenöl erst glasig, dann leicht knusprig braten. Eier, Sahne und Parmesan wie beschrieben in der Schüssel verrühren. Pancetta und die gekochten Spaghetti untermischen und vermengen.

Pasta alla bolognese

Lieblingsessen für Klein und Groß

Zutaten für 4 Personen:
1 Zwiebel
1 Möhre
1 Stange Staudensellerie
125 g durchwachsener Räucherspeck (in dünnen Scheiben, noch besser: italienischer Pancetta)
2 EL Butter
1 EL Olivenöl
400 g gemischtes Hackfleisch (wenn möglich, vom Metzger etwas gröber frisch durchdrehen lassen)
200 g passierte Tomaten (aus der Dose oder dem Tetrapack)
3/8 l Fleischbrühe
Pfeffer
1/8 l Milch
Salz
500 g Tagliatelle (ersatzweise Linguine oder Spaghetti oder Makkaroni)

Zubereitungszeit: 20 Minuten
+ 2 Stunden Schmoren
Kalorien pro Portion: 1015 kcal

1 Die Zwiebel und die Möhre schälen, den Sellerie waschen und die Fäden abziehen. Alles ganz fein hacken, am besten im Blitzhacker. Die Schwarte vom Speck abschneiden. Speck klein würfeln, dabei alle Knorpel entfernen.

2 In einem Topf 1 EL Butter und das Öl warm werden lassen. Zwiebel-Gemüse-Mischung einrühren und bei mittlerer Hitze unter Rühren andünsten. Speck dazugeben und ein paar Minuten weiterdünsten.

3 Jetzt kommt das Hackfleisch dazu. Und das wird so lange gerührt und gebraten, bis es krümelig wird und nicht mehr rot ist. Tomaten und Fleischbrühe dazugeben, alles leicht pfeffern und die Hitze auf schwache Stufe schalten.

4 Das Ganze etwa 1½ Stunden zugedeckt vor sich hin köcheln lassen und nur ab und zu mal nachschauen, ob noch genügend Flüssigkeit im Topf ist. Wenn nicht, etwas Brühe oder Wasser nachschütten. Und bei der Gelegenheit alles mal durchrühren.

5 Nach den 1½ Stunden die Milch angießen und den Sugo offen noch einmal etwa 30 Minuten schmurgeln lassen, bis die Sauce schön sämig wird. Erst zum Schluss mit Salz und Pfeffer würzen.

6 Für die Pasta etwa 5 l Wasser in einem großen Topf zum Kochen bringen und salzen. Nudeln darin nach Packungsangabe al dente kochen, in einem Sieb abtropfen lassen und mit der restlichen Butter in kleinen Stücken in einer vorgewärmten Schüssel mischen. Nun die Nudeln in tiefe Teller (am besten vorgewärmt) verteilen und mit je 1 Schöpfer Bolognese bedecken.

Das schmeckt dazu: reichlich frisch geriebener Parmesan.

Tipp:

In Italien verwenden viele für den Sugo kein durchgedrehtes Hackfleisch, sondern sehr fein geschnittenes oder grob gehacktes Fleisch. Wer das auch machen möchte, kauft je 250 g Schweineschulter und Rinderkeule und schneidet beides ganz klein.

Gebratener Spargel mit Bärlauchnudeln

Schmeckt nach Frühling

Zutaten für 4 Personen:
1 kg weißer Spargel
1 großes Bund Bärlauch
300 g Bandnudeln
Salz
1½ EL Öl
2½ EL Butter
Pfeffer
½ EL frisch gepresster Zitronensaft
2 EL Crème fraîche

Zubereitungszeit: 35 Minuten
Kalorien pro Portion: 410

1 Spargel waschen und schälen: den besten Sparschäler des Hauses oder ein gut geschärftes kleines Messer suchen. Knapp unterhalb vom Spargelkopf ansetzen und nach unten hin Streifen für Streifen die Schale abschneiden. Oben nur wenig, nach unten zu immer mehr abschälen. Enden abschneiden, Stangen in 3–4 cm lange Stücke schneiden.

2 Vom Bärlauch alle welken Blätter aussortieren. Bärlauch waschen und gut trocken schleudern, fein hacken. Nudeln in kochendes Salzwasser schütten und offen sprudelnd al dente kochen (Zeit auf der Packung nachlesen).

3 Gleichzeitig den Wok auf dem Herd heiß werden lassen. Öl darin erhitzen, Spargel einrühren und etwa 3 Minuten braten. Dann 1 1/2 EL Butter dazugeben und den Spargel etwa weitere 3 Minuten braten, bis er bissfest ist. Dabei immer rühren. Spargel mit Salz, Pfeffer und Zitronensaft würzen.

4 Für die Nudeln die übrige Butter in einer Pfanne zerlassen, den Bärlauch einrühren und zusammenfallen lassen. Crème fraîche dazu, erhitzen und salzen. Die Nudeln abgießen und mit der Sauce mischen. Auf Teller verteilen, Spargel darauf- oder danebensetzen.

Das schmeckt dazu: Tomatensalat und frisches knuspriges Brot.

Nudeln mit Zucchini-Käse-Sauce

Die Sauce passt auch prima zu Gnocchi oder Spätzle

Zutaten für 4 Personen:
500 g Bandnudeln
Salz
400 g Zucchini
2 Knoblauchzehen
100 g Blauschimmelkäse
100 g frisch geriebener Parmesan oder Pecorino
2 Frühlingszwiebeln
2 EL Öl
⅛ l Gemüsebrühe
125 g Sahne
Pfeffer
etwas abgeriebene Bio-Zitronenschale
1 EL frisch gehackte Petersilie

Zubereitungszeit: 20 Minuten
Kalorien pro Portion: 355 kcal

1 Die Bandnudeln in reichlich kochendem Salzwasser bissfest garen (die Zeit der Packungsangabe entnehmen).

2 Inzwischen die Zucchini waschen, putzen und klein würfeln. Den Knoblauch schälen und fein würfeln. Blauschimmelkäse klein würfeln und mit dem geriebenen Käse mischen. Frühlingszwiebeln putzen, waschen und in feine Ringe schneiden.

3 Das Öl in einem Topf erhitzen. Darin Zucchini, Knoblauch und die Frühlingszwiebeln 3–4 Minuten bei starker Hitze andünsten und leicht bräunen.

4 Den Käse, die Brühe und die Sahne zu den Zucchini rühren und bei geringer Hitze etwa 5 Minuten erhitzen, bis der Käse geschmolzen ist, dabei ab und zu umrühren. Sauce salzen und pfeffern.

5 Die Nudeln abgießen und kurz abtropfen lassen. Mit der Sauce auf Tellern anrichten. Zitronenschale mit Petersilie in ein Schälchen füllen und mit auf den Tisch stellen. Jeder kann sich dann von den Zitronenkräutern nehmen und auf die Nudeln streuen.

Nudeln mit Zwiebel-Nuss-Butter

Geniales Aroma

Zutaten für 4 Personen:
400 g Zwiebeln
4 EL Butter
500 g Nudeln (z. B. Spaghetti oder Linguine)
Salz
2 Handvoll Walnüsse
1 Bund Petersilie
Pfeffer
Parmesan zum Servieren

Zubereitungszeit: 20 Minuten
Kalorien pro Portion: 530

1 Die Zwiebeln schälen und in feine Streifen schneiden. Gut die Hälfte der Butter in einem Topf zerlaufen lassen, die Zwiebeln einrühren und bei geringer Hitze etwa 8 Minuten garen, bis sie weich und leicht gebräunt sind.

2 Inzwischen die Nudeln in reichlich kochendem Salzwasser bissfest garen (Zeit der Packungsangabe entnehmen). Die Walnüsse in kleine Stücke brechen. Petersilie abbrausen, trocken schütteln und die Blättchen grob hacken.

3 Die Walnussstücke mit der übrigen Butter unter die Zwiebeln mischen, alles mit Salz und Pfeffer würzen.

4 Die Nudeln abgießen und kurz abtropfen lassen. Mit der Zwiebelmischung und der Petersile vermischen. Nudeln auf Teller verteilen, Parmesan darüberreiben, servieren.

Nudelauflauf mit Ricotta und Tomaten

Perfekt für Nudelreste

Zutaten für 4 Personen:
400 g Tomaten
4 Frühlingszwiebeln
2 Knoblauchzehen
250 g Ricotta
4 Eier (M)
Salz | Pfeffer
1 Prise frisch geriebene Muskatnuss
500 g gegarte kurze Nudeln (das sind 250 g ungekochte Nudeln, z. B. Penne)
4 EL frisch geriebener Parmesan
2 EL Butter

Zubereitungszeit: 20 Minuten
+ 25–30 Minuten Backen
Kalorien pro Portion: 505 kcal

1 Backofen auf 200 Grad vorheizen (auch schon jetzt: Umluft 180 Grad).

2 Die Tomaten mit kochend heißem Wasser überbrühen, kurz ziehen lassen, abschrecken und die Haut abziehen. Die Tomaten in kleine Würfel schneiden, die Stielansätze dabei entfernen. Von den Frühlingszwiebeln die Wurzelbüschel und die welken Teile abschneiden, die Zwiebeln waschen und fein schneiden. Den Knoblauch schälen und durch die Presse drücken.

3 Ricotta mit Eiern, Salz, Pfeffer und Muskat gründlich verrühren, Zwiebeln und Knoblauch dazugeben. Die Tomaten und die Nudeln untermischen und alles in eine ofenfeste Form füllen. Den Parmesan aufstreuen.

4 Die Butter klein würfeln und gleichmäßig auf der Oberfläche verteilen. Den Auflauf in den Ofen (Mitte) schieben und 25–30 Minuten backen, bis die Oberfläche schön braun ist.

Das schmeckt dazu: ein Salat, z. B. Kopfsalat oder Gurkensalat.

Nudeln mit Gemüse

Unkompliziert und lecker

Zutaten für 4 Personen:
1 kleine Aubergine (etwa 150 g)
1 Zucchino
1 gelbe Paprikaschote
1 Zwiebel
2 Knoblauchzehen
3 EL Olivenöl
1 Dose geschälte Tomaten (400 g)
Salz | Pfeffer
500 g Penne oder Fusilli
½ Bund Basilikum
125 g Mozzarella

Zubereitungszeit: 40 Minuten
Kalorien pro Portion: 650

1 Aubergine, Zucchino und Paprika waschen, putzen und in knapp 1 cm große Würfel schneiden. Die Zwiebel und den Knoblauch schälen und ganz fein schneiden.

2 Öl in einem Topf erwärmen. Zwiebel und Knoblauch darin andünsten, das Gemüse auch. Tomaten in der Dose klein schneiden und mit dem Saft dazugießen. Salzen und pfeffern, Deckel drauf. Zugedeckt bei mittlerer Hitze schmoren, etwa 20 Minuten lang. Dabei zwischendurch mal umrühren.

3 In der Zeit in einem großen Topf 4–5 l Wasser mit 1 EL Salz aufkochen. Nudeln dazugeben und nach Packungsangabe bissfest kochen.

4 Die Basilikumblättchen von den Stängeln zupfen und in feine Streifen schneiden. Mozzarella in kleine Würfel schneiden. Beides auf den Gemüsesugo geben, den Deckel nochmal drauf und den Käse schmelzen lassen.

5 Die Pasta ins Sieb abschütten, kurz abtropfen lassen und dann unter die Sauce mischen, gleich essen.

Käsenudeln

Schnell gemacht aus wenigen Zutaten

Zutaten für 4 Personen:
500 g kurze Nudeln (z. B. Casarecce, Fusilli oder schmale Penne)
Salz
2 große Zwiebeln
1 EL Butter
1 EL Öl
Pfeffer
200 g würziger Käse zum Reiben (z. B. Bergkäse oder mittelalter Gouda)

Zubereitungszeit: 25 Minuten
Kalorien pro Portion: 695 kcal

1 Für die Nudeln in einem großen Topf etwa 5 l Wasser zum Kochen bringen, salzen. Die Nudeln einrühren und nach Packungsangabe al dente kochen.

2 Schon während das Wasser heiß wird, die Zwiebeln schälen und in feine Ringe schneiden. Butter und Öl in einer Pfanne warm werden lassen. Darin die Zwiebeln bei mittlerer bis geringer Hitze unter Rühren etwa 10 Minuten braten, bis sie leicht braun und knusprig werden. Mit Salz und Pfeffer würzen. Den Backofen auf 150 Grad schalten (auch schon jetzt einstellen: Umluft 120 Grad).

3 Den Käse von der Rinde befreien und fein reiben oder klein würfeln. Nudeln in ein Sieb abgießen. Eine Lage Nudeln in eine ofenfeste Form löffeln, mit etwas Käse bestreuen und wieder mit Nudeln bedecken. Alle Nudeln und den Käse einschichten, Zwiebeln obendrauf verteilen.

4 Die Form für etwa 5 Minuten in den Ofen (Mitte) stellen, bis der Käse gerade geschmolzen ist.

Das schmeckt dazu: Tomaten- oder Gurkensalat.

Gemüselasagne

Italienisch für Anfänger
Zutaten für 4 Personen:

Für das Gemüse:
2 Möhren
2 Stangen Staudensellerie
2 Zucchini
1 kleine Aubergine
je 1 rote und gelbe Paprikaschote
2 Stangen Lauch
500 g Tomaten
½ Bund Thymian
4 Knoblauchzehen
4 EL Olivenöl
Salz
Chilipulver

Für die Béchamel:
4 EL Butter
4 EL Mehl
¾ l Milch
Salz | Pfeffer
frisch geriebene Muskatnuss

Außerdem:
250 g Lasagne-Nudelplatten
2 Kugeln Mozzarella (250 g)
100 g frisch geriebener Parmesan oder Pecorino
Olivenöl zum Beträufeln

Zubereitungszeit: 1¼ Stunden
+ 45 Minuten Backen
Kalorien pro Portion: 895

1 Das Gemüse waschen und putzen oder schälen. Möhren, Sellerie, Zucchini, Aubergine und Paprikaschoten in kleine Würfel schneiden. Den Lauch in Streifen schneiden. Die Tomaten nach Belieben noch kurz in kochendes Wasser tauchen und die Haut abziehen. Die Tomaten in ganz kleine Würfel schneiden. Thymian abbrausen und trocken schütteln, die Blättchen von den Zweigen streifen. Knoblauch schälen und fein hacken.

2 Olivenöl im Topf erhitzen, Gemüse (außer Tomaten) darin ein paar Minuten andünsten, dabei immer rühren. Den Thymian und den Knoblauch dazugeben, dann auch noch die Tomaten. Mit Salz und Chili würzen und offen bei mittlerer Hitze alles etwa 15 Minuten vor sich hin schmurgeln lassen.

3 Inzwischen für die Béchamel Butter in einem Topf zerlaufen lassen. Mehl einstreuen und unter Rühren bei mittlerer Hitze goldgelb bräunen. Jetzt mit einem Schneebesen kräftig rühren, dabei nach und nach die Milch dazugießen. Hitze klein stellen und die Béchamelsauce offen 10 Minuten köcheln lassen, bis sie dicklich wird. Dann erst mit Salz, Pfeffer und Muskat abschmecken.

4 Auf der Packung der Nudelplatten nachlesen, ob sie vorm Einschichten gekocht werden müssen. Wenn ja, in sprudelndem Salzwasser nach Anweisung garen, in einem Sieb kalt abschrecken und abtropfen lassen. Den Mozzarella in dünne Scheiben schneiden.

5 Eine große Auflaufform suchen. Den Backofen auf 180 Grad vorheizen (erst später: Umluft 160 Grad). Und jetzt wird geschichtet: Béchamel, Nudelplatten, Gemüse, Mozzarella, Parmesan und Béchamel. So lange, bis alle Zutaten in der Form sind und noch ein bisschen Béchamel und Parmesan übrig sind. Die kommen ganz oben drauf.

6 Zum Schluss die Lasagne noch mit etwas Olivenöl beträufeln. In den Ofen (Mitte) schieben und etwa 45 Minuten backen, bis sie schön braun ist. Das ist Zeit genug, um den Tisch zu decken, eine Vorspeise zu machen oder einfach nur einen Salat, den es dann nachher dazugibt.

Das schmeckt dazu: Salat, Brot und Rotwein.

Nudeln mit Lauch und Feta

Eine Prise Orient

Zutaten für 4 Personen:
200 g Tomaten
1 grüne Chilischote
¼ Bund Petersilie
3 EL Olivenöl
½ TL edelsüßes Paprikapulver
Salz | Pfeffer
2–3 Stangen Lauch (kommt darauf an, wie dick sie sind)
1 EL Schwarzkümmelsamen
400 g Makkaroni oder kurze Röhrchennudeln
150 g Schafskäse (Feta)

Zubereitungszeit: 25 Minuten
Kalorien pro Portion: 530

1 Die Tomaten waschen und in ganz kleine Würfel schneiden oder hacken, dabei die Stielansätze entfernen. Chilischote waschen und aufschlitzen, Stiel abschneiden, Kerne rauslösen. Chili fein hacken. Die Petersilie abbrausen und trocken schütteln, Blättchen abzupfen und auch ganz fein hacken.

2 Die Tomaten mit Chili, Petersilie und 1 EL Öl mischen und mit Paprika, Salz und Pfeffer würzen.

3 Die Wurzelbüschel vom Lauch abschneiden. Lauch der Länge nach aufschlitzen und unter fließendem kaltem Wasser gut waschen, auch zwischen den Blattschichten. Den Lauch in etwa ½ cm breite Streifen schneiden.

4 Übriges Öl in einer Pfanne erhitzen – am besten in einer Alugusspfanne mit Antihaft-Versiegelung, die die Hitze gut speichert und verteilt. Den Lauch darin mit dem Schwarzkümmel bei geringer Hitze 5–10 Minuten dünsten, bis er bissfest ist. Dabei ab und zu durchrühren.

5 Gleichzeitig für die Nudeln reichlich Wasser zum Kochen bringen und kräftig salzen. Lange Nudeln in Stücke brechen. Die Nudeln im kochenden Wasser nach Packungsaufschrift al dente garen.

6 Schafskäse zerkrümeln und zum Lauch geben. Die Nudeln abgießen, abtropfen lassen und mit den Tomaten unter den Lauch mischen. Durchrühren, in vorgewärmten Tellern servieren.

Pasta mit Salsicce-Sugo

Deftig, würzig, gut

Zutaten für 4 Personen:
2–3 Salsicce (italienische Schweinefleischwürste, ersatzweise rheinische Mettwürste, etwa 300 g)
1 Zwiebel
2 Knoblauchzehen
1 EL Olivenöl
1 TL Fenchelsamen
1 Dose geschälte Tomaten (400 g)
Salz | Pfeffer oder Chilipulver
500 g kurze Nudeln (z. B. Makkaroni, Penne, Rigatoni oder Orecchiette)
½ Bund Rucola

Zubereitungszeit: 20 Minuten
Kalorien pro Portion: 855

1 Die Wurstfüllung aus den Häuten herausdrücken und mit den Fingern zerkrümeln, damit der Sugo nicht zu grob wird. Zwiebel und Knoblauch schälen und ganz fein schneiden.

2 Das Öl in einem Topf warm werden lassen. Wurstkrümel darin rundherum anbraten. Zwiebel, Knoblauch und den Fenchelsamen dazu, kurz dünsten.

3 Die Tomaten in der Dose kleiner schneiden und zur Wurst geben, salzen (vorsichtig, weil die Wurst auch salzig ist) und pfeffern oder mit Chili scharf würzen. Ohne Deckel bei mittlerer Hitze köcheln lassen, mindestens 20 Minuten.

4 Inzwischen einen großen Topf mit 4–5 l Wasser füllen und 1 EL Salz dazugeben. Wasser zum Kochen bringen, die Nudeln dazugeben, umrühren und nach Packungsanweisung al dente kochen.

5 Rucola waschen, trocken schütteln und klein schneiden. Die Salsicce-Sauce abschmecken, den Rucola untermischen. Die Nudeln in ein Sieb abgießen, kurz abtropfen lassen und in tiefe Teller verteilen, den Sugo drauf.

Das schmeckt dazu: Brot, Käse nicht unbedingt.

Nudeln mit Linsenragout

Arabisch scharf, arabisch würzig

Zutaten für 4 Personen:
1 Bund Frühlingszwiebeln
300 g Tomaten
1 EL Olivenöl
200 g Puy- oder Beluga-Linsen
½ l Gemüsebrühe
2 TL Harissa (scharfe Würzpaste)
2 TL Honig
½ Bund Minze
2 Knoblauchzehen
150 g Naturjoghurt
Salz
500 g kurze Nudeln (z. B. Penne)

Zubereitungszeit: gut 1 Stunde
Kalorien pro Portion: 710

1 Von den Frühlingszwiebeln Wurzelbüschel und alle welken grünen Teile abschneiden. Zwiebeln waschen und in feine Ringe schneiden, 1 EL vom Grünen weglegen. Tomaten waschen und ganz klein würfeln, dabei die Stielansätze wegschneiden.

2 Öl im Topf heiß werden lassen, darin die Zwiebelringe kurz andünsten. Linsen unterrühren, bis sie rundherum ölig sind. Die Brühe und Tomaten dazugeben, mit Harissa und Honig würzen. Den Deckel auflegen, die Hitze klein stellen und die Linsen etwa 40 Minuten garen, bis sie weich sind, aber nicht zerfallen. Wenn sie länger brauchen, muss wahrscheinlich noch mehr Brühe oder auch Wasser in den Topf.

3 Inzwischen Minze abbrausen, trocken schütteln und fein hacken. Knoblauch schälen,durch die Presse in eine kleine Schüssel drücken. Minze, Zwiebelgrün und Joghurt unterrühren und salzen.

4 Für die Nudeln reichlich Wasser zum Kochen bringen und salzen. Die Nudeln darin offen sprudelnd garen. Wie lange, steht auf der Packung, aber unbedingt vor Ende der angegebenen Garzeit schon mal eine Nudel anbeißen.

5 Linsenragout mit Salz abschmecken. Nudeln abgießen und in tiefe Teller verteilen. Mit Linsenragout bedecken, mit je 1 Klecks Joghurt garnieren. Den übrigen Joghurt gibt's extra dazu.

Manti

Kleine Teighütchen aus der Türkei

Zutaten für 4 Personen:

Für den Teig:
1 EL Butter
400 g Mehl + Mehl zum Arbeiten
Salz
1 Ei (M)

Für die Füllung:
300 g nicht zu fettes Lammfleisch (z. B. Lammkeule ohne Knochen)
1 Zwiebel
1 Möhre
2 Knoblauchzehen
½ Bund Petersilie
¼ Bund Minze
1 getrocknete Chilischote
2 EL Pinienkerne
Salz | Pfeffer
1 TL edelsüßes Paprikapulver
1 Prise Zimtpulver

Für die Sauce:
2 Knoblauchzehen
300 g Naturjoghurt (am besten aus Schafsmilch)
Salz
2 EL Butter
2 TL edelsüßes Paprikapulver

Zubereitungszeit: 1½ Stunden
Kalorien pro Portion: 345

1 Für den Teig Butter zerlassen. Mehl mit Salz in einer Schüssel mischen. Mit Butter, Ei und etwa 150 ml lauwarmem Wasser zu einem geschmeidigen Teig verkneten. Er soll nicht an den Fingern kleben, daber auch nicht trocken sein. Wenn es nötig ist, also noch etwas Mehl oder Wasser unterarbeiten.

2 Den Teig zur glatten Kugel formen, ein Küchentuch leicht anfeuchten und darüberdecken. Teig etwa 30 Minuten in Ruhe lassen.

3 Genug Zeit für die Füllung: Das Fleisch in grobe Würfel schneiden. Die Zwiebel und Möhre schälen und auch grob würfeln. Fleisch mit Zwiebel und Möhre in die Küchenmaschine oder den Mixer geben und fein zerkleinern.

4 Den Knoblauch schälen und zur Fleischmischung pressen. Die Kräuter abbrausen und trocken schütteln, die Blättchen abzupfen und fein hacken. Chilischote fein zerkrümeln, Pinienkerne fein hacken. Kräuter mit Chili und Pinienkernen zur Fleischmischung geben. Mit Salz, Pfeffer, Paprika und Zimt würzen und durchkneten, bis die Masse (wie ein Teig) zusammenhält.

5 Teig noch mal durchkneten und auf der mit Mehl bestäubten Arbeitsplatte schön dünn ausrollen. Die Teigplatte in Quadrate von 4 cm Länge schneiden.

6 Jeweils ½ TL Fleischfüllung in die Mitte der Teigquadrate setzen. Und jetzt Hütchen formen: Alle Ecken nach oben biegen, sodass sie sich über der Füllung treffen, dann alle Seitenkanten gut zusammendrücken. Fertig sind die Hütchen. In einem großen Topf reichlich Wasser aufkochen, salzen.

7 Währenddessen schon mal für die Sauce den Knoblauch schälen und zum Joghurt pressen. Gut verrühren, salzen. Butter in einem kleinen Pfännchen zerlassen und das Paprikapulver einrühren.

8 Teighütchen ins Wasser geben und etwa 4 Minuten darin sprudelnd kochen lassen. Abgießen und auf vorgewärmten Tellern verteilen. Auf jede Portion etwas Joghurtsauce löffeln, die Paprikabutter darüberlaufen lassen. Schnell auf den Tisch stellen, damit die kalte Sauce die heißen Manti nicht zu sehr abkühlt.

Gebratene scharfe Nudeln

Hot and easy

Zutaten für 4 Personen:
250 g chinesische Eiernudeln
2 Stangen Zitronengras
4 rote Chilischoten
2 Knoblauchzehen | 1 Schalotte
1 Stück Ingwer (1–2 cm)
150 g Hähnchenbrustfilet
2 EL Sojasauce
250 g Spinat (am besten Wurzelspinat)
150 g Sojabohnensprossen
1 kleine Salatgurke
5–6 EL Öl | Salz
Minze- oder Basilikumblättchen zum Bestreuen

Zubereitungszeit: 40 Minuten
Kalorien pro Portion: 380

1 Im Topf reichlich Wasser zum Kochen bringen. Nudeln dazugeben, den Topf gleich vom Herd ziehen und die Nudeln etwa 4 Minuten im Wasser schwimmen lassen. Dann in ein Sieb gießen, kalt abschrecken und gut abtropfen lassen.

2 Zitronengras waschen, die unteren und die oberen Enden abschneiden, den Rest fein hacken. Chilis waschen, Stiele abschneiden, Rest fein schneiden. Knoblauch, Schalotte und Ingwer schälen und fein hacken. Alle diese Zutaten in den Mörser geben und so fein zerdrücken, wie es eben geht. Oder mit dem Wiegemesser möglichst fein hacken.

3 Hähnchenfleisch in dünne Streifen schneiden, mit der Sojasauce mischen. Den Spinat gut waschen und abtropfen lassen, dicke Stiele abknipsen, größere Blätter kleiner zupfen. Sprossen waschen und abtropfen lassen. Gurke waschen, längs halbieren und die Kerne mit einem Löffel rauskratzen. Gurke quer in dünne Scheiben schneiden.

4 Das Öl in einer beschichteten Pfanne erhitzen. Nudeln darin unter Rühren kurz braten, wieder rausholen. Huhn und die Sprossen im Öl kurz durchschwenken. Die Gurke dazu und kurz braten. Scharfe Paste dranrühren und 1 Minute braten, Spinat dazu und unter Rühren weiterbraten, bis er zusammengefallen ist. Dann die Nudeln wieder untermischen, mit Salz abschmecken. Die Minze oder Basilikumblättchen draufstreuen, essen.

Bratnudeln mit Currypilzen

Superlecker, superschnell

Für 2 zum Sattessen:
200 g asiatische Mie-Nudeln (Instant-Nudeln)
4 Frühlingszwiebeln
300 g Pilze (z. B. Champignons und Austernpilze gemischt)
4 EL Öl
2 EL Sesamsamen
2–3 TL scharfes Currypulver (Madras)
Salz
200 ml Gemüsebrühe
4 EL Sahne
½ Bund Schnittlauch

Zubereitungszeit: 20 Minuten
Kalorien pro Portion: 770

1 Für die Nudeln Wasser aufkochen. Mie-Nudeln hineingeben, den Topf vom Herd nehmen und die Nudeln 4 Minuten im Wasser ziehen lassen. Von den Frühlingszwiebeln Wurzelbüschel und obere welke Enden abschneiden. Die Zwiebeln waschen und in etwa 4 cm lange Stücke schneiden, jeweils längs halbieren.

2 Die Pilze mit Küchenpapier abreiben, von den Champignons die Stielenden, von den Austernpilzen die Stiele komplett abschneiden. Pilze in Streifen oder Scheiben schneiden.

3 Nudeln im Wasser mit einer Gabel gut auflockern, in ein Sieb abgießen. Den Wok auf den Herd stellen, 3 EL Öl darin erhitzen. Nudeln im Wok verteilen, gut 1 Minute braten, dann wenden und noch einmal so lange braten. Auf einen Teller geben, mit einem anderen Teller abdecken und so warm halten.

4 Restliches Öl in den Wok geben. Pilze mit Frühlingszwiebeln und Sesam dazugeben und etwa 2 Minuten braten, dabei immer rühren. Mit Curry bestäuben, mit Salz würzen und mit Brühe ablöschen. Sahne dazugießen, abschmecken und die Nudeln wieder untermischen.

5 Schnittlauch abbrausen und trocken schütteln. Mit einer Küchenschere etwa 1 cm lange Stücke über den Bratnudeln abschneiden. Mit Stäbchen essen? Sehr gute Idee!

Reisnudel-Spinat-Topf

Thailands Küche stand hier Pate

Zutaten für 4 Personen:
375 g TK-Spinat | 350 g Zuckerschoten
3 Knoblauchzehen
1 Stück Ingwer (etwa 3 cm)
1 rote Chilischote
1 Stück Bio-Orangenschale (etwa 3 cm)
400 g mittelbreite Reisnudeln
2 EL Öl | 1/8 l Gemüsebrühe
4 EL Sojasauce | 2 TL Honig
Salz | 1/4 Bund Minze

Zubereitungszeit: 25 Minuten
(ohne die Auftauzeit vom Spinat)
Kalorien pro Portion: 495

1 Den Spinat rechtzeitig aus der Packung nehmen und in einem Sieb über einer Schüssel auftauen lassen.

2 Dann Zuckerschoten waschen und putzen. Knoblauch und Ingwer schälen und fein hacken. Die Chili waschen, entstielen, längs aufschlitzen, entkernen und fein hacken. Orangenschale ebenfalls fein zerkleinern.

3 Für die Nudeln in einem großen Topf reichlich Wasser zum Kochen bringen. Die Reisnudeln darin in etwa 4 Minuten sprudelnd bissfest kochen. In ein Sieb abgießen, kurz kalt abschrecken und abtropfen lassen.

4 Während die Nudeln kochen, Öl in einem Topf heiß werden lassen. Knoblauch, Ingwer und Chili darin andünsten. Die Zuckerschoten dazugeben und kurz andünsten. Spinat auseinanderzupfen und mit Brühe, Sojasauce und Honig untermischen. Das Gemüse mit Salz abschmecken, Deckel auflegen, Hitze klein stellen und das Gemüse in 4–6 Minuten bissfest garen.

5 Die Minze abbrausen und trocken schütteln, Blättchen abzupfen und fein hacken. Die Reisnudeln mit Orangenschale unter das Gemüse mischen und unter Rühren wieder gut heiß werden lassen. Den Nudeltopf eventuell mit Sojasauce oder Salz abschmecken. Vor dem Servieren Minze aufstreuen.

Getreide,

Kartoffeln & Reis

Durchs ganze Nudelkapitel durchgekocht und immer noch Hunger? Das trifft sich wunderbar, wir haben sowieso noch 'ne Kartoffel im Backofen und rühren gemütlich im Risotto. Immer nur Pasta wäre ja auch langweilig ...

Blechkartoffeln

Ganz unkompliziert

Zutaten für 4 Personen:
Öl und Salz für das Blech
dazu wer mag: Kümmelsamen, frische Kräuterblättchen wie Thymian oder zerkrümelte Chilischoten
1 kg vorwiegend festkochende Kartoffeln (möglichst gleich groß)

Zubereitungszeit: 10 Minuten
+ 30 Minuten Backen
Kalorien pro Portion: 160 kcal

1 Backofen auf 200 Grad vorheizen (auch schon jetzt: Umluft 180 Grad). Das Backblech mit Backpapier auslegen, mit etwas Öl einstreichen und mit Salz und eventuell Kümmel, Kräutern oder Chili bestreuen.

2 Kartoffeln gut waschen, längs halbieren und mit den Schnittflächen nach unten aufs Blech legen. Im Ofen (Mitte) in etwa 30 Minuten weich backen.

Folienkartoffeln

Als Beilage oder zum Sattessen

Zutaten für 4 Personen:
4 große vorwiegend festkochende Kartoffeln (je etwa 200 g)
1 EL weiche Butter
Salz
4 Bögen Alufolie

Zubereitungszeit: 10 Minuten
+ 1 Stunde Backen
Kalorien pro Portion: 130 kcal

1 Backofen auf 220 Grad vorheizen (erst später: Umluft 200 Grad). Die Kartoffeln gut waschen und mit einer Gabel mehrmals einstechen.

2 Alufolie auf der glänzenden Seite mit Butter einstreichen, mit Salz bestreuen. Je 1 Kartoffel darauflegen und mit der Folie umhüllen. Auf dem Rost im Ofen (Mitte) in etwa 1 Stunde gar backen.

Das schmeckt dazu: Als Beilage mit einem Klacks saurer Sahne zum Steak servieren, zum Sattessen (für zwei) mit Kräuterquark, grüner Sauce oder auch einem Feta-Tomaten-Salat.

Zitronenbutter-Kartoffeln

Einfach raffiniert

Zutaten für 4 Personen:
800 g sehr kleine, festkochende Kartoffeln
Salz
1 Lorbeerblatt
2 Knoblauchzehen
2 EL Butter
2–3 EL frisch gepresster Zitronensaft
½ Bund glatte Petersilie

Zubereitungszeit: 15 Minuten
+ 10–15 Minuten Kochen
Kalorien pro Portion: 175 kcal

1 Die Kartoffeln schälen, waschen und dann unzerteilt in einem Topf knapp mit Wasser bedecken. 2 TL Salz und das Lorbeerblatt hinzufügen.

2 Den Knoblauch schälen, halbieren und mit in den Topf geben. Alles zum Kochen bringen und die Kartoffeln in 10–15 Minuten weich kochen.

3 Fertig gegarte Kartoffeln abgießen. In einer Pfanne die Butter zerlassen, den Zitronensaft einrühren und die Kartoffeln hineingeben, eventuell salzen. Die Petersilie abbrausen und trocken schütteln, die Blättchen fein hacken und unter die Kartoffeln mischen. Fertig!

Das schmeckt dazu: gebratenes Lammfleisch, Kalbsschnitzelchen oder eine Gemüsepfanne.

Würzige Kartoffeln

Angenehm scharf

Zutaten für 4 Personen:
600 g festkochende Kartoffeln
4 EL Olivenöl
4 Knoblauchzehen
2 Frühlingszwiebeln
2 rote Chilischoten
1 TL Kreuzkümmelsamen
1 TL gemahlener Kreuzkümmel
Salz
ein paar Stängel Petersilie
oder Koriandergrün
2 EL frisch gepresster Zitronensaft

Zubereitungszeit: 35 Minuten
Kalorien pro Portion: 180

1 Die Kartoffeln schälen und waschen. Mit Küchenpapier trocken tupfen und in 1–2 cm große Würfel schneiden.

2 Das Olivenöl in einer Pfanne erhitzen. Kartoffelwürfel in die Pfanne legen und gut durchrühren. Hitze auf mittlere Stufe schalten und die Kartoffeln etwa 15 Minuten braten, bis sie fast weich sind. Dabei immer wieder durchrühren.

3 Inzwischen schon mal Knoblauch schälen und fein hacken. Von den Frühlingszwiebeln die Wurzelbüschel abschneiden. Zwiebeln waschen und mit dem knackigen Grün in feine Ringe schneiden. Chilischoten waschen und der Länge nach halbieren, den Stiel abschneiden und die Kerne rauslösen. Chilihälften in feine Streifen schneiden.

4 Knoblauch, Zwiebeln und die Chili zu den Kartoffeln geben. Ganzen und gemahlenen Kreuzkümmel dazurühren und die Kartoffeln salzen. Noch mal etwa 5–10 Minuten braten, bis die Kartoffeln weich sind. In der Zeit die Petersilie oder den Koriander abbrausen und trocken schütteln. Die Blättchen fein hacken und unter die Kartoffeln mischen. Mit dem Zitronensaft abschmecken und eventuell noch leicht salzen.

Grünes Kartoffelpüree

Geniale Beilage, die zu vielem passt: zu Fleisch, Fisch, Gemüse

Zutaten für 4 Personen:
1 kg Kartoffeln (mehlige Sorten sind gut, festkochende gehen aber auch)
Salz
2 Bund Frühlingszwiebeln
1 Bund Rucola
1 Kästchen Gartenkresse
300 ml Milch
50 g Butter
Pfeffer

Zubereitungszeit: 30 Minuten
Kalorien pro Portion: 305

1 Die Kartoffeln schälen und waschen, in grobe Würfel schneiden. In einen Topf legen, knapp mit Wasser bedecken und mit gut 1 TL Salz mischen. Zum Kochen bringen, Deckel auflegen und Kartoffeln bei mittlerer Hitze etwa 15 Minuten leicht kochen lassen, bis sie weich sind.

2 In der Zeit den Rest vorbereiten. Die Frühlingszwiebeln waschen, die Wurzelbüschel und welken Teile abschneiden und wegwerfen. Dunkelgrüne Zwiebelteile in knapp 1 cm breite Stücke schneiden. Das Weiße und Hellgrüne von den Zwiebeln in Ringe schneiden. Rucola verlesen, also alle welken Blätter aussortieren, dicke Stiele abknipsen. Den Rucola waschen und trocken schleudern. Die Kresse mit einer Küchenschere vom Beet schneiden.

3 Die Milch in einen Topf gießen. Die Butter und die Zwiebelringe reinrühren und alles zusammen heiß werden lassen. Dann die Zwiebelstücke untermischen.

4 Kartoffeln abgießen und im Topf mit dem Kartoffelstampfer gut zerdrücken. Die Milch einrühren, nur kurz rühren. Das Püree mit Salz und Pfeffer würzen, Rucola und Kresse untermischen und nur zusammenfallen lassen. Probieren und eventuell nachwürzen, dann auf den Tisch mit dem Brei.

Kartoffelwedges mit Quark

Noch echter: Kartoffeln nicht schälen, nur sauber waschen und bürsten

Zutaten für 4 Personen:
1 kg festkochende Kartoffeln
2 EL Olivenöl
Salz
150 g geröstete, gehäutete Paprikaschoten (aus dem Glas oder von der Feinkosttheke)
1 Bund Schnittlauch
500 g Quark
100 g saure Sahne
1 TL süßer Senf
1 TL rosenscharfes Paprikapulver

Zubereitungszeit: 15 Minuten
+ 30 Minuten Garen
Kalorien pro Portion: 425 kcal

1 Backofen auf 200 Grad vorheizen (erst später: Umluft 180 Grad). Ein Backblech mit Backpapier auslegen.

2 Die Kartoffeln schälen, waschen und in etwa 1 cm breite Spalten schneiden. Mit Küchenpapier trocken tupfen und mit dem Olivenöl und Salz mischen.

3 Die Kartoffeln möglichst nebeneinander auf dem Blech ausbreiten. Kartoffeln im Ofen (Mitte) etwa 30 Minuten backen, bis sie gar und knusprig sind, dabei ab und zu durchrühren.

4 Inzwischen die Paprikaschoten abtropfen lassen und klein würfeln. Den Schnittlauch abbrausen und trocken schütteln, in Röllchen schneiden. Den Quark mit saurer Sahne, Senf und dem Paprikapulver verrühren. Paprikawürfel und Schnittlauch untermischen und den Quark mit Salz abschmecken. Zu den Wedges servieren.

Tipp:

Die Kartoffeln allein sind auch eine tolle Beilage, etwa zu Fleisch, Fisch oder auch zu einem gemischten Gemüsetopf.

Indische Bratkartoffeln

Lecker mit Spiegelei, Omelett, Salat oder Lammkoteletts

Zutaten für 4 Personen:
750 g festkochende Kartoffeln
(oder Pellkartoffeln vom Vortag)
Salz
2 große Zwiebeln
4 EL Ghee (ersatzweise Butterschmalz)
1 Lorbeerblatt
½ TL gemahlener Kreuzkümmel
½ TL gemahlener Koriander
½ TL Chilipulver
1 TL Garam masala
grob gemahlener Pfeffer
1 Zitrone

Zubereitungszeit: 25 Minuten
+ 25 Minuten Garen
Kalorien pro Portion: 210 kcal

1 Die Kartoffeln unter fließend kaltem Wasser kräftig abbürsten, dann in einen Topf mit Wasser geben, sodass sie eben bedeckt sind. Salzen und zum Kochen bringen, bei mittlerer Hitze zugedeckt in 20–25 Minuten gar kochen.

2 Die Kartoffeln abgießen und ausdampfen lassen, dann pellen und in mundgerechte Stücke schneiden. Die Zwiebeln schälen, halbieren und längs in feine Streifen schneiden.

3 Das Ghee in einer beschichteten Pfanne heiß werden lassen. Zwiebeln und Lorbeerblatt dazugeben und bei mittlerer Hitze goldbraun anbraten. Die Kartoffelstücke in die Pfanne geben und Gewürze darüberstreuen. Salzen und pfeffern und richtig gut umrühren, damit sich Gewürze und Zwiebeln gleichmäßig verteilen. Die Kartoffeln bei mittlerer bis starker Hitze in 6–8 Minuten knusprigbraun braten.

4 Die Zitrone vierteln und zusammen mit den Kartoffeln servieren. So kann sich jeder nach Lust und Laune Saft darüberpressen.

Hausgemachte Kartoffelgnocchi

Die Mühe lohnt sich!

Zutaten für 4 Personen
(mit Sauce nach Wahl):
1 kg mehligkochende Kartoffeln
150 g Mehl
100 g Hartweizengrieß
Salz

Zubereitungszeit: 25 Minuten
+ 30–45 Minuten Garen
+ 1 Stunde Ruhen
Kalorien pro Portion: 380

1 Die Kartoffeln waschen, in einen Topf legen und Wasser angießen. Die Kartoffeln sollen etwa zur Hälfte davon bedeckt sein. Das Wasser zum Kochen bringen, die Kartoffeln zugedeckt bei mittlerer Hitze weich kochen. Das dauert je nach Größe 20–35 Minuten. Tipp von der Nonna: Die Kartoffeln müssen mit kaltem Wasser aufgesetzt werden, damit sie richtig mehlig werden. Wer es nicht glaubt: ausprobieren.

2 Kartoffeln abgießen und etwas abkühlen lassen, aber noch heiß schälen und durch die Kartoffelpresse drücken. Tipp von der Nonna: Wer keine Kartoffelpresse hat, zerdrückt sie mit der Gabel oder einem Kartoffelstampfer oder reibt sie auf der Rohkostreibe. Aber Kartoffeln bitte nicht pürieren, sonst gibt's Kleister statt Püree.

3 Das Püree lässt man jetzt so weit abkühlen, dass man es gut anfassen kann. Dann kommen Mehl, Grieß und 1 TL Salz dazu. Das alles mit den Händen verkneten und zu fingerdicken Rollen formen. Davon 3 cm lange Stücke abschneiden. Stücke in Mehl wälzen, dann einzeln mit dem Gabelrücken sanft eindrücken. Die Kartoffelstückchen sollen leicht rillig aussehen. Tipp von der Nonna: Gnocchi danach auf bemehlten Küchentüchern ausbreiten und erst mal 1 Stunde ruhen lassen, oder auch länger.

4 In einem großen Topf reichlich Wasser mit Salz aufsetzen. Wenn es kocht, die Gnocchi reinrutschen lassen. Wenn die Gnocchi nach oben steigen, die Hitze zurückdrehen. Gnocchi etwa 10 Minuten im heißen Wasser ziehen lassen. Tipp von der Nonna: eine Tasse mit kaltem Wasser neben den Topf stellen und reingießen, wenn es kritisch wird. Denn kochen darf das Wasser nicht!

5 Fertige Gnocchi mit dem Schaumlöffel aus dem Wasser holen und in vorgewärmte Teller verteilen.

Das schmeckt dazu: einfach zerlaufene Butter und Parmesan über die Gnocchi geben. Oder auch Tomatensauce, Ragù bolognese (Seite 76) oder Pesto dazu servieren. Und jetzt ist auch die Nonna zufrieden und still!

Basic-Tipp:

Italiener haben mehr Mehl-Typen zu bieten. Hinter dem Brenner macht man die feinen Klößchen aus Hartweizenmehl, weshalb echte Gnocchi diesen unwiderstehlichen Biss haben. Das italienische Mehl haben wir nicht, aber eine italienische Großmutter, die Nonna, gefragt. Sie hat uns einen Trick verraten: einfach Mehl und Grieß mischen.

Kartoffelpuffer mit Apfel-Mango-Mus

Seelenwärmer

Zutaten für 4 Personen
(etwa 12 Stück):
600 g feinsäuerliche Äpfel
2 EL frisch gepresster Zitronensaft
200 ml Apfelsaft
1 schön reife Mango (etwa 600 g)
2 EL Vanillezucker
1 ½ kg mehligkochende Kartoffeln
2 Eier (M)
2 EL Mehl
Salz
etwa 4 EL Butterschmalz
zum Braten

Zubereitungszeit: 1 Stunde
+ Kühlzeit fürs Mus
Kalorien pro Portion: 610 kcal

1 Die Äpfel schälen, vierteln und die Kerngehäuse herausschneiden. Die Apfelviertel in Spalten schneiden, in einen Topf geben und sofort mit dem Zitronensaft mischen, damit sie sich nicht verfärben. Apfelsaft angießen.

2 Mangofruchtfleisch in Spalten flach am Stein entlang abschneiden, schälen und klein schneiden. Restliches Fruchtfleisch vom Stein abschaben. Mango mit in den Topf geben.

3 Alles zugedeckt 10–12 Minuten bei mittlerer Hitze köcheln lassen, dann vom Herd nehmen und mit einem Pürierstab direkt im Topf pürieren. Den Vanillezucker untermischen und das Mus unter Rühren noch mal aufkochen. Abkühlen lassen und kalt stellen. (Vielleicht auch schon am Vortag zubereiten).

4 Erst kurz vorm Braten die Kartoffeln schälen und waschen, mit der Gemüsereibe (oder in der Küchenmaschine) nicht zu fein raspeln. Gleich Eier, Mehl und 1 ½ TL Salz untermischen. Jetzt die Kartoffelmasse nicht mehr lange stehen lassen, sondern möglichst sofort braten. Zum Warmhalten den Backofen auf niedrigste Stufe stellen, eine Servierplatte hineinschieben.

5 In einer großen beschichteten Pfanne 2 EL Schmalz erhitzen. Pro Puffer etwa 2 EL Kartoffelmasse in die Pfanne geben und mit dem Löffelrücken flach streichen. Bei mittlerer Hitze 3–4 Minuten braten. Wenden und noch mal 4 Minuten braten. Die Puffer sollen schön knusprig braun sein. Fertige Puffer auf die Platte im Ofen legen. Jetzt nach Bedarf weiteres Butterschmalz in die Pfanne geben und nach und nach alle Puffer braten.

6 Die heißen Puffer auf der warmen Platte servieren und das gekühlte Apfel-Mango-Mus extra dazu reichen.

Basic-Tipp:
Die Kartoffelpuffer gelingen wirklich nur mit mehligkochenden Kartoffeln, weil die auch genügend Stärke zum Binden enthalten. Geraspelte Kartoffeln nicht lange stehen lassen, sie verfärben sich sonst braun und ziehen Wasser.

Risotto alla milanese

Alte italienische Risottoregel: gute Brühe, guter Risotto!

Zutaten für 4–6 Personen:
1 kleine Zwiebel
1 l Fleischbrühe (noch besser: Kalbsbrühe oder -fond mit Wasser verdünnt)
50 g Butter
400 g Risottoreis (z. B. Vialone, Arborio)
100 ml trockener kräftiger Weißwein
1 Döschen Safran (gemahlen oder als Fäden)
50 g frisch geriebener Parmesan
Salz | Pfeffer

Zubereitungszeit: 40 Minuten
Kalorien pro Portion (bei 4): 525

1 Zwiebel schälen und fein schneiden, Brühe erhitzen. Die Hälfte der Butter in einem großen Topf zerlassen. Zwiebel darin andünsten, Reis dazurühren (auf keinen Fall vorher waschen!). Jetzt den Wein angießen und die Hitze noch hoch lassen. Wenn der Wein verdampft ist, die Hitze auf mittlere Stufe runterschalten.

2 Und jetzt eine Kelle voll heißer Brühe dazuschöpfen und alles so lange garen lassen, bis die Flüssigkeit fast verdampft ist. Die nächste Schöpfkelle dazugießen und immer schön rühren. Weil nur so der Risotto schön sämig wird.

3 Mit der letzten Schöpfkelle kommt auch der Safran dazu. Und damit der den Risotto richtig gleichmäßig goldgelb werden lässt, rührt man ihn in der Brühe an. Wenn man Fäden hat – die übrigens noch besser würzen als das Pulver –, zerreibt man diese vorher mit den Fingern.

4 Also die letzte Kelle mit dem Safran unterrühren. Und noch so lange weiterrühren, bis man nicht mehr widerstehen kann. Und der Risotto saftig und sämig ist und die Reiskörner al dente sind: gegart, aber mit kleinem Biss in der Mitte. Das dauert mindestens 20 Minuten.

5 Die übrige Butter mit dem Parmesan unter den Reis rühren, ein Löffelchen probieren. Vielleicht braucht's ja noch ein bisschen Salz und Pfeffer.

Spargelrisotto

Frühlingsvariante

Zutaten für 4–6 Personen:
500 g grüner Spargel
1 kleine Zwiebel
2 Knoblauchzehen
3 EL Butter
400 g Risottoreis (z. B. Vialone, Arborio)
1/4 l trockener Weißwein
3/4–1 l Hühner- oder Fleischbrühe
1/2–1 Bio-Zitrone
ein paar Stängel Basilikum
100 g Fontina oder Parmesan
Salz | Pfeffer

Zubereitungszeit: 1 Stunde
Kalorien pro Portion (bei 4): 580

1 Spargel waschen, holzige Enden abschneiden. Man spürt beim Schneiden, was weg muss: Die holzigen Teile lassen sich schwer schneiden. Auch die Spitzen wegschneiden und weglegen, weil die erst später in den Topf müssen. Den Rest in etwa 1 cm breite Stücke schneiden. Zwiebel und Knoblauch schälen und ganz fein würfeln.

2 Die Hälfte der Butter zerlassen. Darin Zwiebel, Knoblauch und Spargel unter Rühren andünsten. Reis dazugeben und umrühren, bis die Körner glänzen.

3 Den Wein dazu und bei starker Hitze unter Rühren verdampfen lassen. Dann einen Schöpfer Brühe angießen und die Hitze auf mittlere Stufe zurückschalten. Und jetzt heißt es, fleißig rühren und immer mal wieder etwas Flüssigkeit nachgießen. Nach 10 Minuten kommen auch die Spargelspitzen dazu und nach weiteren 10 Minuten steht die erste Kostprobe an: Die Körner lassen sich jetzt gut beißen, sind aber nicht ganz weich.

4 Die Zitrone heiß waschen und abtrocknen, die Hälfte der Schale ganz dünn abschneiden – ohne das Weiße, denn das macht den Risotto eher bitter als frisch. Zitronenschale in sehr feine Streifen schneiden. Basilikumblättchen abzupfen, auch in Streifen schneiden. Und den Käse würfeln.

5 Käse, Zitronenschale und Basilikum mit der übrigen Butter in den Topf geben und jetzt nur noch so lange rühren, bis der Käse im heißen Reis geschmolzen ist. Salzen, pfeffern und genießen!

Räucherfisch-risotto

Zum Sattessen

Zutaten für 4 Personen:
2 Stangen Lauch
2 Knoblauchzehen
8 Zweige Thymian
4 EL Butter
400 g Risottoreis (z. B. Vialone, Arborio)
1/8 l trockener Weißwein
1–1,2 l milder Fischfond (den Fond aus dem Glas leicht mit Wasser verdünnen oder Gemüsebrühe nehmen)
1 Bund Rucola
250 g geräuchertes Forellenfilet (von etwa 1 Fisch; genauso fein: geräuchertes Renkenfilet oder frisches Filet von Rotbarbe, Brasse oder Lachs)
50 g Mascarpone (Ricotta oder Sahne schmecken auch lecker)
1/2 EL frisch gepresster Zitronensaft
Salz | Pfeffer

Zubereitungszeit: 30 Minuten
Kalorien pro Portion: 330

1 Den Lauch putzen, längs aufschlitzen und auch zwischen den Blättern gründlich unter fließendem Wasser waschen. Den Lauch in feine Streifen schneiden. Knoblauch schälen und fein hacken. Den Thymian abbrausen, Blättchen von den Zweigen streifen.

2 In einem großen Topf 2 EL Butter zerlassen. Darin Knoblauch, Lauch und Thymian bei starker Hitze andünsten. Reis ungewaschen (!) dazugeben und unterrühren. Wein aufgießen und verdampfen lassen. Hitze auf mittlere Stufe schalten und eine Schöpfkelle Fond angießen. Reis etwa 15 Minuten garen, dabei ab und zu Fond angießen und oft durchrühren.

3 Inzwischen Rucola verlesen, dicke Stängel abknipsen. Den Rucola waschen und trocken schleudern, einige Blätter beiseitelegen, den Rest hacken. Fisch häuten, entgräten, klein schneiden. Den Fisch mit gehacktem Rucola unter den Reis mischen, etwa 5 Minuten garen. Mascarpone mit übriger Butter in Stückchen unterrühren. Risotto mit Zitronensaft, Salz, Pfeffer würzen. Mit übrigem Rucola garnieren.

Curryreis mit Huhn

Indisch für Einsteiger

Zutaten für 4 Personen:
300 g Basmati-Reis
400 g Hähnchenbrustfilet | 2 Zwiebeln
1 Stück Ingwer (1–2 cm)
1 grüne Paprikaschote
2 Tomaten | 3 EL Butterschmalz
1 Stück Zimtstange | 4 Nelken
4 grüne Kardamomkapseln
je 1 TL gemahlene Kurkuma und rosenscharfes Paprikapulver (ersatzweise 2 TL Currypulver)
50 g Naturjoghurt | Salz
2 EL Rosinen | 2 EL Mandelblättchen

Zubereitungszeit: 40 Minuten
Kalorien pro Portion: 575

1 Reis in einem Sieb abbrausen, bis das Wasser klar abläuft. Den Reis gut abtropfen lassen. Hähnchenfilet in kleine Würfel schneiden. Zwiebeln und Ingwer schälen und klein würfeln. Die Paprikaschote putzen, waschen und in kleine Würfel schneiden. Aus den Tomaten die Stielansätze herausschneiden. Tomaten mit kochendem Wasser übergießen und kurz ziehen lassen, abschrecken und die Haut abziehen. Tomaten auch würfeln.

2 In einem Topf 1 EL Schmalz erhitzen. Die Filetwürfel darin rundherum gut anbraten, wieder rausholen. Noch mal 1 EL Schmalz zerlaufen lassen und alle Gewürze – egal, ob ganz oder gemahlen – hineingeben und 1 Minute braten.

3 Zwiebeln, Ingwer und Paprika dazugeben und kurz braten. Reis auch dazu und braten, bis er gleichmäßig gefärbt ist. Tomaten, Joghurt und ½ l Wasser dazurühren. Salzen, Deckel drauf und alles zugedeckt bei geringer Hitze etwa 15 Minuten garen. Dann das Hühnerfleisch und die Rosinen dazumischen und alles noch einmal etwa 5 Minuten garen, bis der Reis bissfest ist.

4 In der Zeit das restliche Schmalz in einer kleinen Pfanne zerlassen. Mandelblättchen hineinrühren und goldgelb werden lassen. Reis durchrühren und ein Löffelchen probieren. Fehlt noch Salz? Ja, dann nachwürzen. Wenn alles in Ordnung ist, Mandelblättchen draufstreuen und auf den Tisch damit.

Zitronenreis

Passt ideal zu Fisch und Gegrilltem

Zutaten für 4 Personen:
250 g Basmati-Reis
Salz
2 Bio-Zitronen
½ TL gemahlene Kurkuma
2 EL Kokosöl oder Ghee
2 EL geröstete, ungesalzene Erdnüsse
1 TL braune Senfkörner
1 TL halbierte, schwarze Linsen (Urad Dal, kann man notfalls auch weglassen)
2 getrocknete Chilischoten
12 Curryblätter

Zubereitungszeit: 30 Minuten
+ 1 Stunde Einweichen
Kalorien pro Portion: 320 kcal

1 Den Reis in eine Schüssel mit ausreichend kaltem Wasser geben und etwa 1 Stunde quellen lassen. Anschließend in ein feines Sieb gießen, abbrausen und abtropfen lassen.

2 In einen Topf knapp ½ l Wasser füllen, leicht salzen und zum Kochen bringen. Sobald das Wasser sprudelnd kocht, Reis hineinschütten und offen 1 Minute kochen lassen. Dann den Reis gut umrühren, den Deckel drauflegen, die Hitze auf kleinste Stufe stellen und den Reis zugedeckt 15 Minuten garen. Nun den Herd ausstellen und den Reis noch 10 Minuten auf der warmen Platte ausquellen lassen.

3 Inzwischen 1 Zitrone heiß waschen und die Schale fein abreiben. Den Saft beider Zitronen auspressen. Saft, Schale und Kurkuma mischen.

4 Das Öl oder Ghee in einer kleinen Pfanne erhitzen. Erdnüsse, Senfkörner, Linsen, Chilischoten und Curryblätter hineingeben und unter Rühren rösten, bis die Körner knistern und die Nüsse und Linsen leicht bräunen.

5 Den angerührten Zitronensaft dazurühren, dann sofort über den Reis gießen und sorgfältig mit einer Gabel untermischen. Eventuell noch etwas nachsalzen und sofort servieren.

Safranreis mit Aprikosen

Fruchtig und mild

Zutaten für 4 Personen:
300 g Basmati-Reis
½ Döschen Safran (gemahlen oder als Fäden)
Salz
80 g getrocknete Aprikosen
4 frische fleischige Datteln
2 EL Butter
¼ TL Zimtpulver
1 Prise frisch geriebene Muskatnuss

Zubereitungszeit: 20 Minuten
Kalorien pro Portion: 365

1 Den Reis in einem Sieb abbrausen, bis das Wasser klar abläuft. Den Reis gut abtropfen lassen. Safran in 600 ml lauwarmes Wasser rühren und stehen lassen, bis das Wasser gelblich wird.

2 Den Reis mit dem Safranwasser und Salz in einen Topf geben, zum Kochen bringen. Dann den Reis bei ganz geringer Hitze zugedeckt in etwa 15 Minuten ausquellen und körnig werden lassen.

3 In der Zeit schon mal die Aprikosen in kleine Würfel schneiden. Die Datteln der Länge nach aufschneiden und die Kerne rauslösen. Die Datteln in dünne Streifen schneiden.

4 Die Butter in einer kleinen Pfanne zerlaufen lassen. Aprikosen und Datteln darin bei geringer Hitze etwa 5 Minuten lang erhitzen, dabei immer wieder umrühren. Die Früchte mit Zimt und Muskat würzen und unter den Reis heben. Eventuell noch ein bisschen salzen, in eine Schüssel füllen, auf den Tisch stellen.

Paprika mit Couscous

Gefüllte Paprika mal anders

Zutaten für 4 Personen:
125 g Instant-Couscous
1 Zwiebel
2 Knoblauchzehen
8 Zweige Thymian
2 EL Öl
4 große rote Paprikaschoten
250 g Fischfilet oder gemischtes Hackfleisch
1 Ei (M)
1 TL Tomatenmark
Salz | Pfeffer
1 TL gemahlener Koriander
500 g Tomaten in Stücken (aus der Dose oder dem Tetrapack)
1/8 l Gemüsebrühe
150 g saure Sahne

Zubereitungszeit: 25 Minuten
+ 45 Minuten Schmoren
Kalorien pro Portion: 435 kcal

1 Couscous mit 150 ml heißem Wasser verrühren und 5 Minuten quellen lassen. Die Zwiebel und den Knoblauch schälen und fein würfeln. Thymian abbrausen und trocken schütteln, die Blättchen von den Zweigen streifen. 1 EL Öl in einem Pfännchen erhitzen. Zwiebel, Knoblauch und Thymian darin bei mittlerer Hitze unter Rühren 2–3 Minuten dünsten, vom Herd nehmen.

2 Die Paprikaschoten waschen und oben einen flachen Deckel abschneiden. Aus dem Paprikainneren die Trennhäutchen mit den Kernen herauszupfen. Das Fischfilet sehr fein hacken.

3 Das Fischfilet oder Hackfleisch mit der Zwiebelmischung in eine Schüssel füllen. Couscous, Ei und Tomatenmark untermischen, alles gut verrühren. Mit Salz, Pfeffer und Koriander abschmecken und in die Paprikaschoten füllen.

4 In einem breiten Topf die Tomaten mit der Brühe und dem restlichen Öl mischen, salzen und pfeffern und bei starker Hitze aufkochen. Die Paprikaschoten mit der Öffnung nach oben in die Sauce setzen, die Schotendeckel darauflegen. Den Topf mit dem Deckel schließen und die Hitze auf schwache Stufe schalten. Die gefüllten Schoten etwa 45 Minuten schmoren.

5 Die fertigen Paprikaschoten mit der Sauce essen. Dazu unbedingt die saure Sahne mit auf den Tisch stellen, damit sich jeder selbst davon etwas über die Schoten löffeln kann.

Polentaschnitten mit Käse

Was ganz Besonderes vom Grill

Zutaten für 4 Personen:
200 g Polenta (Maisgrieß)
Salz
2 Zweige Rosmarin
2 Knoblauchzehen
4 getrocknete Tomaten (in Öl)
150 g Fontina oder Taleggio
Pfeffer
Öl für den Rost

Zubereitungszeit: 50 Minuten
+ mindestens 2 Stunden Auskühlen
Kalorien pro Portion: 285 kcal

1 Für die Polenta ¾ l Wasser mit 1 TL Salz zum Kochen bringen. Den Maisgrieß unter Rühren ins Wasser rieseln lassen und dann bei geringer Hitze zugedeckt etwa 20 Minuten garen.

2 Den Topf vom Herd ziehen, Deckel abnehmen und die Polenta lauwarm abkühlen lassen. Inzwischen den Rosmarin abbrausen und trocken schütteln, die Blättchen abzupfen und fein hacken. Den Knoblauch schälen und in dünne Scheiben schneiden. Die Tomaten in kleine Würfel schneiden. Käse von der Rinde befreien und ebenfalls würfeln.

3 Rosmarin, Knoblauch, Tomaten und Käse locker unter die Polenta mischen, mit Salz und Pfeffer abschmecken. Die Polenta in eine längliche, höhere Form (gut sind eine Terrinen- oder Kastenform) füllen und glatt streichen. Die Polenta in mindestens 2 Stunden völlig auskühlen lassen (noch besser über Nacht).

4 Dann den Rost gründlich einölen. Die Polenta aus der Form stürzen und in gut 1 cm dicke Scheiben schneiden. Polentaschnitten auf den Rost legen und auf jeder Seite 3–4 Minuten bei starker Hitze grillen, bis sie schön braun sind. Mit dem Pfannenwender umdrehen, damit die Scheiben nicht brechen.

Tipps:

Ein bisschen Käse läuft beim Grillen aus den Polentaschnitten heraus und tropft in die Glut. Wer das nicht mag, grillt die Scheiben in einer Alugrillschale. Polentaschnitten schmecken als Beilage zu Steaks oder Würstchen, sie sind aber auch für das vegetarische Grillen ideal. Dann dazu verschiedene Gemüse – etwa grünen Spargel, Pilze und Zucchini – mit auf den Rost legen. Die Schnitten und das Gemüse am besten zusammen mit einer Sauce auf den Tisch stellen. Gut passen eine kalte scharfe Tomatensalsa (gehackte Tomaten mit roten Zwiebeln, Knoblauch, Chili, Basilikum und etwas Limettensaft verfeinert) oder auch ein Paprikajoghurt (geröstete, gehäutete Paprikaschoten klein würfeln und mit Naturjoghurt, gemahlenem Koriander, Paprikapulver und Zitronenmelisse verrühren). Außerdem sehr fein dazu: ein Salat und knuspriges Weißbrot.

Basic-Tipp:

Der Maisgrieß für Polenta hat so viel Kleber, dass er auch ohne weitere Bindemittel sehr gut zusammenhält. Der Käse und die anderen Zutaten sorgen also nur für Geschmack und können nach Belieben ersetzt werden: etwa durch andere Käsesorten, Oliven oder Kapern statt der Tomaten sowie Frühlingszwiebelringe, Chili und vieles mehr.
Wer Instant-Polenta statt normalem Maisgrieß verwendet, muss nur etwa 5 Minuten Garzeit einplanen. Bei der Wassermenge dann bitte nach der Packungsaufschrift richten.

Gemüse

Wo es lecker ist, da gibt's Gemüse. Wo es Gemüse gibt, da ist's lecker – man kann es drehen und wenden wie man will, das Ergebnis bleibt dasselbe. Zu theoretisch? Hier kommen die 30 besten praktischen Beweise für unsere Gemüsegleichung.

Gefüllte Tomaten

Würzige Beilage zu gegrilltem Fisch oder Fleisch

Zutaten für 4 Personen:
4 große oder 8 mittelgroße Tomaten
1 Dose Sardinen (in Öl, etwa 100 g, nicht mit Sardellen verwechseln)
2 EL schwarze Oliven
1 großes Bund Petersilie
1 Zwiebel
2 Knoblauchzehen
4 EL Olivenöl
4 EL Semmelbrösel
4 EL frisch geriebener Parmesan
1 EL frisch gepresster Zitronensaft
1 TL abgeriebene Bio-Zitronenschale
Salz | Pfeffer

Zubereitungszeit: 20 Minuten
+ 30 Minuten Backen
Kalorien pro Portion: 220

1 Tomaten waschen und jeweils einen Deckel abschneiden – und zwar so, dass man gut ans Innere der Tomate kommt. Und das wird jetzt mit dem kleinen Löffel rausgeholt. Kerne ablösen, Rest klein schneiden. Tomaten umdrehen und abtropfen lassen.

2 Sardinen abtropfen lassen und zerpflücken. Das Olivenfleisch vom Stein schneiden und klein würfeln. Petersilie abbrausen und trocken schütteln, die Blättchen abzupfen und fein schneiden. Zwiebel und Knoblauch schälen und ganz fein schneiden.

3 Backofen auf 180 Grad vorheizen (auch schon jetzt: Umluft 160 Grad). In einer Pfanne 1 EL Öl warm werden lassen. Zwiebel und Knoblauch darin andünsten. Tomatenfruchtfleisch und Petersilie untermischen, ohne Deckel bei mittlerer Hitze etwa 5 Minuten einkochen lassen.

4 Oliven und Sardinen unterrühren. Pfanne vom Herd ziehen, die Mischung etwas abkühlen lassen, dann Semmelbrösel, Käse, Zitronensaft und Schale untermengen. Mit Salz und Pfeffer würzen und alles in die Tomaten füllen – Füllung ruhig höher darauftürmen. Die Tomaten nebeneinander in eine ofenfeste Form setzen. Übriges Öl darübertröpfeln.

5 Die Tomaten im Ofen (Mitte) etwa 30 Minuten backen. Die Bröselmischung soll schön braun werden.

Geschmorte Pilze

Lecker zu Nudeln, Gnocchi, Kalb, Lamm oder Wild

Zutaten für 4 Personen:
500 g Pilze (Champignons oder Egerlinge, ganz fein: Steinpilze)
2 Knoblauchzehen
3 EL Olivenöl
1 Bund Petersilie
Salz | Pfeffer
frisch geriebene Muskatnuss
1 TL abgeriebene Bio-Zitronenschale

Zubereitungszeit: 30 Minuten
Kalorien pro Portion: 90

1 Die Pilze mit Küchenpapier sauber abreiben. Falls sie sehr schmutzig sind, lassen sie sich besser säubern, wenn man das Papier leicht feucht macht. Die Stielenden abschneiden. Pilze in feine Scheiben schneiden. Den Knoblauch schälen und ganz fein schneiden.

2 Eine große Pfanne auf den Herd stellen – besonders gut wäre eine aus Gusseisen – und warm werden lassen. Öl reingießen, Pilze dazugeben und unter Rühren bei starker Hitze erst mal gut anbraten.

3 Knoblauch dazurühren, Hitze auf schwache Stufe stellen, Deckel drauf und alles noch mal 10 Minuten garen.

4 In der Zeit schon mal die Petersilie abbrausen und trocken schütteln, die Blättchen abzupfen und fein schneiden. Unter die Pilze mischen, mit Salz, Pfeffer, 1 Prise Muskat und der Zitronenschale gut würzen. Heiß schmecken die Pilze am besten.

Honigmöhren mit Frühlingszwiebeln

Passt gut zu zartem Fisch oder Kalb

Zutaten für 4 Personen:
300 g junge Möhren
1 Bund Frühlingszwiebeln
2 EL Butter
100 ml Gemüsebrühe oder Weißwein
1 EL Honig
Salz | Pfeffer
1 TL frisch gepresster Zitronensaft

Zubereitungszeit: 25 Minuten
Kalorien pro Portion: 95 kcal

1 Die Möhren schaben oder schälen, größere Möhren der Länge nach halbieren oder vierteln. Die Frühlingszwiebeln waschen, die Wurzelbüschel und welken grünen Teile abschneiden. Einen Teil des knackigen Grüns weglegen, den Rest in etwa 5 cm lange Stücke schneiden. Sind die Zwiebelstücke dick, zusätzlich einmal der Länge nach durchschneiden.

2 Die Butter in einem weiten Topf zerlassen. Die Möhren einrühren und andünsten. Mit Brühe oder Weißwein ablöschen, zudecken und etwa 6 Minuten bei mittlerer Hitze garen.

3 Dann Zwiebelstücke und den Honig untermischen. Das Gemüse salzen und pfeffern und wieder zugedeckt weitere 3–4 Minuten garen, bis es bissfest ist.

4 Das Zwiebelgrün in Ringe schneiden. Das Gemüse mit Zitronensaft und eventuell noch etwas mehr Salz und Pfeffer abschmecken, Zwiebelringe aufstreuen.

Möhren in Marsalasauce

Feine Beilage zu Braten und Geflügel

Zutaten für 4 Personen:
600 g Möhren
2 EL Butter
1/8 l trockener Marsala
Salz | Pfeffer
1/2 Bund Petersilie
1 TL frisch gepresster Zitronensaft

Zubereitungszeit: 15 Minuten
+ 12–15 Minuten Garen
Kalorien pro Portion: 100

1 Die Möhren schälen, den oberen grünen Teil abschneiden. Möhren längs vierteln, dann quer in etwa 4 cm lange Stücke schneiden.

2 Die Butter in einem weiten Topf zerlaufen lassen, braun soll sie dabei nicht werden. Die Möhren reinrühren und bei mittlerer Hitze 5 Minuten andünsten. Fleißig umrühren.

3 Den Marsala dazugießen, die Möhren salzen und pfeffern. Deckel auflegen und das Gemüse 12–15 Minuten garen, bis es bissfest ist.

4 In der Zeit schon mal die Petersilie abbrausen und trocken schütteln, die Blättchen abzupfen und fein schneiden. Unter die Möhren mischen, Zitronensaft auch. Mit Salz und Pfeffer abschmecken und auf den Tisch stellen.

Spinat mit Rosinen und Pinienkernen

Perfekt in einem orientalischen Menü

Zutaten für 4 Personen:
750 g Spinat
Salz
1 Bund Frühlingszwiebeln
4 Knoblauchzehen
1 Stück rote Chilischote
4 EL Olivenöl
40 g Pinienkerne
40 g Rosinen
1/2 TL gemahlener Koriander
Pfeffer
1 EL frisch gepresster Zitronensaft

Zubereitungszeit: 30 Minuten
Kalorien pro Portion: 220

1 Das Spülbecken mit kaltem Wasser füllen. Den Spinat hineingeben und hin- und herschwenken, dann kurz abtropfen lassen. Das Gleiche so oft wiederholen, bis das Wasser im Becken nicht mehr schmutzig wird.

2 Einen großen Topf etwa zu einem Drittel mit Wasser füllen und auf den Herd stellen. Zum Kochen bringen und salzen. Den Spinat dazugeben und mit dem Kochlöffel unters Wasser drücken. 1–2 Minuten kochen lassen, bis die Blätter zusammenfallen. In ein Sieb schütten und reichlich kaltes Wasser darüberlaufen lassen. Den Spinat gut abtropfen lassen.

3 Von den Frühlingszwiebeln Wurzelbüschel abschneiden. Die Zwiebeln waschen und mit dem knackigen Grün in feine Ringe schneiden. Knoblauch schälen und fein hacken. Das Chilistück waschen und mit den Kernen schön fein schneiden.

4 Das Olivenöl in einer Pfanne erhitzen. Die Pinienkerne darin goldgelb anrösten. Zwiebeln, Knoblauch, Chili und Rosinen dazugeben, kurz weiterbraten. Spinat untermischen, mit Koriander, Pfeffer, Salz und dem Zitronensaft abschmecken und unter Rühren so lange garen, bis er gut heiß ist. In eine Schüssel füllen und auf den Tisch stellen.

Grüne Bohnen mit Zitrone und Sardellen

Besonders gut zu Lamm

Zutaten für 4 Personen:
500 g grüne Bohnen
½ Bund Bohnenkraut
Salz
2 Schalotten
2 Knoblauchzehen
6 Zweige Thymian
½ Bio-Zitrone
6–8 Sardellenfilets (in Öl)
4 EL Olivenöl
Pfeffer

Zubereitungszeit: 35 Minuten
Kalorien pro Portion: 155 kcal

1 Die Bohnen waschen, die Enden abschneiden oder abknipsen. Falls sich dabei Fäden lösen, ganz abziehen. Die Bohnen je nach Größe quer halbieren oder dritteln.

2 Das Bohnenkraut abbrausen und mit Wasser und Salz in einem Topf aufkochen. Die Bohnen dazugeben und in 8–12 Minuten bissfest kochen.

3 In der Zeit Schalotten schälen, halbieren und in feine Streifen schneiden. Den Knoblauch schälen und fein hacken. Den Thymian abbrausen und trocken schütteln, Blättchen abstreifen (das geht am besten gegen die Richtung, in die sie wachsen). Die Zitrone heiß waschen und abtrocknen. Die Schale hauchdünn abschneiden und in ganz feine Streifen schneiden. Etwa 2 EL Saft auspressen. Die Sardellen abtropfen lassen und kleiner schneiden.

4 Bohnen in ein Sieb gießen und kurz abschrecken, abtropfen lassen. Bohnenkraut entfernen. Öl in dem Topf erhitzen. Schalotten, Knoblauch und Thymian einrühren und 3–4 Minuten bei mittlerer Hitze braten. Die Zitronenschale und die Sardellen mit den Bohnen untermischen und erhitzen. Mit Salz, Pfeffer und dem Zitronensaft abschmecken.

Grüne Erbsen mit feinen Salatstreifen

Französischer Klassiker

Zutaten für 4 Personen:
750 g Erbsen in der Hülse (ersatzweise 300 g TK-Erbsen)
3 Schalotten
200 g Romana- oder Endiviensalat
100 ml trockener Weißwein
Salz | Pfeffer
1 Prise Zucker
1/4 Bund Petersilie (auch fein: 1 Handvoll Kerbel)
2 EL Butter

Zubereitungszeit: 30 Minuten
Kalorien pro Portion: 140 kcal

1 Die Erbsenschoten aufbrechen und die Erbsen von den Hülsen abstreifen. Die Schalotten schälen und in dünne Scheiben schneiden. Die Salatblätter auseinanderlösen, waschen, trocken schütteln, in feine Streifen schneiden.

2 Die Erbsen und die Schalotten mit dem Wein, Salz, Pfeffer und dem Zucker in einem Topf zum Kochen bringen. Zugedeckt bei mittlerer Hitze etwa 5 Minuten garen. Dann die Salatstreifen gut untermischen und das Gemüse noch einmal etwa 5 Minuten garen, bis die Erbsen bissfest sind.

3 Inzwischen die Petersilie abbrausen und trocken schütteln, von den groben Stängeln befreien und grob hacken. Die Butter in kleine Würfel schneiden und mit der Petersilie mit einer Gabel unter das Gemüse ziehen, abschmecken und servieren.

Tipp:

Diese herrlich saftigen Erbsen kommen in Frankreich so gut wie nie gemeinsam mit Fisch, Fleisch oder Geflügel auf einen Teller, sondern es gibt sie als eigenständigen Gang im Menü. Ihr angestammter Platz ist nach dem Fleischgang. Wir aber finden sie auch – und vor allem – als Beilage super!

Rote Bete in Kokosmilch

Ganz simpel und schön scharf

Zutaten für 4 Personen:
800 g Rote Beten
2 Zwiebeln
2 Knoblauchzehen
1 EL Butterschmalz
je 1 TL gemahlener Koriander und Kurkuma
1/4 l Gemüsebrühe
Salz
1 Dose Kokosmilch (400 ml)
2–4 TL Currypaste (Farbe nach Belieben)
1 kleines Bund Basilikum
1 EL frisch gepresster Zitronensaft

Zubereitungszeit: 20 Minuten
+ 40 Minuten Garen
Kalorien pro Portion: 325

1 Rote Beten färben ziemlich stark, wenn man sie schält oder zerkleinert. Wer saubere Finger behalten möchte, zieht Gummihandschuhe an. Die Roten

Beten also schälen, zuerst in etwa 1 cm dicke Scheiben, dann in ebenso große Würfel schneiden. Zwiebeln und Knoblauch schälen. Die Zwiebeln halbieren und in breite Streifen schneiden, den Knoblauch fein hacken.

2 Butterschmalz im Wok oder einer Pfanne (mit Deckel) heiß werden lassen. Die Roten Beten mit Zwiebeln und Knoblauch darin andünsten. Koriander und Kurkuma darüberstreuen und gut untermischen. Kurz weiterbraten, dann die Brühe dazuschütten. Das Gemüse leicht salzen, zudecken und bei geringer Hitze etwa 20 Minuten garen.

3 Dann die Kokosmilch einrühren und die Currypaste gut untermischen. Den Deckel wieder auflegen und das Gemüse noch einmal etwa 20 Minuten garen, bis es bissfest ist. Vor dem Servieren Basilikumblättchen abzupfen, in feine Streifen schneiden und mit dem Zitronensaft unter das Gemüse rühren.

Gratinierter Spargel

Vielseitig einsetzbar, ob als Vorspeise, Beilage oder zum Sattessen mit Kartoffeln

Zutaten für 2–4 Personen:
500 g grüner Spargel
Salz
1 EL Butter
1 EL Mehl
½ l Milch
80 g frisch geriebener Parmesan oder Pecorino
Pfeffer
frisch geriebene Muskatnuss

Zubereitungszeit: 20 Minuten + 20 Minuten Backen
Kalorien pro Portion (bei 2): 210

1 Die Spargelstangen waschen. Vom unteren Ende etwa 1 cm wegschneiden. Wenn sich die Stangen da schon ganz leicht schneiden lassen, muss nicht mehr weg. Wenn's noch schwer geht, noch 1 cm kürzen und so weiter, bis sich die Stangen leicht schneiden lassen.

2 In einem Topf, der so groß ist, dass die Stangen der Länge nach reinpassen, Wasser zum Kochen bringen, Salz dazu. Spargel reinlegen und 2 Minuten kochen, dann mit dem Schaumlöffel rausheben und gleich in eine ofenfeste Form legen.

3 Die Butter im Topf zerlassen – bei geringer Hitze, weil sie nicht bräunen soll. Mehl reinstreuen und mit dem Kochlöffel gut unter die Butter rühren. Weiterrühren, bis das Mehl goldgelb ist. Jetzt zum Schneebesen greifen: Milch langsam dazugießen und immer weiterrühren. Damit die Sauce dicklich wird und nicht mehr nach Mehl schmeckt, lässt man sie etwa 10 Minuten köcheln. Und rührt sie immer mal wieder um. Den Backofen auf 220 Grad vorheizen (auch schon jetzt: Umluft 200 Grad).

4 Die Hälfte des Käses unter die Sauce rühren, mit Salz (nicht zu viel, der Käse hat schon davon), Pfeffer und Muskat abschmecken. Über den Spargel gießen, übrigen Käse daraufstreuen. Form in den Ofen (Mitte) schieben und den Spargel etwa 20 Minuten drinlassen, bis die Sauce braune Flecken hat.

Ratatouille

Klassiker mit Erfolgsgarantie – alles separat anbraten

Zutaten für 4 Personen:
4 schlanke Zucchini (etwa 400 g)
2 Auberginen (etwa 500 g)
je 1 große rote und gelbe Paprikaschote
400 g Tomaten
2 Zwiebeln
4 Knoblauchzehen
je 2 Zweige Thymian, Rosmarin, Petersilie, Oregano und Estragon
2 frische Lorbeerblätter
8–10 EL Olivenöl
Salz | Pfeffer

Zubereitungszeit: 40 Minuten
+ 45 Minuten Garen
Kalorien pro Portion: 285 kcal

1 Das Gemüse waschen. Die Enden von den Zucchini und den Auberginen abschneiden. Zucchini in knapp 1 cm dicke Scheiben schneiden. Auberginen ebenfalls in knapp 1 cm dicke Scheiben schneiden und diese dann noch einmal vierteln. Die Paprikaschoten vierteln, putzen, nochmals waschen und in 1 cm breite Streifen schneiden.

2 Aus den Tomaten die Stielansätze herausschneiden. Die Tomaten in eine Schüssel legen, mit kochend heißem Wasser übergießen, kurz stehen lassen, abschrecken und die Haut abziehen. Tomaten in Würfel schneiden. Zwiebeln schälen, vierteln und in nicht zu feine Streifen schneiden. Den Knoblauch schälen und in möglichst feine Scheiben schneiden. Kräuter und Lorbeerblätter abbrausen, trocken schütteln und mit Küchengarn zusammenbinden.

3 Backofen auf 180 Grad vorheizen (erst später: Umluft 160 Grad). Einen schweren Topf auf den Herd stellen. 2 EL Öl hineingießen und heiß werden lassen. Die Zucchini in zwei Portionen einrühren und leicht braun braten, aus dem Topf nehmen.

4 Wieder 1 EL Öl im Topf erhitzen und die Paprika in zwei Portionen braten und wieder herausfischen. Jetzt nach und nach die Auberginen in 4 EL Öl anbraten und wieder herausnehmen.

5 Das restliche Öl in den Topf gießen, die Zwiebeln und den Knoblauch mit dem Kräuterbündel einrühren und kurz andünsten. Alle Gemüse einrühren und locker mischen, salzen und pfeffern. Den Deckel auflegen und das Gemüse im Ofen (Mitte) etwa 45 Minuten garen. Dann vorsichtig durchrühren, abschmecken und heiß, lauwarm oder abgekühlt essen.

Tipp:

Wer mag, kann das Gemüse auch auf dem Herd garen. Dann aber unbedingt geringe Hitze wählen.

Rosenkohl mit Zitronensahne

Frische Würze für ein Wintergemüse

Zutaten für 4 Personen:
2 Schalotten
1 EL Butter
1 EL Öl
1 TL getrockneter Thymian
800 g TK-Rosenkohl
200 ml Gemüse- oder Hühnerbrühe
1 Bio-Zitrone
150 g Sahne
Salz | Pfeffer

Zubereitungszeit: 20 Minuten
Kalorien pro Portion: 235 kcal

1 Die Schalotten schälen und in feine Ringe schneiden. Butter und Öl in einem Topf erhitzen. Schalotten und Thymian darin andünsten. Den unaufgetauten Rosenkohl dazugeben, mit der Brühe aufgießen. Zugedeckt bei mittlerer Hitze in etwa 12 Minuten bissfest garen.

2 Inzwischen Zitrone heiß waschen und abtrocknen, Schale fein abreiben. Die Sahne und die Zitronenschale zum Rosenkohl geben und das Gemüse mit Salz und Pfeffer abschmecken.

Tipp:

Natürlich kann man anstatt des tiefgekühlten Rosenkohls auch frische Röschen verwenden. Dafür von 1 kg Rosenkohlröschen alle welken Blätter abzupfen, Stielenden abschneiden. Die Stiele der Röschen kreuzweise einschneiden. Dann den Rosenkohl wie beschrieben in den Topf geben und in der Brühe in 15–20 Minuten bissfest garen. Bei Bedarf noch ein wenig Brühe nachgießen.

Sahnegurken mit Kerbel

Saftig und sämig – perfekt zu Huhn, Kaninchen, Kalbfleisch oder sogar Fisch

Zutaten für 4 Personen:
2 Salat- oder Gemüsegurken (etwa 700 g)
2 Schalotten
2 Knoblauchzehen
1 große Handvoll Kerbel
2 EL Butter
2 EL Noilly Prat oder Gemüsebrühe (ersatzweise geht auch Wasser)
100 g Sahne oder Crème fraîche
1–2 TL Dijon-Senf
Salz | Pfeffer

Zubereitungszeit: 20 Minuten
Kalorien pro Portion: 155 kcal

1 Die Gurken schälen und der Länge nach durchschneiden. Die Kerne aus der Mitte mit einem Teelöffel herauskratzen, die Gurkenhälften quer in etwa ½ cm dicke Scheiben schneiden.

2 Schalotten und Knoblauch schälen. Schalotten halbieren und in Streifen, den Knoblauch in dünne Scheiben schneiden. Kerbel abbrausen und trocken schütteln, Blättchen fein hacken (eventuell vorher noch ein paar Blättchen für die Garnitur beiseitelegen).

3 Butter bei mittlerer Hitze in einem Topf zerlaufen lassen. Die Schalotten und den Knoblauch einrühren und andünsten. Die Gurken dazurühren und kurz mitdünsten. Mit dem Noilly Prat oder der Gemüsebrühe begießen. Den Deckel auflegen, die Hitze klein stellen und Gurken im eigenen Saft in etwa 5 Minuten bissfest garen.

4 Dann den Kerbel unterrühren und zusammenfallen lassen. Sahne oder die Crème fraîche und den Senf untermischen und bei starker Hitze gut aufkochen. Das Gemüse mit Salz und Pfeffer würzen, in eine vorgewärmte Schüssel füllen. (Eventuell noch mit ein paar Kräuterblättchen garnieren.)

Bratsellerie mit Rosmarin

Herzhaft mediterran

Zutaten für 4 Personen:
1 kg Knollensellerie
Salz
4 Zweige Rosmarin
2 Knoblauchzehen
4 EL Olivenöl
40 g Mandelblättchen oder -stifte
Pfeffer
1 EL Butter

Zubereitungszeit: 35 Minuten
Kalorien pro Portion: 210

1 Den Sellerie schälen, auch an den unregelmäßig geformten Stellen alles Braune gut wegschneiden. Den Sellerie vierteln und mit Salzwasser in einem Topf zum Kochen bringen. Die Hitze auf mittlere Stufe schalten, Deckel auflegen und das Gemüse in etwa 15 Minuten knapp bissfest garen.

2 Sellerie abtropfen und so weit abkühlen lassen, dass man ihn anfassen kann, ohne sich zu verbrennen. In der Zeit Rosmarin abbrausen und trocken schütteln, die Blättchen abzupfen. Den Knoblauch schälen und in ganz feine Scheiben schneiden. Und jetzt auch den Sellerie in etwa 1 cm dicke Scheiben und dann in Würfel schneiden.

3 Das Öl in einer Pfanne heiß werden lassen. Die Mandeln einrühren und so lange braten, bis sie goldgelb sind, herausfischen. Sellerie mit Rosmarin in die Pfanne füllen und bei mittlerer Hitze 8–10 Minuten braten, bis die Selleriewürfel leicht braun sind. Dabei immer wieder durchrühren.

4 Den Knoblauch untermischen und kurz weiterbraten. Sellerie mit Salz und Pfeffer würzen, Butter mit den Mandeln unterziehen. Abschmecken, servieren.

Zucchini-Bohnen-Topf

Unkompliziert und schnell

Zutaten für 4 Personen:
500 g kleine junge Zucchini
1 gelbe Paprikaschote
1 Stange Lauch
2 EL Olivenöl
1 Dose weiße Bohnen (240 g Abtropfgewicht)
1 Dose stückige Tomaten (400 g)
Salz | Pfeffer
2 Knoblauchzehen
1 Pck. gehackte TK-Kräuter der Provence
125 g Mini-Mozzarellakugeln

Zubereitungszeit: 20 Minuten
Kalorien pro Portion: 220 kcal

1 Die Zucchini waschen, putzen und etwa 2 cm groß würfeln. Paprikaschote vierteln, putzen, waschen und in dünne Streifen schneiden. Vom Lauch Wurzelbüschel und alle welken grünen Teile abschneiden. Lauch längs aufschlitzen, gründlich waschen und in feine Ringe schneiden.

2 Öl in einem großen Topf erhitzen. Darin die Zucchini mit dem Lauch und der Paprikaschote 2–3 Minuten unter Rühren bei mittlerer Hitze braten, bis das Gemüse leicht braun ist.

3 Die Bohnen in einem Sieb abbrausen und abtropfen lassen. Mit den Tomaten zu dem Gemüse in den Topf geben, mit Salz und Pfeffer würzen und zugedeckt bei geringer Hitze in etwa 5 Minuten bissfest schmoren.

4 Den Knoblauch schälen und durch die Presse zum Gemüse drücken. Kräuter untermischen und das Gemüse eventuell noch nachwürzen. Die Mozzarellakugeln untermischen und erwärmen, bis sie leicht anschmelzen.

Das schmeckt dazu: Weißbrot.

Schwarze Butterlinsen

Krönung fürs indische Linsengericht: Röstzwiebeln

Zutaten für 4–6 Personen:
150 g ganze, schwarze Linsen (Urad Dal)
1 Stück Ingwer (etwa 5 cm)
2 Knoblauchzehen
½ TL Chilipulver
400 g passierte Tomaten (aus dem Tetrapack)
2–3 EL Butter
80 g Sahne
1 EL getrocknete Bockshornkleeblätter
1 ½ TL Garam masala
Salz

Zubereitungszeit: 15 Minuten
+ 6 Stunden Einweichen
+ 2–2 ½ Stunden Garen
Kalorien pro Portion (bei 6): 175 kcal

1 Die Linsen in einer Schüssel mit reichlich kaltem Wasser mindestens 6 Stunden (besser noch über Nacht) einweichen.

2 Dann die Linsen in einem Sieb gut kalt abbrausen (das Wasser sollte kaum mehr dunkel gefärbt sein). Ingwer und Knoblauch schälen und möglichst fein hacken. Beides mit den Linsen, dem Chilipulver und 450 ml Wasser in einen großen Topf geben. Alles aufkochen, dann 25–30 Minuten bei geringer bis mittlerer Hitze zugedeckt köcheln lassen, bis die Linsen langsam weich werden und aufzuplatzen beginnen.

3 Linsen in ein Sieb abgießen, dabei das Kochwasser auffangen. Dann Linsen wieder zurück in den Topf schütten und Tomatenpüree, Butter und Sahne unterrühren und mit Bockshornkleeblättern, Garam masala und Salz würzen.

4 Den Deckel auflegen und die Linsen bei geringer Hitze 1½–2 Stunden ganz sanft köcheln lassen. Immer mal wieder nachschauen und umrühren. Sollte zu viel Flüssigkeit verkochen, etwas vom Linsenkochwasser angießen. Am Ende sollten die Linsen dicksämig und die Sauce schön dunkelrot sein.

Blumenkohl mit feurigen Chilibröseln

Superschnell mit TK-Gemüse

Zutaten für 4 Personen:
900 g TK-Blumenkohlröschen
Salz
1 Bio-Zitrone
½ Bund Petersilie
50 g Butter
100 g Semmelbrösel
2 TL Chiliflocken

Zubereitungszeit: 15 Minuten
Kalorien pro Portion: 235 kcal

1 Unaufgetaute Blumenkohlröschen in einen Topf geben, etwa 2 cm hoch Wasser einfüllen und salzen. Alles zum Kochen bringen und den Kohl zugedeckt bei mittlerer Hitze in 6–8 Minuten bissfest garen.

2 Inzwischen die Zitrone heiß waschen und abtrocknen, Schale fein abreiben. Die Petersilie abbrausen und trocken schütteln, die Blättchen abzupfen und fein schneiden.

3 Die Butter in einer kleinen Pfanne zerlassen. Semmelbrösel mit den Chiliflocken dazugeben und unter Rühren bei mittlerer Hitze in etwa 2 Minuten schön knusprig rösten. Die Zitronenschale und Petersilie unterrühren und weiterbraten, bis die Petersilie leicht zusammenfällt. Die Chilibrösel mit Salz abschmecken.

4 Blumenkohl in ein Sieb abgießen, ganz kurz abtropfen lassen und auf eine Servierplatte häufen. Chilibrösel darüber verteilen und das Gemüse gleich auf den Tisch stellen.

Das schmeckt dazu: kleine Pellkartoffeln oder kurze Nudeln (z. B. Penne), mit ein wenig Olivenöl gemischt.

Tipp:
So geht's mit frischem Blumenkohl: 1 Kopf Blumenkohl (etwa 1,4 kg) putzen, in Röschen teilen und gut waschen. Wie beschrieben in Salzwasser garen – allerdings um etwa 10 Minuten länger.

Kürbis mit Datteln und Spinat

Würziges vegetarisches Hauptgericht

Zutaten für 4 Personen:
1 Stück Kürbis (etwa 600 g)
500 g Spinat
Salz
2 Tomaten
2 Zwiebeln
2 Knoblauchzehen
100 g frische fleischige Datteln
½ Döschen Safranfäden
4 EL Olivenöl
Pfeffer
½ TL Harissa (scharfe Würzpaste)
¼ TL Zimtpulver
½ Bund Petersilie oder
Koriandergrün

Zubereitungszeit: 50 Minuten
Kalorien pro Portion: 195

1 Aus dem Kürbisstück die Kerne mitsamt dem faserigen Fruchtfleisch herausschneiden. Kürbis je nach Sorte schälen oder waschen und in knapp 2 cm große Würfel schneiden.

2 Das Spülbecken mit kaltem Wasser füllen. Spinat hineingeben und hin- und herschwenken. Abtropfen lassen und nochmals waschen, wenn das Wasser sehr schmutzig ist. Beim Waschen auch schon alle welken Blätter entfernen und ganz dicke Stiele abknipsen.

3 In einem großen Topf 3–4 cm hoch Wasser einfüllen, zum Kochen bringen und salzen. Spinat dazugeben, Deckel drauf und den Spinat in 1–2 Minuten zusammenfallen lassen.

4 Den Spinat in ein Sieb schütten und reichlich kaltes Wasser darüberlaufen lassen. Den Spinat sehr gut abtropfen lassen. Tomaten waschen und in sehr kleine Würfel schneiden, dabei die Stielansätze entfernen.

5 Die Zwiebeln und den Knoblauch schälen. Zwiebeln vierteln und in feine Streifen schneiden, den Knoblauch fein hacken. Die Datteln längs aufschneiden, entkernen und in Streifen schneiden. Den Safran in 100 ml lauwarmem Wasser anrühren und kurz stehen lassen, bis das Wasser gelb gefärbt ist.

6 In einer Pfanne mit Deckel oder in einem Topf das Öl heiß werden lassen. Den Kürbis mit Zwiebeln und Knoblauch darin ein paar Minuten anbraten.

7 Das Safranwasser angießen, die Datteln und die Tomaten untermischen und den Kürbis mit Salz, Pfeffer, Harissa und Zimt abschmecken. Die Hitze klein stellen, den Deckel drauf und den Kürbis 10–15 Minuten garen, bis er bissfest ist. Dann Spinat untermischen, gut erhitzen.

8 Petersilie oder Koriander abbrausen und trocken schütteln, die Blättchen abzupfen und fein hacken. Unters Kürbisgemüse mischen und ein Stückchen probieren. Wenn er gut gewürzt ist, auf den Tisch stellen.

Das schmeckt dazu: Couscous oder Brot, dazu ein Dip mit Joghurt.

Ofengemüse mit Knoblauchquark

Ganz einfach und sehr lecker

Zutaten für 4 Personen:
1½–2 kg bunt gemischtes Gemüse (geeignet sind: zarte Möhren, Paprikaschoten, Zucchini, Tomaten, Pilze, Zwiebeln – am besten rote)
5 EL Olivenöl
Salz | Pfeffer
4 Knoblauchzehen
¼ Bund Basilikum
500 g Topfen oder Quark
50 g Sahne

Zubereitungszeit: 25 Minuten
+ 30 Minuten Backen
Kalorien pro Portion: 380 kcal

1 Backofen auf 220 Grad vorheizen (auch schon jetzt: Umluft 200 Grad). Das Gemüse vorbereiten: Möhren und Zwiebeln schälen, das übrige Gemüse waschen und putzen. Gemüse in 3–4 cm große Stücke schneiden (die Tomaten nur halbieren).

2 Gemüse (eventuell nach Sorten getrennt) mit 4 EL Olivenöl, Salz und Pfeffer in einer ofenfesten Form oder in einem tiefen Backblech mischen. Im Ofen (Mitte) in etwa 30 Minuten goldbraun und weich backen, dabei ab und zu durchrühren.

3 Inzwischen den Knoblauch schälen und durch die Presse in eine Schüssel drücken. Die Basilikumblättchen von den Stängeln zupfen und fein hacken. Topfen oder Quark, Sahne und übriges Öl mit dem Basilikum und dem Knoblauch gut verrühren und mit Salz und Pfeffer würzen. Zum Gemüse essen.

Das schmeckt dazu: Brot oder Pellkartoffeln und ein paar Oliven.

Tipp:
Nach Sorten getrennt in die Form legen – dann kann jeder nur zum Lieblingsgemüse greifen!

Gemüsegratin mit Zitrone

Die Gemüsesorte wählt jeder nach Geschmack

Zutaten für 4 Personen:
1,2 kg gemischtes Gemüse (z. B. Lauch, Kartoffeln, Möhren, Zucchini, Fenchel und Pilze)
4 Knoblauchzehen
1 Bund Frühlingszwiebeln
Salz | Pfeffer
1 Bio-Zitrone
250 g ganz frische Sahne
100 g Kirschtomaten
2 EL Pinienkerne
2 Kugeln Mozzarella (250 g)
1 EL Butter

Zubereitungszeit: 25 Minuten
+ 50 Minuten Backen
Kalorien pro Portion: 490

1 Das Gemüse waschen und putzen oder schälen. Kartoffeln, Möhren und Zucchini auf der Rohkostreibe in feine Scheiben hobeln, den Lauch in Ringe, Fenchel und Pilze in dünne Scheiben schneiden.

2 Backofen auf 180 Grad vorheizen (erst später: Umluft 160 Grad). Den Knoblauch schälen und fein hacken. Die Frühlingszwiebeln waschen, putzen und in feine Ringe schneiden. Mit dem Knoblauch mischen.

3 Eine ofenfeste Form lagenweise mit dem Gemüse füllen. Jede Lage mit Salz und Pfeffer würzen und mit ein wenig Zwiebelmischung bestreuen.

4 Zitrone heiß waschen und die Schale fein abreiben, eine Hälfte auspressen. Die Zitronenschale und 2 EL Saft mit der Sahne verrühren und in die Form gießen – rundherum am Rand entlang. Tomaten waschen, halbieren und mit den Schnittflächen nach oben aufs Gemüse legen, Pinienkerne dazwischenstreuen. Den Mozzarella würfeln und auf den Zutaten verteilen. Butter in Stücke schneiden und obenauf setzen.

5 Gemüsegratin in den Ofen schieben (Mitte) und etwa 50 Minuten backen, bis alle Schichten weich sind und die Oberfläche schön braun ist. In der Form auf den Tisch stellen.

Gemüseauflauf mit Tomaten

Würzige Schlemmerei

Zutaten für 4 Personen:
2 Kohlrabi
1 Bund Frühlingszwiebeln
Salz
Paprikapulver
½ Bund Thymian oder Petersilie
300 g Möhren
200 g Champignons
Pfeffer
600 g mehligkochende Kartoffeln
2 Knoblauchzehen
100 g geriebener Käse (z. B. Bergkäse, Appenzeller oder Greyerzer)
200 g Crème fraîche
150 ml Milch
200 g Kirschtomaten

Zubereitungszeit: gut 1 Stunde
+ 1 Stunde Backen
Kalorien pro Portion: 450

1 Kohlrabi schälen und grob raspeln. Die Frühlingszwiebeln putzen, waschen, in Ringe schneiden. Mit dem Kohlrabi mischen, mit Salz und Paprika würzen.

2 Thymian oder Petersilie abbrausen und trocken schütteln. Thymianblättchen abstreifen (gegen die Wuchsrichtung) oder Petersilie hacken. Möhren schälen und fein raspeln. Die Pilze mit einem feuchten Küchenpapier sauber reiben, Enden abschneiden. Pilze fein hacken. Alles mischen, salzen und pfeffern.

3 Die Kartoffeln schälen, waschen und erst in dünne Scheiben, dann in feine Stifte schneiden. Knoblauch schälen und dazupressen. Die Kartoffeln mit Salz und Pfeffer würzen.

4 Backofen auf 180 Grad vorheizen (erst später: Umluft 160 Grad). Eine ofenfeste Form aus dem Schrank holen – nicht ganz so flach soll sie sein. Die Gemüsemischungen lagenweise reinschichten – jeweils etwas Käse darüberstreuen. Crème fraîche mit Milch und restlichem Käse verrühren und darübergießen. Tomaten waschen, halbieren, mit den Schnittflächen nach oben auf den Auflauf legen und leicht reindrücken.

5 Auflauf in den Ofen (Mitte) schieben und etwa 1 Stunde backen, bis er schön braun ist.

Gurken-Eier-Topf

Senfscharf abgeschmeckt

Zutaten für 4 Personen:
6 Eier (M)
600 g Schmor- oder Salatgurken
1 weiße oder rote Zwiebel
1 EL Öl
1 EL Butter
1/8 l Gemüsebrühe
125 g Sahne
1 gehäufter EL scharfer Senf (z. B. Dijonsenf)
1 TL süßer Senf
Salz
1 EL gehackter TK-Dill
2 TL frisch gepresster Zitronensaft

Zubereitungszeit: 20 Minuten
Kalorien pro Portion: 285 kcal

1 Die Eier anpieksen und in kochendem Wasser in etwa 7 Minuten etwas mehr als wachsweich kochen. Abgießen, kalt abschrecken und leicht abkühlen lassen.

2 Inzwischen die Schmor- oder Salatgurken schälen und längs halbieren. Die Kerne samt dem weichen Fruchtfleisch aus der Mitte mit einem Teelöffel herausschaben. Die Gurkenhälften der Länge nach in Streifen, dann quer in Würfel schneiden. Zwiebel schälen, vierteln und in dünne Streifen schneiden.

3 Das Öl und die Butter in einem weiten Topf erhitzen, die Gurkenwürfel darin andünsten. Die Zwiebel dazugeben und kurz mitdünsten.

4 Die Gemüsebrühe und die Sahne unterrühren, das Gemüse mit beiden Senfsorten und Salz abschmecken. Offen etwa 4 Minuten bei mittlerer Hitze kochen lassen.

5 Die Eier schälen und ganz lassen, halbieren oder vierteln. Dill und Zitronensaft unter die Sauce rühren. Eier in die Sauce legen und im geschlossenen Topf richtig heiß werden lassen.

Das schmeckt dazu: Kartoffelpüree oder Reis.

Gefüllte Zwiebeln

Winterlich würzig

Zutaten für 4 Personen:
125 g Langkornreis | Salz
8 Zwiebeln | 200 g Tomaten
je 1/2 Bund Minze und Petersilie
4 Knoblauchzehen | 100 g Schafskäse
1 TL Tomatenmark | 2 Eier (M)
je 1/2 TL gemahlener Kreuzkümmel, rosenscharfes Paprikapulver und Pfeffer
1/4 TL Zimtpulver
4 EL Olivenöl
4 EL frisch geriebener Parmesan
4 EL Semmelbrösel

Zubereitungszeit: 50 Minuten + 35–40 Minuten Backen
Kalorien pro Portion: 450

1 Den Reis mit 1/4 l Wasser und Salz in einem Topf zum Kochen bringen. Deckel auflegen, die Hitze klein stellen und den Reis etwa 15 Minuten quellen lassen. In der Zeit die Zwiebeln schälen. In einem Topf Salzwasser aufkochen, die Zwiebeln einlegen und etwa 20 Minuten kochen lassen. Abtropfen und abkühlen lassen.

2 Die Tomaten waschen oder heiß überbrühen und häuten. Tomaten sehr klein würfeln, dabei Stielansätze wegschneiden. Kräuter abbrausen, trocken schütteln und fein hacken. Knoblauch schälen und sehr fein schneiden. Den Schafskäse in Stückchen krümeln.

3 Von den Zwiebeln einen kleinen Deckel abschneiden. Zwiebeln bis auf 2–3 Schichten aushöhlen. Dazu mit dem Messer in die mittleren Schichten stechen und rausheben. Ausgehöhltes Zwiebelfleisch fein würfeln. Ofen auf 180 Grad vorheizen (erst später: Umluft 160 Grad).

4 Reis mit Tomaten, dem Tomatenmark, 1 EL Zwiebelwürfeln, den Kräutern, Knoblauch, Feta und den Eiern mischen. Mit den Gewürzen und Salz abschmecken.

5 Reismischung in die Zwiebeln füllen, Rest in einer ofenfesten Form verteilen. Die Zwiebeln nebeneinander in die Form stellen. Übriges gehacktes Zwiebelfleisch mit 2 EL Öl verrühren, salzen, zwischen den Zwiebeln verteilen. Käse mit Bröseln mischen, auf die Zwiebeln streuen. Das übrige Öl darüberträufeln. Zwiebeln im Ofen (Mitte) 35–40 Minuten backen, bis sie schön gebräunt sind.

Zucchinipuffer

Für vier als Vorspeise,
für zwei zum Sattessen

Zutaten für 4 Personen:
Für die Puffer:
500 g Zucchini | Salz
1 Bund Frühlingszwiebeln
je ½ Bund Petersilie und Dill
2 Eier (M) | 50 g Mehl
1 TL rosenscharfes Paprikapulver oder Paprikaflocken
Pfeffer | 4 EL Olivenöl
Für den Joghurt:
½ Bund Minze
1 Tomate | 2 Knoblauchzehen
300 g Naturjoghurt | 1 EL Olivenöl
1 EL frisch gepresster Zitronensaft
Salz | Pfeffer

Zubereitungszeit: 40 Minuten
Kalorien pro Portion: 565

1 Die Zucchini waschen und die Enden abschneiden. Zucchini auf der Küchenreibe fein raspeln (schneller geht's mit der Küchenmaschine, wenn man einen Raspeleinsatz hat). Zucchini in einer Schüssel mit Salz mischen und etwa 15 Minuten stehen lassen.

2 In der Zeit Frühlingszwiebeln putzen, waschen und mit dem knackigen Grün fein schneiden. Petersilie und Dill abbrausen und trocken schütteln. Dicke Stiele abknipsen, Rest ganz fein hacken.

3 In der Schüssel mit den Zucchini hat sich inzwischen mehr oder weniger Flüssigkeit gesammelt. Die Zucchini in ein Sieb geben und mit den Händen gut auspressen, damit viel Flüssigkeit raustropft. Die Zucchini dann wieder in die Schüssel füllen. Mit Frühlingszwiebeln, Petersilie, Dill, Eiern, Mehl, Paprika und Pfeffer mischen.

4 Für den Joghurt Minze abbrausen und trocken schütteln, die Blättchen abzupfen und fein hacken. Tomate waschen und ganz klein würfeln, dabei Stielansatz wegschneiden. Knoblauch schälen und zum Joghurt pressen. Minze und Tomate mit Olivenöl und Zitronensaft dazugeben, salzen und pfeffern.

5 Das Öl in einer Pfanne heiß werden lassen. Mit einem Esslöffel kleine Puffer in die Pfanne setzen, leicht flach drücken und bei mittlerer Hitze pro Seite etwa 4 Minuten braten. Wenn alle Puffer gebraten sind, mit Joghurt servieren.

Pakoras

Knuspergemüse mit Dip

Zutaten für 4–8 Personen:

Für die Pakoras:
250 g Kichererbsenmehl
2 TL Öl
Salz
1 kg Gemüse (z. B. Blumenkohl, Brokkoli, Auberginen, Kartoffeln, Möhren und Zwiebeln)
750 g Pflanzenfett zum Frittieren

Für den Dip:
1 Mango
2 TL gelbe Senfkörner
200 g Naturjoghurt
½ TL gemahlene Kurkuma
Salz
ein paar Blättchen Minze, Estragon oder Koriandergrün

Zubereitungszeit: 50 Minuten
Kalorien pro Portion (bei 8): 320

1 Für die Pakoras das Kichererbsenmehl in eine Schüssel füllen, Öl und 2 TL Salz dazugeben. Nach und nach 300 ml lauwarmes Wasser mit dem Schneebesen unter das Mehl rühren. So lange rühren, bis sich alle Klümpchen aufgelöst haben. Den Teig ruhen lassen, bis alle anderen Zutaten vorbereitet sind.

2 Für den Dip die Mango schälen. Das Fruchtfleisch vom Kern abschneiden und fein zerkleinern (Mixer oder Küchenmaschine). Senfkörner in einem Pfännchen unter Rühren 1–2 Minuten anrösten, in den Mörser geben und fein zerdrücken. Mit dem Joghurt unter das Mangopüree rühren, mit Kurkuma und Salz würzen. Kräuterblättchen abbrausen und trocken tupfen, fein hacken und untermischen.

3 Das Gemüse je nach Sorte waschen und putzen oder schälen. Den Blumenkohl und Brokkoli in Röschen teilen. Die Auberginen grob würfeln, Kartoffeln und Möhren in knapp 1 cm dicke Scheiben schneiden. Die Zwiebeln achteln.

4 Zum Frittieren das Pflanzenfett im Wok gut heiß werden lassen. Eine große Platte oder einen sehr großen Teller mit einer doppelten oder dreifachen Schicht Küchenpapier auslegen. Backofen auf 70 Grad stellen.

5 Einen Kochlöffelstiel aus Holz in das Fett tauchen. Wenn viele Bläschen um den Stiel herumtanzen, ist das Fett heiß genug. Teig noch einmal durchrühren. Gemüse in kleinen Portionen im Teig versenken, mit einer Gabel herausfischen und in das Fett legen. Die Stücke etwa 4 Minuten frittieren, bis sie schön braun sind. Dabei ab und zu umdrehen. Die frittierten Stücke mit dem Schaumlöffel aus dem Fett heben, auf den Teller oder die Platte legen und in den Ofen stellen.

6 Wenn alles frittiert ist, das Küchenpapier unter dem Gemüse wegziehen und das Gemüse mit dem Dip essen.

Das schmeckt dazu: Chutney, Joghurt mit ganz viel Minze und Chili, Fladenbrot, eventuell auch ein frischer Gurken-Tomaten-Salat (alles klein gewürfelt, mit Zitronensaft und Olivenöl angemacht).

7-Gemüse-Ragout

Zu Couscous servieren

Zutaten für 4 Personen:
300 g Möhren
250 g weiße Rübchen (ersatzweise 1 Kohlrabi)
1/4 Weißkohl | 2 Zwiebeln
500 g Tomaten
2 Zucchini | 1 Aubergine
2 rote Chilischoten
1 Bund Koriandergrün
1 Döschen Safranfäden
2 TL Ras-el-hanout (marokkanische Gewürzmischung)
Salz | Pfeffer
2 EL Butter oder 4 EL Olivenöl

Zubereitungszeit: 40 Minuten
Kalorien pro Portion: 195

1 Die Möhren und Rübchen schälen, Möhren in 2 cm lange Stücke schneiden, Rübchen vierteln oder achteln – kommt auf die Größe an. Den Kohl putzen und in 1 cm breite Streifen schneiden.

2 Zwiebeln schälen und ebenfalls in Streifen schneiden. Aus den Tomaten die Stielansätze herausschneiden. Tomaten mit kochend heißem Wasser übergießen, kurz ziehen lassen, abschrecken, häuten und vierteln. Die Zucchini und Aubergine waschen, putzen und 2 cm groß würfeln.

3 Chilischoten waschen und die Stiele abschneiden. Chilis in Ringe schneiden. Und wer nicht so gerne scharf isst, pult vorher die Kerne mit der Messerspitze raus. Koriander abbrausen und trocken schütteln, die Blättchen abzupfen und hacken. Den Safran in 1/8 l lauwarmem Wasser anrühren.

4 Möhren, Rübchen und den Kohl mit Chilis, Koriander und Safranwasser in einem Topf mischen, Ras-el-hanout, Salz und Pfeffer dazugeben. Butter in Stücken oder das Öl in den Topf geben. Alles erhitzen, Deckel drauf und das Gemüse bei mittlerer Hitze etwa 10 Minuten zugedeckt kochen lassen.

5 Übriges Gemüse dazu, durchrühren und etwa weitere 10–15 Minuten garen, bis alle Gemüse weich sind, aber noch Biss haben. Probieren, fehlt noch Salz und Pfeffer? Falls ja, nachwürzen.

Gemüsecurry mit Erdnüssen

Hier macht's die Nuss

Zutaten für 4 Personen:
50 g geröstete, ungesalzene Erdnüsse
300 g geputzter Kürbis (das sind 450 g ungeputzter Kürbis; ideal: grünschaliger Moschus- oder Hokkaido-Kürbis)
2 große grüne Paprikaschoten
2 EL Sesamsamen
1 EL Tamarindenmark
2 EL Erdnussmus (aus dem Glas)
200 ml Kokosmilch
1/2–1 TL Chilipulver
1 1/2 TL gemahlener Koriander
2 EL Sonnenblumenöl
1 TL braune Senfkörner
1/2 TL Kreuzkümmelsamen
15 Curryblätter | Salz | Zucker

Zubereitungszeit: 1 Stunde
Kalorien pro Portion: 350 kcal

1 Erdnüsse mit 1/4 l Wasser in einem Topf bei mittlerer Hitze etwa 40 Minuten zugedeckt kochen lassen (so quellen sie auf und werden weicher). Inzwischen Kürbis 1 cm groß würfeln. Die Paprika

halbieren, putzen, waschen und in 2 cm große Stücke schneiden. Sesamsamen im Mörser zerreiben. Tamarindenmark mit 100 ml heißem Wasser übergießen und 15 Minuten quellen lassen.

2 Tamarindenmark durch ein feines Sieb streichen, Flüssigkeit auffangen. Mit Sesam, Erdnussmus, Kokosmilch, Chili und Koriander verrühren.

3 Öl im Wok erhitzen. Darin Senfkörner, Kreuzkümmel und Curryblätter rösten, bis alles knistert. Paprika und Kürbis dazugeben und unter Rühren kurz anbraten. Ein paar Löffel Wasser zufügen, salzen, Deckel drauflegen und in 10–15 Minuten fast gar kochen. Aus dem Wok in eine Schüssel füllen und zur Seite stellen. Erdnüsse in ein Sieb abgießen, dabei das ablaufende Wasser auffangen.

4 Wok zurück auf den Herd stellen und Erdnüsse und Kokos-Nuss-Sauce hineingeben. Unter Rühren bei starker Hitze sämig einkochen lassen. Mit Salz und Zucker abschmecken. Paprika und Kürbis zugeben und so viel vom Erdnusskochwasser einrühren, dass die Sauce cremig bleibt. Jetzt noch 5 Minuten bei mittlerer Hitze ganz gar kochen lassen.

Gemüse und Tofu in Kokosmilch

Reis und Sojasauce dazuservieren

Zutaten für 4 Personen:
200 g Tofu | 1 Aubergine
200 g Blattspinat | 1 rote Paprikaschote
100 g Weißkraut oder Chinakohl
200 g Zuckerschoten
100 g Sojabohnensprossen
3 Schalotten | 1 Stück Ingwer (1–2 cm)
2 Knoblauchzehen
400 ml Öl zum Frittieren und Braten
1 Dose Kokosmilch (400 ml)
1 TL gemahlener Koriander | Salz

Zubereitungszeit: 1 Stunde
Kalorien pro Portion: 230

1 Tofu in knapp 1 cm dicke Scheiben, dann in 1 cm breite Streifen schneiden. Mit Küchenpapier gut trocknen, damit er später im heißen Öl nicht spritzt.

2 Alle Gemüse waschen und putzen. Aubergine etwa 2 cm groß würfeln, vom Spinat grobe Stiele abzwicken. Paprika und Kraut oder Kohl in feine Streifen schneiden, Zuckerschoten ganz lassen. Die Sprossen abbrausen und abtropfen lassen. Schalotten, Ingwer und Knoblauch schälen, fein hacken.

3 Öl im Wok oder in einer Pfanne gut heiß werden lassen (an einem hineingehaltenen Holzkochlöffelstiel müssen sofort Bläschen auftauchen). Tofu mit dem Schaumlöffel reinlegen und etwa 4 Minuten frittieren, bis er knusprig ist. Tofu mit dem Schaumlöffel herausheben und auf Küchenpapier abfetten lassen.

4 Öl bis auf einen dünnen Film aus Wok oder Pfanne gießen. (Am besten erst mal in einen anderen Topf schütten. Wenn es kalt ist, kann man es wieder in eine Flasche füllen und später noch mal verwenden.)

5 Zuerst die Aubergine im Öl anbraten, dann Zuckerschoten, Kohl oder Kraut und die Paprika dazugeben. Ingwer, Knoblauch und Schalotten unterrühren. Spinat und die Sprossen in den Wok geben und weiterrühren, bis der Spinat zusammenfällt. Die Kokosmilch dazugießen, alles mit Koriander und Salz würzen und offen etwa 5 Minuten köcheln lassen. Tofu untermischen und erhitzen.

Arabische Gemüsepfanne

Würzig und fruchtig

Zutaten für 4 Personen:
Für das Gemüse:
je 1 rote, grüne und gelbe Paprikaschote
1 Aubergine | 2 Zucchini
2 Tomaten | 1 große Zwiebel
4 Knoblauchzehen
8 Datteln oder getrocknete Aprikosen
1 Bund Koriandergrün
4 EL Olivenöl
je 1 TL gemahlener Kreuzkümmel und Koriander, rosenscharfes Paprikapulver
Salz
Für den Traubenjoghurt:
250 g grüne oder blaue Weintrauben
½ Bund Minze
300 g Naturjoghurt
1 TL Olivenöl
1 EL frisch gepresster Zitronensaft
Salz | Pfeffer

Zubereitungszeit: 35 Minuten
Kalorien pro Portion: 295

1 Das Gemüse waschen und putzen. Die Paprika in dünne Streifen schneiden, Aubergine und Zucchini klein würfeln, die Tomaten achteln.

2 Zwiebel schälen, halbieren und in Streifen schneiden. Den Knoblauch schälen und fein hacken. Datteln entsteinen, die Datteln oder Aprikosen längs vierteln. Frisches Koriandergrün abbrausen, trocken schütteln und die Blättchen fein hacken.

3 Das Öl im Wok erhitzen. Die Paprika, Aubergine und Zucchini mit Zwiebel und Knoblauch dazugeben und 3–4 Minuten braten, dabei ständig rühren. Tomaten mit Datteln oder Aprikosen und Koriandergrün untermischen. Mit Gewürzen und Salz würzen. Deckel auflegen, Hitze auf mittlere Stufe schalten und das Gemüse in etwa 5 Minuten bissfest garen.

4 In der Zeit die Trauben waschen und vierteln, die Kerne mit der Messerspitze herauslösen. Minze abbrausen, trocken schütteln und fein hacken. Joghurt mit Olivenöl und Zitronensaft verrühren, die Trauben und die Minze untermischen, mit Salz und Pfeffer abschmecken. Den Traubenjoghurt zum Gemüse essen.

Auberginen-Spinat-Gemüse

Chilischoten vorher probieren und den Schärfetest machen

Zutaten für 4 Personen:
300 g Blattspinat
1 große Aubergine
2 Tomaten
1 Knoblauchzehe
1 Stück Ingwer (etwa 3 cm)
2–3 grüne Chilischoten
3 EL Ghee oder Erdnussöl
1 TL gemahlener Koriander
1 TL gemahlener Kreuzkümmel
Salz

Zubereitungszeit: 30 Minuten
Kalorien pro Portion: 100 kcal

1 Von dem Spinat alle gelben, welken Blätter aussortieren. Reichlich kaltes Wasser ins Waschbecken laufen lassen. Den Spinat sehr gut darin schwenken, herausnehmen und in ein Sieb zum Abtropfen geben.

2 Die Aubergine waschen, Stielansatz wegschneiden, Aubergine längs in 1 cm dicke Scheiben schneiden. Die Scheiben in 1 cm breite Streifen und diese in 1 cm große Würfel schneiden.

3 Tomaten waschen und fein würfeln, dabei die Stielansätze wegschneiden. Den Knoblauch schälen und durch die Presse drücken. Den Ingwer schälen und reiben oder ganz fein würfeln. Die Chilischoten waschen, entstielen und in sehr feine Ringe schneiden.

4 Ghee oder Öl im Wok erhitzen. Aubergine, Knoblauch, Ingwer, Chilis, Koriander und Kreuzkümmel darin bei mittlerer Hitze 1 Minute anbraten. Die Tomaten dazugeben und unter Rühren 3 Minuten weiterbraten, salzen. Deckel darauflegen, das Gemüse 5–7 Minuten garen. Bei Bedarf 2–3 EL Wasser dazugießen, damit nichts anbrennt.

5 Den Spinat unter die Aubergine und die Tomaten mischen und zugedeckt etwa 5 Minuten weiterköcheln lassen, dabei ab und zu umrühren. Wenn die Aubergine weich genug ist, das Gemüse sofort servieren.

Wokgemüse mit Cashews

Nach Herzenslust kombinieren

Für 2 Personen:
500 g Gemüse (z. B. Staudensellerie, Möhren, Paprikaschoten, Mangoldblätter, Pilze, Brokkoli und Zuckerschoten)
1 kleine Zwiebel
1 Knoblauchzehe
1 Stück Ingwer (2 cm)
1 Stange Zitronengras
50 g Mungobohnensprossen
was Fruchtiges: 100 g Kumquats, 100 g Aprikosen, 1 Passionsfrucht oder ¼ Mango
2 EL Öl
50 g Cashewnüsse
¼ TL Cayennepfeffer oder Chilipulver
Salz | 100 ml Gemüsebrühe
1 EL Sake (japanischer Reiswein)
1 EL helle Sojasauce
½ EL frisch gepresster Zitronensaft
1 TL Honig
½ EL gehacktes Koriandergrün

Zubereitungszeit: 30 Minuten
Kalorien pro Portion: 415

1 Das Gemüse waschen und putzen oder schälen. Sellerie, Möhren, Paprika und Pilze in feine, Mangold in breite Streifen schneiden. Brokkoli in Röschen teilen, die Zuckerschoten ganz lassen. Zwiebel, Knoblauch und Ingwer schälen. Zwiebel in Streifen schneiden, den Knoblauch und Ingwer fein hacken. Zitronengras putzen, waschen und sehr fein hacken. Die Sprossen abbrausen.

2 Entweder Kumquats heiß waschen und vierteln. Oder Aprikosen waschen, entsteinen und in Schnitze schneiden. Oder Passionsfrucht öffnen und Fruchtfleisch aus den Schalen löffeln. Oder Mango schälen und in Schnitzen vom Kern schneiden.

3 Wok heiß werden lassen, Öl hineingießen. Cashews darin goldgelb braten, herausfischen, mit Cayennepfeffer oder Chili und Salz mischen. Gemüse in den Wok geben und etwa 5 Minuten unter Rühren braten. Sprossen, Zwiebel, Ingwer, Knoblauch, Zitronengras und Obst dazugeben, 1–2 Minuten weiterrühren. Brühe, Reiswein, Sojasauce, Zitronensaft und Honig untermischen, salzen. Mit Koriander und Cashews bestreuen.

Fisch &

Meeresfrüchte

Fishing for Compliments? Fehlanzeige – denn die besten Rezepte für allerlei Meeresgetier machen alle ziemlich sprachlos. Den Koch, weil es so einfach geht. Und die Mitesser, weil's so lecker ist. Das macht aber gar nichts: Genießer schweigen sowieso.

Fischfilets in Senfsauce

Feiner Klassiker

Zutaten für 4 Personen:
2 Schalotten
175 ml Weißwein (ersatzweise Fischfond)
50 ml milder Weißweinessig
4 Fischfilets (je etwa 180 g; z. B. Rotbarsch, Heilbutt oder Seeteufel)
Salz | Pfeffer
1 EL Öl
100 g kalte Butter
75 g Crème fraîche
1 EL scharfer Senf
½ EL körniger Senf
1 Prise Zucker

Zubereitungszeit: 20 Minuten
Kalorien pro Portion: 545

1 Für die Sauce Schalotten schälen, in kleine Würfel schneiden und mit Wein und Essig in einen Topf füllen. Aufkochen und bei geringer Hitze 10 Minuten offen köcheln lassen.

2 Die Fischfilets entgräten, mit Salz und Pfeffer würzen. Öl und 2 EL Butter in einer großen Pfanne erhitzen, die Fischfilets einlegen. 2–3 Minuten bei mittlerer Hitze braten, umdrehen und noch einmal so lange braten.

3 Die Crème fraîche unter die Sauce rühren, kräftig aufkochen. Die übrige Butter in kleine Würfel schneiden und mit dem Schneebesen nach und nach unter die Sauce schlagen. Beide Senfsorten untermischen, Sauce mit Salz und Zucker würzen. Die Filets auf vorgewärmte Teller legen, die Sauce darüberschöpfen.

Saucen-Blitzversion:

4 EL Butter mit 2 EL Öl, 2 EL Senf (scharf und körnig gemischt) und 200 g Sahne erhitzen und mit dem Schneebesen verrühren. Fertig!

Der schnellste Lachs der Welt

Echt basic

Zutaten für 4 Personen:
800 g Lachsfilet
5 EL Olivenöl
Salz | Pfeffer
1 Zitrone

Zubereitungszeit: 12–13 Minuten
Kalorien pro Portion: 495

1 Den Backofen knallheiß vorheizen – am besten mit Ober- und Unterhitze auf 250 Grad (sonst Umluft auf 220 Grad).

2 Lachsfilet entgräten, in feine, etwa 1 cm dünne Scheibchen schneiden. Ein Backblech mit 2 EL Olivenöl einpinseln, die Lachsscheiben darauf verteilen – und zwar nebeneinander, nicht übereinander, sonst funktioniert's nicht.

3 Lachs mit Salz, Pfeffer und Zitronensaft würzen, das restliche Öl darüberträufeln. Blech in den wirklich heißen Ofen schieben (Mitte) und den Lachs 2–3 Minuten braten. Das war's!

Fischfilets in der Folie

Aromapackung!

Zutaten für 4 Personen:
1 Kohlrabi (mit Grün)
Salz
4 Frühlingszwiebeln
200 g Kirschtomaten
½ Bund Basilikum (geht auch: Petersilie oder Borretsch oder ¼ Bund Estragon)
150 g TK-Erbsen
Pfeffer
4 Fischfilets (je etwa 180 g; z. B Zander, Seelachs, Waller oder Lachs)
2 EL frisch gepresster Zitronensaft
50 ml Fischfond
4 EL Olivenöl (ebenfalls fein: 2 EL Butter)
4 Bögen Alufolie

Zubereitungszeit: 20 Minuten + 30 Minuten Backen
Kalorien pro Portion: 285

1 Kohlrabi schälen und alle holzigen Stellen abschneiden. Den Kohlrabi erst in Viertel, dann in ½ cm dicke Scheiben schneiden. Das zarte Grün waschen und in feine Streifen schneiden. In einem Topf Wasser mit Salz aufkochen. Kohlrabi einlegen und 2 Minuten sprudelnd kochen lassen. In ein Sieb schütten und kurz kalt überbrausen.

2 Frühlingszwiebeln putzen, waschen und mit dem knackigen Grün in dickere Ringe schneiden. Tomaten waschen und halbieren, die Basilikumblätter abzupfen und hacken.

3 Backofen auf 200 Grad vorheizen (auch schon jetzt: Umluft 180 Grad). Alufolie auf der Arbeitsplatte ausbreiten. Kohlrabi mit Zwiebeln, Tomaten, Basilikum und Erbsen mischen und mit Salz und Pfeffer würzen. Die Hälfte davon auf die Folienstücke verteilen.

4 Fischfilets entgräten, mit Zitronensaft beträufeln, salzen, pfeffern und auf das Gemüse legen. Übriges Gemüse daraufhäufen. Alles mit dem Fond begießen und mit Öl beträufeln (Butter in kleinen Stücken daraufsetzen).

5 Folie über den Zutaten zusammenfalten und die Ränder gut zusammendrücken. Päckchen auf den Rost legen und in den Ofen (Mitte) schieben. Etwa 30 Minuten backen, dann die Päckchen auf den Tisch stellen und Fisch und Gemüse auf Teller löffeln.

Fischfilets auf Wurzelgemüse

Herzhaft pikant

Zutaten für 4 Personen:
2 Möhren | 1 dicke Stange Lauch
2 Stangen Staudensellerie
4 Lachsforellenfilets ohne Haut (je etwa 160 g; ersatzweise Lachs-, Forellen-, Saibling- oder Wallerfilets)
Salz | Pfeffer
1 Handvoll Borretschblätter (ersatzweise ½ Bund Dill)
50 g Butter | 100 ml trockener Weißwein
¼ l Fischfond
1 Stück Meerrettich (etwa 2 cm)
50 g Crème fraîche
2 TL frisch gepresster Zitronensaft

Zubereitungszeit: 40 Minuten
Kalorien pro Portion: 515

1 Die Möhren schälen und erst längs in dünne Scheiben, dann in feine Stifte schneiden. Den Lauch putzen, längs aufschlitzen und gut waschen. Den Sellerie waschen und putzen. Beides in etwa 5 cm lange feine Streifen schneiden.

2 Die Fischfilets entgräten, mit Salz und Pfeffer würzen. Den Borretsch abbrausen, trocken schleudern, hacken.

3 In einer großen Pfanne mit Deckel gut die Hälfte der Butter zerlassen. Das Gemüse einrühren und bei starker Hitze anbraten. Die Hitze auf mittlere Stufe schalten, den Deckel auflegen und das Gemüse etwa 4 Minuten dünsten.

4 Gemüse salzen und pfeffern, Wein angießen und fast verdampfen lassen, Fond dazugießen. Die Fischfilets aufs Gemüse legen und mit dem Borretsch bestreuen. Übrige Butter klein würfeln, auf dem Fisch verteilen. Deckel wieder auflegen und den Fisch etwa 8 Minuten dünsten (dünne Filets wie von Saibling und Forelle nur 5 Minuten).

5 Inzwischen Meerrettich schälen und fein reiben. Den Fisch vorsichtig aus der Pfanne heben, auf vorgewärmte Teller legen. Crème fraîche unters Gemüse mischen und kräftig aufkochen lassen. Den Meerrettich untermischen und das Gemüse mit Salz, Pfeffer und Zitronensaft abschmecken. Über dem Fisch verteilen, gleich auf den Tisch stellen.

Fischfilets mit Gemüse und Mozzarella

Mediterrane Kombi

Zutaten für 4 Personen:
500 g Gemüse nach Geschmack (z. B. Möhren, Zucchini, Paprikaschoten und/oder Zuckerschoten oder breite Bohnen)
Salz
1 Bio-Orange oder ½ Bio-Zitrone
4 Fischfilets (jeweils etwa 150 g; z. B. Rotbarsch)
Pfeffer
1 EL kleine Kapern
2 Kugeln Mozzarella (250 g)
2 EL Butter
½ Bund Basilikum

Zubereitungszeit: 25 Minuten
+ 20 Minuten Backen
Kalorien pro Portion: 360 kcal

1 Das Gemüse schälen oder waschen, putzen und in dünne Streifen schneiden, die Möhren und Zucchini dazu zuerst in Scheiben teilen.

2 In einem Topf 2 cm hoch Salzwasser zum Kochen bringen. Das Gemüse darin 2 Minuten kochen lassen, dann in ein Sieb abgießen und kalt abbrausen. Gut abtropfen lassen.

3 Backofen auf 200 Grad vorheizen (auch schon jetzt: Umluft 180 Grad). Orange oder Zitrone heiß waschen und abtrocknen, Schale dünn abschneiden und in feine Streifen schneiden. Fischfilets entgräten, mit Salz und Pfeffer würzen und nebeneinander in eine ofenfeste Form legen.

4 Gemüse mit Zitrusschale und Kapern mischen, salzen und pfeffern und auf den Filets verteilen. Den Mozzarella in dünne Scheiben schneiden, auf das Gemüse legen und mit der Butter in Flöckchen belegen. Die Fischfilets im Ofen (Mitte) etwa 20 Minuten backen, bis der Mozzarella zerlaufen und leicht gebräunt ist.

5 Die Basilikumblättchen abzupfen, fein hacken und auf den Fisch streuen, servieren.

Das schmeckt dazu: Salzkartoffeln oder Reis.

Fischfilets mit fünf Gewürzen

Asiaküche leicht gemacht

Zutaten für 4 Personen:
400 g dünne Fischfilets
(z. B. Forellen- oder Saiblingfilets; dicke nehmen die Aromen nicht so schnell und gut auf)
4 EL Sake (japanischer Reiswein)
Salz
1 Stück Ingwer (etwa 1 cm)
4 Knoblauchzehen
2 EL Öl
2 EL Sojasauce
1 TL Zucker
1 TL Fünf-Gewürze-Pulver
1 kleines Bund Frühlingszwiebeln
2–3 EL Sesamöl

Zubereitungszeit: 15 Minuten
+ 30 Minuten Marinieren
+ 10 Minuten Garen
+ Auskühlen
Kalorien pro Portion: 245

1 Die Fischfilets entgräten, dann in stäbchengerechte Stücke schneiden. Reiswein mit etwas Salz verrühren und gleichmäßig über die Fischfilets gießen. Abdecken und im Kühlschrank mindestens 30 Minuten ziehen lassen, kann aber auch länger sein.

2 Dann Ingwer und Knoblauch schälen und fein hacken. Öl in einer Pfanne oder im Wok erhitzen. Den Fisch reinlegen und kurz anbraten, wieder rausholen. Ingwer und Knoblauch in dem Bratfett anbraten. 200 ml Wasser, Sojasauce, Zucker und Fünf-Gewürze-Pulver dazugeben und aufkochen. Den Fisch in den Sud legen und darin bei geringer bis mittlerer Hitze etwa 10 Minuten köcheln lassen. Den Fisch in dem Sud erkalten lassen.

3 Vorm Servieren von den Frühlingszwiebeln Wurzelbüschel und welke Teile abschneiden. Die Zwiebeln waschen und in feine Ringe schneiden. Die Fischfilets samt Sud in eine Schale umfüllen, mit den Zwiebeln bestreuen und mit Sesamöl beträufeln.

Panierte Fischfilets

Am allerbesten frisch aus der Pfanne

Zutaten für 4 Personen:
4 Fischfilets (je etwa 180 g; da ist fast alles gut, es muss aber nicht edel sein: Rotbarsch, Seelachs, Pangasius, Tilapia, Weißer Heilbutt, Zander oder auch Brasse)
2 EL frisch gepresster Zitronensaft
Salz | Pfeffer
4 EL Mehl
2 Eier (M)
100 g Semmelbrösel
3 EL Butterschmalz zum Braten
Zitronenschnitze zum Servieren

Zubereitungszeit: 25 Minuten
Kalorien pro Portion: 470

1 Wenn es nötig ist, die Gräten mit der Pinzette vorsichtig aus dem Fischfleisch ziehen. Fischfilets mit dem Zitronensaft beträufeln, mit Salz und Pfeffer würzen.

2 Auf einen flachen Teller das Mehl geben und gleichmäßig verteilen. Die Eier auf einen zweiten Teller aufschlagen und mit einer Gabel verrühren, bis sich Eiweiße und Eigelbe mischen. Auf einen dritten die Semmelbrösel streuen.

3 Und jetzt wird paniert: Die Fischfilets nacheinander zuerst mit beiden Seiten in das Mehl legen, anheben und überschüssiges Mehl abschütteln. Dann den Fisch durch die Eier ziehen, auch von beiden Seiten, und zum Schluss in den Bröseln wenden. Nebeneinander auf ein Brett legen.

4 Das Butterschmalz in einer großen Pfanne (noch besser in zwei Pfannen) zerlaufen und heiß werden lassen. Die Fischfilets einlegen und bei mittlerer Hitze 4 Minuten braten. Umdrehen und noch einmal so lange braten. Filets auf vorgewärmte Teller legen, die Zitronenschnitze dazu und auf den Tisch damit.

Das schmeckt dazu: Kartoffelsalat oder Bratkartoffeln.

Es gibt noch mehr Panaden:

100 g Sesamknäcke oder Cornflakes in einen Gefrierbeutel geben, mehrmals mit einem Nudelholz darüberrollen. Die Knäcke- oder Flakesbrösel statt der Semmelbrösel nehmen.
100 g Pumpernickel in möglichst kleine Stücke brechen und ebenfalls statt der Semmelbrösel nehmen.
Die Semmelbrösel durch fein geriebene Nüsse (z. B Haselnüsse oder Walnüsse) ersetzen.
Unter die Semmelbrösel die fein abgeriebene Schale von ½ Bio-Zitrone, die fein gehackten Blättchen von 3 Stängeln Oregano und 2 fein gehackte Sardellenfilets (in Öl) mischen. Schmeckt ganz besonders gut zu aromatischem Fisch wie Schwert- oder Thunfisch.

Fischfilet mit Bröselhaube

Flott gemacht

Zutaten für 4 Personen:
½ Bio-Zitrone
4 Fischfilets (je etwa 160 g; z.B Seelachs, Rotbarsch, Steinbeißer oder Weißer Heilbutt)
Salz | Pfeffer
2 Frühlingszwiebeln
2 Knoblauchzehen
1 Bund gemischte Kräuter (etwa 40 g; z.B Borretsch, Petersilie, Dill, Zitronenmelisse und Schnittlauch)
2 EL Butter | 2 Eiweiß (M)
2 TL scharfer Senf | 2 TL Tomatenmark
80 g Semmelbrösel

Zubereitungszeit: 25 Minuten
+ 15 Minuten Backen
Kalorien pro Portion: 220

1 Zitrone heiß waschen und die Schale dünn abschneiden, den Saft auspressen. Die Fischfilets mit etwa 2 EL Zitronensaft beträufeln und auf beiden Seiten mit Salz und Pfeffer würzen.

2 Backofen auf 200 Grad vorheizen (auch schon jetzt: Umluft 180 Grad). Eine ofenfeste Form suchen, in der die Filets nebeneinander Platz haben. Den Fisch gleich reinlegen.

3 Die Wurzelbüschel und die welken Teile von den Frühlingszwiebeln abschneiden. Zwiebeln waschen und mit dem Grün fein schneiden. Knoblauch schälen und fein hacken. Die Kräuter abbrausen, trocken schütteln und ebenfalls fein hacken. In einer kleinen Pfanne ½ EL Butter schmelzen, Zwiebeln und Knoblauch kurz darin dünsten. Kräuter untermischen, Pfännchen vom Herd ziehen.

4 Eiweiße zu steifem Schnee schlagen. Die Zitronenschale fein hacken und mit Senf und dem Tomatenmark unter den Eischnee rühren. Kräutermischung und Semmelbrösel mit dem Schneebesen oder einer Gabel unterheben, mit Salz und Pfeffer würzen.

5 Bröselmasse gleichmäßig auf den Filets verstreichen. Die übrige Butter in kleine Würfel schneiden und auflegen. Den Fisch in den Ofen (Mitte) schieben und etwa 15 Minuten backen, bis die Haube schön braun ist.

Fischtopf mit Limetten

Frisch und aromatisch

Zutaten für 4 Personen:
2 Zwiebeln | 4 Knoblauchzehen
400 g Tomaten | 1 Bio-Limette
2 EL Butterschmalz
1 Zimtstange
je 1 TL edelsüßes Paprikapulver und gemahlene Kurkuma
2 TL Ingwerpulver
4 Fischsteaks (je etwa 180 g, z.B. Seeteufel, Schwertfisch, Thunfisch oder auch Heilbutt) oder knapp 800 g Fischfilets
Salz | Pfeffer
2 TL Honig
½ Bund Petersilie oder Minze

Zubereitungszeit: 30 Minuten
Kalorien pro Portion: 275

1 Zwiebeln und Knoblauch schälen und fein würfeln. Die Stielansätze aus den Tomaten herausschneiden. Tomaten mit kochend heißem Wasser begießen, abschrecken und häuten. Halbieren und die Kerne rauspressen. Kerne entfernen,

Fruchtfleisch klein würfeln. Die Limette waschen, in etwa ½ cm dicke Scheiben schneiden.

2 Butterschmalz in einem Schmortopf zerlaufen lassen. Zwiebeln und Knoblauch mit Zimtstange – vorher einmal durchbrechen – reinrühren, bei geringer Hitze etwa 10 Minuten dünsten. Dabei ganz oft umrühren. Die gemahlenen Gewürze mischen und darüberstäuben, kurz mitbraten.

3 Die Tomaten und Limettenscheiben in den Topf geben, mit ⅛ l Wasser auffüllen, erhitzen. Offen etwa 10 Minuten leise vor sich hin köcheln lassen.

4 Inzwischen die Fischsteaks oder -filets entgräten, mit Salz und Pfeffer würzen. Die Tomatensauce mit Salz, Pfeffer und dem Honig abschmecken. Den Fisch einlegen, den Deckel drauf und den Fisch bei geringer Hitze etwa 10 Minuten in der Sauce ziehen lassen.

5 Die Petersilie oder Minze abbrausen und trocken schütteln, Blättchen fein hacken. Den Fischtopf damit bestreuen. Servieren.

Rotbarsch mit scharfer Mangosauce

Fruchtiges für Curryfans

Zutaten für 4 Personen:
1 schön reife Mango
1 grüne Chilischote
2 Schalotten
1 Knoblauchzehe
150 ml Fischfond
1 TL Currypulver
Salz
4 Rotbarschfilets (je etwa 180 g; auch gut: Pangasius, Tilapia, Seelachs oder nicht zu fetter Lachs)
½ Bio-Limette
2 EL Öl
150 g Sahne (süß oder sauer)
½ Bund Basilikum

Zubereitungszeit: 40 Minuten
Kalorien pro Portion: 415

1 Die Mango schälen, das Fruchtfleisch vom Kern schneiden und würfeln. Chilischote waschen, entstielen und hacken. Schalotten und Knoblauch schälen und fein schneiden.

2 Die Mango mit Chili, Schalotten, Knoblauch, Fischfond und Currypulver in einem Topf mischen und erwärmen. Dann salzen und bei mittlerer Hitze etwa 10 Minuten vor sich hin köcheln lassen.

3 In der Zeit schon mal die Gräten aus dem Fischfilet zupfen. Die Limette heiß waschen und abtrocknen, die Schale abreiben, den Saft auspressen. Den Fisch mit Limettensaft beträufeln und salzen.

4 Öl in einer großen Pfanne erhitzen. Die Fischfilets einlegen und bei mittlerer Hitze etwa 4 Minuten braten, umdrehen und noch einmal so lange braten.

5 Inzwischen Mangomischung in den Mixer füllen und alles gut durchmixen. Wenn trotzdem noch feste Teile zu sehen sind, durch ein Sieb streichen. Wieder in den Topf schütten, Sahne untermischen und die Sauce noch mal gut erwärmen. Basilikumblättchen abzupfen und fein schneiden. Mit der Limettenschale unter die Sauce mischen, mit Salz würzen. Den Fisch auf vorgewärmte Teller legen, die Mangosauce daneben verteilen.

Fischröllchen

Mit Schwertfisch, Heilbutt oder beim Einkauf nach geeigneten Sorten für die Röllchen fragen

Zutaten für 4 Personen:
8 dünne Scheiben Fisch (je etwa 80 g)
4 Sardellenfilets (in Öl)
1 Zwiebel | 2 Knoblauchzehen
5 EL Olivenöl + Öl für die Form
2 EL Grappa (wer mag)
2 EL Semmelbrösel | Salz | Pfeffer
1 Kugel Mozzarella (125 g)
1 kleines Bund Petersilie
3–4 Stängel Oregano | 4 Lorbeerblätter
4 EL frisch gepresster Zitronensaft

Zubereitungszeit: 30 Minuten
+ 20 Minuten Backen
Kalorien pro Portion: 350

1 Den Fisch entgräten, 2 Scheiben klein würfeln. Sardellen fein schneiden. Die Zwiebel und den Knoblauch schälen und auch ganz fein zerkleinern.

2 In einer Pfanne 2 EL Öl erwärmen. Darin die Zwiebel und den Knoblauch kurz braten. Fischwürfel und Sardellen ein paar Minuten unter Rühren mitbraten. Eventuell den Grappa und die Semmelbrösel untermischen, salzen, pfeffern und in eine Schüssel umfüllen.

3 Die Fischscheiben längs halbieren, sodass 12 Stück auf dem Tisch liegen. Auf jedem Stück etwas von der gebratenen Fischmischung verteilen. Mozzarella in hauchdünne Scheiben schneiden und darauflegen, Pfeffer darübermahlen.

4 Backofen auf 200 Grad vorheizen (auch schon jetzt: Umluft 180 Grad). Eine ofenfeste Form, in der die Fischröllchen nebeneinander Platz finden, mit Öl auspinseln. Die Fischscheiben aufrollen und in die Form legen.

5 Die Kräuter abbrausen und trocken schütteln, Blättchen abzupfen und ganz fein hacken. Den Zitronensaft mit dem übrigen Öl in ein Schälchen gießen, mit der Gabel kräftig durchrühren, bis das Ganze cremig wird. Kräuter unterrühren. Die Sauce mit Salz und Pfeffer würzen, über die Fischröllchen laufen lassen.

6 Den Fisch in den Ofen (Mitte) stellen und 20 Minuten drin lassen, bis die Röllchen Farbe bekommen.

Fisch-Kebab mit Chiliorangen

Fladenbrot dazu essen

Zutaten für 4 Personen:
1 kleine Zwiebel | 2 Knoblauchzehen
4 EL frisch gepresster Zitronensaft
6 EL Olivenöl | Salz | Pfeffer
½ TL gemahlener Kreuzkümmel
700 g Schwertfisch, Thunfisch oder Seeteufel
16 frische Lorbeerblätter (nur zur Not getrocknete verwenden)
1 rote Chilischote
1 Stück Ingwer (etwa 1 cm)
2 fleischige Orangen (davon 1 Bio-Orange)
2 grüne Kardamomkapseln
2 EL Zucker
lange Holzspieße

Zubereitungszeit: 35 Minuten
+ 1 Stunde Marinieren
Kalorien pro Portion: 590

1 Zwiebel und Knoblauch schälen und möglichst fein hacken. Mit 2 EL Zitronensaft und 4 EL Olivenöl verrühren und mit Salz, Pfeffer und Kreuzkümmel würzen.

2 Fisch entgräten, in gut 2 cm große Würfel schneiden und abwechselnd mit den Lorbeerblättern auf Spieße stecken. Mit der Zwiebelmischung bedecken und etwa 1 Stunde kühl stellen.

3 Chili waschen, entstielen, in feine Ringe schneiden. Ingwer schälen, ganz fein hacken. Bio-Orange heiß waschen, Schale dünn abschneiden, fein hacken. Beide Orangen so schälen, dass auch die weiße Haut mit entfernt wird. Orangenfilets zwischen den Trennhäuten herausschneiden und fein würfeln. Saft, der dabei abläuft, gleich in einen Topf füllen.

4 Chili, Ingwer, Orangenwürfel und -schale mit in den Topf geben. Kardamom leicht andrücken und dazugeben. Restlichen Zitronensaft mit übrigem Öl und Zucker auch untermischen, warm werden lassen. Chiliorangen offen bei mittlerer Hitze etwa 10 Minuten vor sich hin köcheln lassen, ab und zu umrühren. Abkühlen lassen, mit Salz abschmecken.

5 Den Backofengrill anheizen oder eine Grillpfanne auf dem Herd erhitzen. Fischspieße unter dem Grill oder in der Pfanne etwa 10 Minuten garen, dabei einmal umdrehen. Mit den Chiliorangen essen.

Fischbällchen mit Tomatensalsa

Tapas für zu Hause

Zutaten für 4 Personen:
600 g Fischfilet (z. B Rotbarsch oder Seelachs)
3–4 Frühlingszwiebeln
6 Knoblauchzehen | 1 rote Chilischote
1 Bund Petersilie | 50 g Semmelbrösel
2 Eier (M) | Salz
1 Prise gemahlener Koriander
1 Bio-Limette | 500 g Tomaten
je ½ Bund Minze und Koriandergrün
2 EL Olivenöl | 1 Prise Zucker
½ TL edelsüßes Paprikapulver
Öl oder Frittierfett zum Ausbacken

Zubereitungszeit: 1 Stunde
Kalorien pro Portion: 310

1 Die Gräten aus dem Fischfleisch entfernen, Filet mit einem großen schweren Messer fein hacken. Frühlingszwiebeln putzen, waschen, fein hacken. 4 Knoblauchzehen schälen und klein würfeln. Chili waschen, entstielen und ganz fein zerkleinern. Petersilie abbrausen und trocken schütteln, Blättchen fein hacken.

2 Fischfleisch mit Zwiebeln, Knoblauch, Chili, Petersilie, Semmelbröseln und Eiern in eine Schüssel geben. Mit Salz und gemahlenem Koriander würzen und kräftig durchkneten. Mit den Händen zu kleinen Bällchen (etwa Tischtennisballgröße) formen.

3 Für die Salsa Limette heiß waschen und abtrocknen, Schale fein abreiben. Die weiße Haut von der Limette gründlich abschneiden, das Limettenfleisch fein hacken. Die Tomaten waschen und ebenfalls ganz fein schneiden, dabei die Stielansätze entfernen. Die Kräuter abbrausen, trocken schütteln, fein hacken. Übrigen Knoblauch schälen und durchpressen. Alles mit dem Olivenöl mischen und mit Salz, Zucker und Paprika würzen.

4 Frittieröl oder -fett in einem weiten Topf erhitzen. Die Fischbällchen darin portionsweise etwa 4 Minuten frittieren, dabei immer wieder durchrühren. Mit einem Schaumlöffel aus dem Fett heben und auf einer dicken Lage Küchenpapier abtropfen lassen. Wenn alle Bällchen frittiert sind, mit der Salsa essen.

Ofenfisch mit Tomaten

Tolles Sommeressen

Zutaten für 4 Personen:
700 g Fischfilets (von Salzwasserfischen, z. B. Heilbutt, Rotbarsch, Kabeljau, Seelachs)
Salz | Pfeffer
400 g Tomaten
2–3 Knoblauchzehen
1 rote Zwiebel
½ Bund Basilikum
½ Bund Petersilie
ein paar Zweige Rosmarin
½–1 getrockneter Peperoncino
3 EL Olivenöl

Zubereitungszeit: 15 Minuten
+ 15–20 Minuten Backen
Kalorien pro Portion: 220

1 Den Backofen auf 200 Grad vorheizen (auch schon jetzt: Umluft 180 Grad).

2 Die Fischfilets entgräten, in Portionsstücke schneiden, mit Salz und Pfeffer würzen und nebeneinander in eine ofenfeste Form legen.

3 Die Tomaten waschen und halbieren, dabei von den Stielansätzen befreien. Tomaten in ganz feine Streifen schneiden. Den Knoblauch und die Zwiebel schälen und ganz fein schneiden.

4 Die Kräuter abbrausen und trocken schütteln, Blättchen von den Stängeln abzupfen und auch ganz fein schneiden. Peperoncino im Mörser ganz klein zerstampfen. Kein Mörser da? Dann muss man die scharfe Schote zwischen den Fingern fein zerkrümeln. Hat nur einen Nachteil: Die Finger werden auch scharf und deshalb sollte man sie nicht nur gut waschen, sondern auch in den nächsten Stunden fern halten von den Augen.

5 Zwiebel, Knoblauch und die Kräuter mit Peperoncino mischen und auf die Fischfilets streuen. Die Tomatenstreifen darauflegen, salzen und pfeffern. Über das Ganze noch das Öl träufeln, dann ab damit in den Ofen. Und zwar auf die mittlere Schiene. Und da bleibt der Fisch 15–20 Minuten.

Varianten:

Mit ganzen Fischen

Für besondere Gelegenheiten einmal ganze Fische backen, zum Beispiel geputzte Sardinen oder kleinere Rotbarben. Da bleibt die Garzeit gleich. 1 großer Fisch, der für alle reicht, muss allerdings etwa 40 Minuten im Ofen bleiben. Am besten immer den Fischhändler fragen. Mehr Substanz bekommt der Fisch, wenn man ihn mit Semmelbröseln bestreut, bevor das Öl darüberkommt.

Fische in Pergament

Aromaschonend eingehüllt

Zutaten für 4 Personen:
4–8 ganze, küchenfertige Fische (je nach Größe, z. B. Rotbarben, Saiblinge oder Forellen)
4 Zweige Rosmarin | 4 Knoblauchzehen
2 Sardellenfilets (in Öl) | 1 Bio-Zitrone
2 Bund gemischte Kräuter (z. B. für grüne Sauce, ersatzweise gehen auch 250 g Rucola oder Blattspinat)
Salz | Pfeffer
4 EL Butter
4–8 größere Bögen Pergament-, Butterbrot- oder Backpapier

Zubereitungszeit: 25 Minuten
+ 20–25 Minuten Backen
Kalorien pro Portion: 410 kcal

1 Backofen auf 200 Grad vorheizen (auch schon jetzt: Umluft 180 Grad). Die Papierbögen bereitlegen. Die Fische waschen und trocken tupfen. Rosmarin abbrausen und trocken schütteln.

2 Je 1 ganzen oder ½ Zweig Rosmarin in jeden Fischbauch legen. Knoblauch schälen, in feine Scheiben schneiden. Die Sardellen abtropfen lassen, klein schneiden und mit dem Knoblauch auch in die Fischbäuche legen.

3 Zitrone heiß waschen, abtrocknen, in möglichst dünne Scheiben schneiden und die Kerne rauspulen. Gemischte Kräuter abbrausen, trocken schütteln und die groben Stängel entfernen. Salzwasser zum Kochen bringen. Kräuter einlegen und nur ein paar Sekunden kochen. Gleich in ein Sieb abgießen und kalt abschrecken, gut abtropfen lassen. Salzen, pfeffern und auf den Papierbögen verteilen. Die Fische ebenfalls salzen und pfeffern und darauflegen. Jetzt noch die Zitronenscheiben und zum Schluss die Butter in dünnen Scheiben aufsetzen.

4 Nun die Fische verpacken: das Papier darüberschlagen und an den Enden gut verschließen (entweder wie ein Bonbonpapier zusammendrehen oder wie einen Papierumschlag einschlagen). Die Päckchen nebeneinander auf das Backblech legen. In den Ofen (Mitte) schieben und 20–25 Minuten backen. Im Papier auf Teller legen und so auf den Tisch stellen.

Forellen in der Folie

Einfacher geht's nicht

Zutaten für 4 Personen:
4 Forellen (je etwa 300 g)
2 EL frisch gepresster Zitronensaft
Salz | Pfeffer
½ Bund Minze
4 Tomaten
4 Frühlingszwiebeln
2 EL Olivenöl
4 Bögen Alufolie

Zubereitungszeit: 20 Minuten
+ 30 Minuten Backen
Kalorien pro Portion: 200

1 Den Backofen auf 220 Grad vorheizen (auch schon jetzt: Umluft 200 Grad). Die Alufolienstücke mit der glänzenden Seite nach oben auf der Arbeitsplatte auslegen.

2 Die Forellen waschen und trocken tupfen. Innen mit dem Zitronensaft beträufeln, innen und außen mit Salz und Pfeffer würzen.

3 Die Minze abbrausen und trocken schütteln, Blättchen von den Stängeln zupfen. Die Tomaten waschen und in dünne Scheiben schneiden, dabei die Stielansätze entfernen. Die Wurzelbüschel und welken grünen Teile von den Frühlingszwiebeln abschneiden. Zwiebeln waschen und der Länge nach halbieren, die Hälften schräg in 1–2 cm breite Stücke schneiden.

4 Tomaten, Zwiebeln und Minze in den Fischbäuchen verteilen, den Rest auf den Folienstücken verteilen. Forellen darauflegen und mit dem Öl beträufeln. Die Folie über die Forellen klappen und gut verschließen.

5 Die Päckchen auf dem Rost über dem Backblech in den Ofen (Mitte) schieben und etwa 30 Minuten backen. Dann die Forellen samt der Folie auf einer großen Platte oder in vier Formen auf den Tisch bringen. Die Folie öffnen und den Fisch auf Teller umheben.

Goldbrassen auf Paprikakartoffeln

Auf der Beilage gebacken – sehr praktisch!

Zutaten für 4 Personen:
800 g festkochende Kartoffeln
2 rote Paprikaschoten
1 gelbe Paprikaschote
2 rote Zwiebeln
6 Sardellenfilets (in Öl)
je 5 Zweige Rosmarin und Thymian
6 EL Olivenöl
Salz | Pfeffer
2 Goldbrassen (je 500–600 g)
2 EL frisch gepresster Zitronensaft
4 Knoblauchzehen
4 Stängel Oregano

Zubereitungszeit: 25 Minuten
+ 50 Minuten Backen
Kalorien pro Portion: 535

1 Backofen auf 200 Grad vorheizen (erst später: Umluft 180 Grad). Die Kartoffeln schälen, waschen und in etwa ½ cm dicke Scheiben schneiden. Die Paprikaschoten halbieren und das Innenleben und die Stiele entfernen. Schoten waschen und in größere Stücke oder Streifen schneiden.

2 Die Zwiebeln schälen und in breite Streifen schneiden. Die Sardellenfilets abtropfen lassen und fein schneiden. Rosmarin und Thymian abbrausen und trocken schütteln, grob zerschneiden. Alles mit Kartoffeln, Paprika und 4 EL Öl in der Fettpfanne des Backofens mischen, salzen und pfeffern. Gemüse im Ofen (Mitte) etwa 20 Minuten backen.

3 Die Fische waschen, trocken tupfen, Haut und Fleisch leicht schräg mehrmals einschneiden. Fische innen und außen salzen und pfeffern, innen mit Zitronensaft beträufeln. Knoblauch schälen und in dünne Scheiben schneiden. Oregano abbrausen und trocken schütteln, die Blättchen abzupfen und mit dem Knoblauch in die Fischbäuche legen.

4 Das Gemüse auf dem Blech durchrühren, Fische daraufbetten, mit dem übrigen Öl beträufeln. Alles wieder in den Ofen schieben und noch einmal 30 Minuten backen.

Ganzer Fisch im Salzmantel

Ein echtes Festessen

Zutaten für 4 Personen:
- 1 große Lachsforelle (etwa 1,2 kg; ersatzweise 2 kleinere Exemplare; auch fein: Wolfsbarsch oder Meerbrasse)
- 1 Bund gemischte Kräuter (z. B Dill, Petersilie und Basilikum)
- 2 ½ kg Salz
- 2 Eiweiß (M)
- 75 g Butter
- 1–2 Zitronen
- Pfeffer

Zubereitungszeit: 1 Stunde
Kalorien pro Portion: 465

1 Die Lachsforelle schon beim Einkaufen ausnehmen lassen. Zu Hause noch einmal unter fließendem kaltem Wasser waschen und dann mit Küchenpapier trocknen.

2 Die Kräuter kurz abbrausen. In den Bauch des Fischs legen und die Bauchlappen dann wieder dicht übereinanderschlagen, damit er später nur mit der Hautseite auf dem Salzbett liegt.

3 Den Backofen auf 250 Grad vorheizen (erst später: Umluft 225 Grad).

4 In eine große Schüssel das ganze Salz füllen. Eiweiße und etwa 200 ml kaltes Wasser dazugeben und alles schön gleichmäßig vermengen.

5 Eine ofenfeste Form, in die der Fisch gut reinpasst, oder ein Backblech mit Backpapier auslegen, dann etwa 2 cm hoch mit Salzmasse befüllen. Den Fisch mitten reinlegen und rundum dick mit dem restlichen Salzteig bedecken, sehr gut andrücken.

6 Rein in den Ofen (Mitte) und den Fisch etwa 30 Minuten dort lassen. Dann den Ofen ganz ausschalten, einen Kochlöffel in die Backofentür klemmen, damit sie einen Spalt offen bleibt. Den Fisch in dem Salzmantel noch 10 Minuten dort stehen lassen.

7 In einem Töpfchen die Butter heiß und flüssig werden lassen. Die Zitronen vierteln und auf den Tisch stellen.

8 Und jetzt kommt der Hammer – mit dem wird die harte Salzkruste vorsichtig aufgeklopft und der superzarte, superaromatische Fisch aus seinem Korsett befreit. Die salzverkrustete Haut bleibt natürlich zurück und wird nicht mitgegessen. Aber das Innere des Fischs ist unvergleichlich saftig und lecker – für jeden eine Portion auf den vorgewärmten Teller legen. Jeder bedient sich wie er mag mit der heißen flüssigen Butter, frischem Zitronensaft oder einem Hauch frisch gemahlenem Pfeffer.

Basic-Tipp:

Meistens wird für diese uralte Garmethode nur grobes Meersalz empfohlen, allerdings ist dann schnell die Verpackung teurer als der Inhalt. Mit dem normalen Salz aus dem Vorratsschrank geht's aber auch, danach ist die Reserve allerdings alle. Also rechtzeitig nachschauen und besorgen – oder mitbringen lassen! Richtig lohnen tut sich das Rezept übrigens nur für einen wirklich frischen und tollen Fisch. Der Clou ist nämlich, dass sein ureigenes Aroma tatsächlich erhalten bleibt. Unser Tipp: Danach die Zitronentarte von Seite 274 einplanen. Für die braucht man nämlich die 2 Eigelbe, die hier übrig bleiben – und außerdem schmeckt sie einfach himmlisch nach diesem äußerst feinen Fisch.

Krabbenküchlein mit Ricotta

Die schmecken auch kalt gut

Zutaten für 4 Personen:
1 altbackenes Vollkornbrötchen
250 g gepulte Krabben (auch fein: Garnelen)
2 Frühlingszwiebeln
2 Knoblauchzehen
½ Bund Basilikum
1 EL Kapern
250 g Ricotta
2 Eier (M)
Salz | Cayennepfeffer
3 EL Butterschmalz
einige Zitronenschnitze zum Garnieren

Zubereitungszeit: 25 Minuten
Kalorien pro Portion: 335

1 Das Brötchen in eine Schüssel legen und mit lauwarmem Wasser bedecken. Etwa 10 Minuten stehen lassen.

2 In der Zeit die Krabben ganz fein hacken. Von den Frühlingszwiebeln die Wurzelbüschel und welken grünen Teile abschneiden. Die Zwiebeln waschen und fein hacken. Den Knoblauch schälen und auch ganz fein schneiden. Die Basilikumblättchen von den Stängeln abzupfen und in kleine Stücke hacken. Die Kapern klein schneiden.

3 Das Brötchen ausdrücken und fein zerpflücken. Mit dem Ricotta und den Eiern in eine Schüssel füllen. Krabben, Zwiebeln, Knoblauch, Basilikum und Kapern dazugeben, alles kräftig salzen und mit Cayennepfeffer würzen. Die Masse sehr gründlich mit dem Kochlöffel durchrühren.

4 Butterschmalz in einer Pfanne (oder gleich in zwei) heiß werden lassen. Von der Krabbenmasse mit einem Esslöffel etwas Teig abnehmen, in das Schmalz setzen und leicht flach drücken. Bei mittlerer Hitze etwa 4 Minuten braten, mit dem Pfannenwender ablösen, umdrehen und noch einmal etwa 4 Minuten braten. Krabbenküchlein auf eine vorgewärmte Platte legen und am Rand die Zitronenschnitze verteilen.

Jakobsmuscheln mit Buttersauce

Schlemmerei aus Frankreich

Zutaten für 4 Personen:
3 Schalotten
100 ml trockener Weißwein
50 ml Weißweinessig
1 EL Sahne
200 g gesalzene Butter
Salz | Pfeffer
8–16 Jakobsmuscheln (je nach Größe, etwa 600 g)
2 TL frisch gepresster Zitronensaft
Kerbelblättchen zum Bestreuen

Zubereitungszeit: 20 Minuten
Kalorien pro Portion: 535 kcal

1 Schalotten schälen und fein würfeln. Mit dem Weißwein und dem Weinessig in einem Topf erhitzen und bei mittlerer Hitze offen etwa 5 Minuten vor sich hin köcheln lassen, bis die Flüssigkeit fast verdampft ist. Die Sahne unterrühren, die Hitze reduzieren.

2 Von der Butter 1 EL abnehmen und beiseitelegen, den Rest in kleine Stücke schneiden. Die Butterstückchen nach und nach unter die Schalottensahne schlagen. Die Sauce leicht salzen und pfeffern und zugedeckt neben dem Herd heiß halten.

3 Die beiseitegelegte Butter in einer Pfanne zerlassen. Jakobsmuscheln mit Zitronensaft beträufeln, leicht salzen und pfeffern. In der heißen Butter bei starker Hitze pro Seite 1 Minute braten.

4 Die Muscheln auf vorgewärmte Teller geben, mit der Buttersauce beschöpfen. Ganz heiß mit den Kerbelblättchen bestreuen und servieren.

Pikante Knoblauchgarnelen

Auch prima als Vorspeise für sechs bis acht Personen

Zutaten für 4 Personen:
½ Bio-Zitrone
½ Bund Thymian
6 Knoblauchzehen
1 Chilischote
600 g rohe Garnelen
6 EL Olivenöl
Salz

Zubereitungszeit: 20 Minuten
Kalorien pro Portion: 250

1 Die Zitrone heiß waschen und abtrocknen, die Schale dünn abschälen und in sehr feine Streifen schneiden. Oder ganz klein hacken. Den Thymian abbrausen und trocken schütteln, die Blättchen von den Zweigen streifen, entgegen der Richtung, in die sie wachsen. Knoblauch schälen und in ganz dünne Scheiben schneiden. Die Chilischote waschen, entstielen und in möglichst feine Ringe schneiden.

2 Garnelen aus den Schalen brechen, am Rücken leicht einschneiden und den dunklen, fadenförmigen Darm mit Hilfe der Messerspitze herausziehen. Die Garnelen waschen und mit Küchenpapier trocken tupfen.

3 Olivenöl in einer Pfanne nur warm, keinesfalls zu heiß werden lassen. Den Thymian, den Knoblauch und die Chili einrühren und kurz andünsten. Den Knoblauch dabei nicht zu braun werden lassen, sonst schmeckt er bitter. Wenn er doch zu dunkel wird, die Pfanne mal kurz vom Herd ziehen.

4 Die Garnelen mit der Zitronenschale ins Öl legen und braten, bis sie sich rot färben – das dauert nur 1–2 Minuten. Umdrehen nicht vergessen. Salzen und fertig sind die Garnelen!

Würzige Garnelen

Schnell gemachter Festschmaus

Zutaten für 4 Personen:
750 g Tomaten
1 Bund Petersilie
½ Bund Minze
2 Knoblauchzehen
2 TL gemahlener Kreuzkümmel
Salz
1 TL Zucker
1 TL Harissa (scharfe Würzpaste)
4 EL Olivenöl
600 g geschälte, rohe Garnelen (zur Not kann man auch gegarte nehmen)

Zubereitungszeit: 30 Minuten
Kalorien pro Portion: 240

1 Aus den Tomaten die Stielansätze herausschneiden. Tomaten mit kochend heißem Wasser übergießen und kurz darin ziehen lassen. Kalt abschrecken und häuten. Die Tomaten in sehr kleine Würfel schneiden.

2 Die Kräuter abbrausen und trocken schütteln, Blättchen abzupfen und sehr fein hacken. Den Knoblauch schälen und durch die Presse drücken.

3 Tomaten mit Kräutern, Knoblauch, Kreuzkümmel, Salz, Zucker, Harissa und dem Öl in einen Topf füllen und heiß werden lassen. Dann offen bei mittlerer Hitze etwa 10 Minuten köcheln lassen.

4 Die Garnelen waschen. Wenn am Rücken ein dunkler Strich zu sehen ist, die Garnelen an dieser Stelle leicht einschneiden und den dunklen Darm rausziehen. Garnelen noch mal waschen.

5 Die Garnelen in die Tomatensauce legen. Die Hitze ganz klein stellen, den Deckel drauf und die Garnelen etwa 5 Minuten ziehen lassen. (Wer gegarte Garnelen gekauft hat, macht sie in der Sauce nur kurz warm.) Ein bisschen von der Sauce probieren, abschmecken und dann gleich servieren.

Muscheln in Weißwein

Dazu gehört viel frisches Weißbrot

Zutaten für 4 Personen:
3 kg Miesmuscheln | 1 Möhre
1 Zwiebel | 4 Knoblauchzehen
2 Stangen Staudensellerie
1 Bund Basilikum oder Petersilie
1–2 Zweige frischer Thymian (ersatzweise 1 Msp. getrockneter Thymian)
2 EL Olivenöl
2 geschälte Tomaten (eventuell aus der Dose, den Rest für eine Sauce nehmen)
¾ l trockener Weißwein
1 Lorbeerblatt
Salz | Pfeffer

Zubereitungszeit: 45 Minuten
Kalorien pro Portion: 265

1 Die Muscheln mit kaltem Wasser abbrausen. Wenn die Schalen schmutzig sind, muss man sie auch bürsten. Meist macht das aber schon der Fischhändler. Die Muscheln, die beim Waschen offen bleiben, wegwerfen.

2 Möhre, Zwiebel und den Knoblauch schälen, Sellerie waschen und putzen, alles ganz fein schneiden. Basilikum abzupfen und klein hacken. Den Thymian abbrausen und trocken schütteln, die Blättchen abstreifen.

3 In einem großen Topf das Öl erhitzen. Gemüse-Zwiebel-Mischung reinrühren und kurz unter Rühren andünsten. Die Kräuter dazugeben. Die Tomaten klein schneiden und mit dem Wein zugeben. Das Lorbeerblatt reinlegen, salzen und pfeffern, aufkochen lassen.

4 Wenn die Flüssigkeit kocht, Muscheln in den Topf geben, Deckel drauf und die Hitze ganz hoch lassen. 8–10 Minuten warten, den Deckel nicht abheben. Aber den Topf ab und zu hin- und herrütteln, damit sich die Muscheln im Topf etwas umschichten können.

5 Die Muscheln sollten sich jetzt bis auf wenige Ausnahmen geöffnet haben. Alle, die dann immer noch zu sind, wandern in den Mülleimer. Die geöffneten Muscheln im Sud servieren. Eventuell nochmal nachwürzen.

Gefüllte gratinierte Muscheln

Fond aufheben und mit Glasnudeln als Suppe essen

Zutaten für 4 Personen:
2 kg Miesmuscheln | ½ l Fischfond
50 ml Sake (japanischer Reiswein)
Salz | 2 Scheiben Toastbrot
4 Frühlingszwiebeln
2 Stangen Zitronengras
½ grüne Chilischote
1 Stück Ingwer (etwa 2 cm)
2 Knoblauchzehen
¼ Bund Koriandergrün oder Thai-Basilikum
1 Ei (M) | 2 EL Butter

Zubereitungszeit: 45 Minuten
+ 15 Minuten Backen
Kalorien pro Portion: 160

1 Die Muscheln waschen, geöffnete Muscheln aussortieren und wegwerfen (siehe links). Fischfond mit Sake und Salz in einem weiten Topf zum Kochen bringen. Muscheln hineingeben, Deckel auflegen und die Muscheln 3–5 Minuten kochen lassen.

2 Muscheln in ein Sieb gießen, dabei den Sud auffangen. Muscheln, die jetzt geschlossen sind, wegwerfen. Von den übrigen Muscheln die leeren Schalenhälften ablösen. Die Schalen mit dem Muschelfleisch nebeneinander in die Fettpfanne des Backofens legen.

3 Backofen auf 220 Grad vorheizen (auch schon jetzt: Umluft 200 Grad). Vom Toastbrot die Rinde abschneiden, das Brot mit 1–2 Schöpfern Muschelsud begießen und weich werden lassen.

4 Frühlingszwiebeln und Zitronengras putzen, waschen, sehr fein hacken. Chili waschen und fein hacken. Ingwer und Knoblauch schälen und hacken. Kräuter abbrausen und trocken schütteln, Blättchen abzupfen und auch fein hacken.

5 Brot ausdrücken, fein zerpflücken und mit Zwiebeln, Zitronengras, Chili, Ingwer, Knoblauch, Kräutern und Ei vermengen, mit Salz würzen. Die Mischung auf dem Muschelfleisch in den Schalenhälften verteilen, mit je 1 kleinen Butterstückchen belegen. Im Ofen (Mitte) etwa 15 Minuten backen, bis die Brothaube leicht braun ist. Sofort essen!

Fleisch

Das Beste, was einem passieren kann? Das beste Stück Fleisch, in bester Gesellschaft, mit bestem Hunger, bei bestem Wetter! Und unsere besten Rezepte für Fleischgerichte zeigen: Das Beste kann so einfach sein. Noch Fragen? Na, dann ist ja alles bestens.

Wiener Schnitzel

Nur mit Kalbfleisch echt!

Zutaten für 4 Personen:
4 dünne Kalbsschnitzel (aus der Oberschale, je 120–150 g)
Salz | Pfeffer
50 g Mehl
2 Eier (M)
150 g Semmelbrösel
150 g Butterschmalz
Zitronenspalten zum Garnieren und Beträufeln

Zubereitungszeit: 20 Minuten
Kalorien pro Portion: 540 kcal

1 Die Schnitzel nebeneinander auf einem Küchenbrett auslegen und eventuell mit Frischhaltefolie belegen. Mit dem Fleischklopfer vorsichtig klopfen, bis die Schnitzel schön flach und vor allem überall gleichmäßig dick sind. Die Schnitzel auf beiden Seiten salzen und pfeffern.

2 Mehl auf einen flachen Teller geben. Eier in einen zweiten Teller aufschlagen und mit einer Gabel gründlich verrühren. Die Brösel auf einen dritten Teller füllen.

3 Jetzt wird paniert. Schnitzel zuerst im Mehl wenden, sie sollen überall einen weißlichen »Film« haben. Damit dabei nicht zu viel Mehl hängen bleibt, die Schnitzel leicht schütteln, dabei rieselt überschüssiges Mehl wieder runter. Jetzt die Schnitzel durch das Ei ziehen und zum Schluss in die Semmelbrösel legen. Leicht hineindrücken, damit die Bröselschicht gleichmäßig wird. Die Schnitzel nebeneinander aufs Brett legen.

4 Am besten zwei große Pfannen auf dem Herd erhitzen und darin das Butterschmalz heiß werden lassen. Schnitzel einlegen und bei starker Hitze pro Seite etwa 2 Minuten braten. Eine Platte mit einer doppelten Lage Küchenpapier auslegen, Schnitzel darauflegen und kurz abfetten lassen, dann auf vorgewärmte Teller legen. Die Zitronenspalten dazu und sofort servieren. Jeder träufelt nach Belieben Zitronensaft auf die Schnitzel.

Das schmeckt dazu: Bratkartoffeln oder ein Kartoffelsalat mit Salatgurke.

Schweineschnitzel in Paprikarahm

Wirtshaus-Klassiker

Zutaten für 4 Personen:
2 Zwiebeln
2 Stängel Petersilie
4 Schweineschnitzel (je etwa 150 g)
Salz | Pfeffer
2 TL edelsüßes Paprikapulver
2 EL Butter
2 TL Öl
1/8 l Fleischbrühe
150 g Sahne
1/2–1 TL rosenscharfes Paprikapulver

Zubereitungszeit: 30 Minuten
Kalorien pro Portion: 345 kcal

1 Die Zwiebeln schälen und in ganz feine Ringe schneiden. Die Petersilie abbrausen und trocken schütteln, die Blättchen abzupfen und fein hacken. Die Schnitzel leicht klopfen, auf beiden Seiten mit Salz, Pfeffer und edelsüßem Paprikapulver würzen.

2 Die Butter und das Öl in einer großen Pfanne erhitzen. Die Zwiebeln dazugeben und unter Rühren bei mittlerer Hitze etwa 5 Minuten dünsten.

3 Die Zwiebeln zur Seite schieben, die Schnitzel ins Fett legen und auf beiden Seiten kurz anbraten, salzen. Die Brühe und die Sahne angießen, die Schnitzel etwa 5 Minuten zugedeckt bei geringer Hitze schmoren. Die Schnitzel auf vorgewärmte Teller legen.

4 Petersilie unter die Sauce rühren. Mit Salz, Pfeffer und Rosenpaprika würzen und gleich auf den Schweineschnitzeln verteilen. Servieren.

Koteletts mit Knoblauchpüree

In Frankreich entdeckt

Zutaten für 4 Personen:
4 Zweige Thymian
1–2 EL körniger Senf
4 Schweinekoteletts (je etwa 250 g)
Salz | Pfeffer
3 dicke Knoblauchknollen (wirklich Knollen, nicht Zehen!, etwa 400 g)
1 EL Öl
1 EL Butter
100 g Crème fraîche oder Crème double

Zubereitungszeit: 30 Minuten
Kalorien pro Portion: 450 kcal

1 Den Thymian abbrausen und trocken schütteln, die Blättchen abstreifen und leicht drüberhacken. Mit dem Senf verrühren. Die Koteletts trocken tupfen, auf beiden Seiten salzen und pfeffern und mit der Senfmischung einstreichen.

2 Fürs Püree die Knoblauchknollen in die einzelnen Zehen teilen und schälen. In einem Topf etwa 2 cm hoch Wasser mit Salz aufkochen. Den Knoblauch einlegen und zugedeckt um die 10 Minuten bei mittlerer Hitze köcheln lassen, bis er schön weich ist.

3 Inzwischen das Öl und die Butter in einer großen Pfanne heiß werden lassen. Die Koteletts einlegen und auf beiden Seiten bei starker Hitze kräftig anbraten. Dann die Hitze auf mittlere Stufe zurückschalten und die Koteletts pro Seite noch weitere 5–6 Minuten braten.

4 Zurück zum Knoblauch: abgießen und durch die Kartoffelpresse wieder in den Topf drücken. Die Crème fraîche oder Crème double unterrühren. Das Püree bei geringer Hitze erwärmen, salzen und pfeffern. die Koteletts auf Teller verteilen und je einen Klecks vom Püree danebenlöffeln.

Saltimbocca

Feine, kleine Schnitzel-Klassiker aus Italien

Zutaten für 4 Personen:
8 dünne Schnitzel (je etwa 60 g, Kalbsschnitzel oder Scheiben von der Lammkeule)
4 große Scheiben roher Schinken (z. B. Parma- oder San-Daniele-Schinken) oder 8 Scheiben Südtiroler Speck
16 große Salbeiblättchen
4 EL Butter
2 EL frisch gepresster Zitronensaft
Salz | Pfeffer

Zubereitungszeit: 25 Minuten
Kalorien pro Portion: 525 kcal

1 Die Schnitzel mit dem Handballen etwas flacher drücken, die Schinkenscheiben quer halbieren. Jedes Schnitzel mit 1 Schinken- oder Speckscheibe und 2 Salbeiblättchen belegen. Schinken oder Speck und Salbei mit einem Zahnstocher auf dem Fleisch feststecken.

2 In einer großen Pfanne (noch besser: zwei Pfannen nehmen) 2 EL Butter zerlassen. Die Schnitzel mit der Salbeiseite nach unten einlegen, bei mittlerer Hitze 1½ Minuten braten. Umdrehen und noch mal 1 Minute braten. Das Fleisch aus der Pfanne nehmen, zugedeckt warm halten.

3 Zitronensaft in die Pfanne gießen, Bratsatz loskochen. Die restliche Butter in kleine Würfel schneiden und unterschlagen. Die Sauce salzen, pfeffern und auf dem Fleisch verteilen.

Das schmeckt dazu: Bratkartoffeln oder Brot und Salat.

Pfeffersteaks mit Pommes frites

Bistroküche aus Frankreich

Zutaten für 4 Personen:
4 Scheiben Rinderlende (je etwa 2 cm dick und 180 g schwer)
1 EL schwarze Pfefferkörner
knapp 1 kg festkochende Kartoffeln
¾ l Öl oder Pflanzenfett zum Frittieren
1 EL Butter
1 EL Olivenöl
Salz

Zubereitungszeit: 30 Minuten
Kalorien pro Portion: 530 kcal

1 Die Fettränder der Steaks im Abstand von 1–2 cm einschneiden, damit sich die Steaks beim Braten nicht wölben. Die Pfefferkörner im Mörser mittelgrob zerdrücken. Die Steaks darin wenden.

2 Die Kartoffeln schälen, waschen und erst in etwa 1 cm dicke Scheiben, dann in nicht zu dünne Stifte schneiden. Mit Küchenpapier trocken tupfen. Den Backofen auf 100 Grad (Ober- und Unterhitze verwenden) schalten.

3 Öl oder Fett zum Frittieren in einem weiten Topf bei starker Hitze erhitzen. Zur Probe ein Holzstäbchen oder auch den Stiel eines Holzkochlöffels hineinhalten. Es müssen sich rundherum gleich viele Bläschen bilden, dann ist die Fetttemperatur richtig. Die Hitze auf mittlere Stufe zurückschalten. Kartoffeln in zwei bis drei Portionen im heißen Fett erst mal 3 Minuten frittieren. Mit einem Schaumlöffel herausheben und auf einer dicken Lage Küchenpapier abfetten lassen.

4 Das Öl oder Fett erneut richtig heiß werden lassen. Pommes darin weitere 1–2 Minuten frittieren, bis sie knusprig sind. Herausheben, auf Küchenpapier abfetten und auf einer Platte im Backofen warm stellen.

5 Für die Steaks Butter und Öl in einer Pfanne bei starker Hitze heiß werden lassen. Dann die Hitze leicht reduzieren, die Steaks salzen und in der Pfanne pro Seite 1 Minute kräftig anbraten. Herausnehmen und 2–3 Minuten ruhen lassen. Die Hitze auf mittlere Stufe schalten und die Steaks noch einmal pro Seite etwa 3 Minuten braten, bis sie medium sind. Die Pommes salzen und mit den heißen Steaks gleich essen.

Gratinierte Kalbsmedaillons

Unvergleichlich saftig

Zutaten für 4 Personen:
300 g Champignons oder Egerlinge
1 EL frisch gepresster Zitronensaft
2 Frühlingszwiebeln
2 Tomaten | 6 EL Raps- oder Olivenöl
Salz | Pfeffer
½ Bund Petersilie | 2 Zweige Thymian
50 g Semmelbrösel
2 EL frisch geriebener Parmesan oder Bergkäse
1 EL körniger Senf
8 Scheiben Kalbsfilet oder -lende (je etwa 3 cm dick und 80 g schwer)
2 EL Butter

Zubereitungszeit: 40 Minuten
Kalorien pro Portion: 405 kcal

1 Backofen auf 220 Grad vorheizen (auch schon jetzt: Umluft 200 Grad). Pilze mit einem feuchten Küchenpapier abreiben und die Enden abschneiden. Die Pilze in knapp 1 cm dicke Scheiben schneiden und mit dem Zitronensaft mischen, damit sie nicht braun werden.

2 Frühlingszwiebeln putzen, waschen und je einmal längs und quer durchschneiden. Die Tomaten waschen oder häuten (vorher mit kochendem Wasser übergießen und kurz ziehen lassen) und würfeln, dabei Stielansätze entfernen.

3 Die Pilze in einer ofenfesten Form mit Frühlingszwiebeln, Tomaten und 2 EL Öl mischen, salzen und pfeffern. In den Ofen schieben und 15 Minuten vorgaren.

4 Inzwischen Kräuter abbrausen und trocken schütteln, Blättchen abzupfen oder -streifen und sehr fein hacken. Mit Semmelbröseln, Käse, Senf und übrigem Öl verrühren, mit Salz und Pfeffer würzen. Die Kalbsmedaillons salzen und pfeffern.

5 Butter in einer Pfanne zerlassen. Die Kalbsmedaillons darin bei starker Hitze pro Seite 1 Minute braten. Die Form aus dem Ofen holen, die Medaillons nebeneinander auf die Pilze legen. Semmelbröselmasse darauf verteilen und leicht andrücken. Mit etwas Butter aus der Pfanne beträufeln. Das Fleisch im Ofen (Mitte) etwa 5 Minuten gratinieren, bis die Kruste schön braun ist.

Döner aus dem Wok

Einfach mal probieren

Zutaten für 4 Personen:

Für das Fleisch:
700 g Lammkeule (ohne Knochen) oder Rinderfilet oder Kalbsschnitzel
2 Stängel Minze
2 Knoblauchzehen
1 Zwiebel
je 1 TL edelsüßes Paprikapulver, gemahlener Kreuzkümmel und Koriander
4 EL Olivenöl
Salz | Pfeffer

Für den Belag:
1 kleine Salatgurke (etwa 150 g)
1 Knoblauchzehe
200 g fester Naturjoghurt (eventuell aus Schafsmilch)
Salz | Pfeffer
2 rote Zwiebeln
2 Tomaten
4–8 Salatblätter (je nach Größe)
1 Sesamfladen oder 4 kleine Fladenbrote

Zubereitungszeit: 35 Minuten
+ 4 Stunden Marinieren
Kalorien pro Portion: 915

1 Vom Fleisch größere Fettstücke und dicke Sehnen abschneiden. Fleisch in feine Streifen schneiden. Die Minze abbrausen und trocken schütteln, die Blättchen abzupfen und fein hacken. Knoblauch und Zwiebel schälen. Knoblauch durch die Presse drücken, Zwiebel auf der Rohkostreibe ganz fein raspeln oder in der Küchenmaschine fein zerkleinern.

2 Die Gewürze mit Öl, Minze, Knoblauch und Zwiebelpüree gut verrühren. Die Fleischstreifen untermengen, zugedeckt mindestens 4 Stunden in den Kühlschrank stellen. Ab und zu einmal rausholen und gut durchrühren.

3 Dann für den Belag Gurke waschen oder schälen und der Länge nach durchschneiden. Die Kerne mit einem Löffel rauskratzen, Gurkenhälften fein raspeln. Den Knoblauch schälen und zum Joghurt pressen. Die Gurkenraspel untermischen und den Joghurt mit Salz und Pfeffer abschmecken.

4 Die Zwiebeln schälen und in feine Ringe schneiden. Die Tomaten waschen und die Stielansätze wie einen Keil rausschneiden. Tomaten in dünne Scheiben schneiden – geht am besten mit einem Messer mit gezackter Klinge. Salatblätter kurz unters kalte Wasser halten und gut trocken schütteln.

5 Backofen auf höchster Stufe vorheizen (auch schon jetzt: Umluft 220 Grad). Den Wok auf den Herd stellen und gut heiß werden lassen. Wer keinen Wok hat, kann auch eine Pfanne nehmen. Die muss aber groß sein und am besten aus Gusseisen.

6 Brot in den Ofen (Mitte) schieben und heiß werden lassen. Gleichzeitig die Fleischstreifen in zwei Portionen in den Wok geben – zusätzlich Öl braucht es nicht – und unter ständigem Rühren 2–3 Minuten braten. Dann erst salzen und pfeffern. Erste Portion zum Brot in den Ofen stellen und warm halten.

7 Das Brot aus dem Ofen holen und vierteln. Jedes Viertel quer aufschneiden. Die unteren Hälften mit Salatblättern, Tomaten (leicht salzen) und den Zwiebelringen belegen. Fleisch darauf verteilen, den Gurkenjoghurt darüberlöffeln, obere Brothälften drauflegen und am besten gleich aufessen.

Kalbfleisch-röllchen

Dazu passt Brot und Salat

Zutaten für 4 Personen:
1 getrockneter Peperoncino
2 Knoblauchzehen
50 g entsteinte grüne Oliven
2 Frühlingszwiebeln
1 kleines Bund Petersilie
100 g frisch geriebener junger Pecorino
Salz | Pfeffer
8 dünne Kalbsschnitzel (jedes 80 g)
2 EL Mehl
3 EL Olivenöl
150 ml trockener Weißwein
oder Fleischbrühe
½ Bio-Zitrone

Zubereitungszeit: 35 Minuten
Kalorien pro Portion: 380

1 Den Peperoncino im Mörser fein zerstoßen (oder zwischen den Fingern zerreiben, Finger dann gut waschen) und in eine Schüssel geben. Den Knoblauch schälen und dazupressen.

2 Oliven ganz fein schneiden. Die Frühlingszwiebeln putzen, waschen und ganz fein schneiden. Die Petersilie abbrausen und trocken schütteln. Die Blättchen abzupfen, ein paar davon für später weglegen, den Rest fein hacken. Alles mit dem Käse in die Schüssel geben, Salz und Pfeffer dazu, gut vermengen.

3 Die Schnitzel mit dem Handballen flacher drücken, die würzige Paste darauf verteilen – nicht ganz bis zum Rand – und leicht andrücken. Die Schnitzel aufrollen, mit Zahnstochern feststecken. Die Röllchen außen salzen und pfeffern. Das Mehl in einen Teller geben und die Röllchen darin wälzen.

4 Das Öl in einer großen Pfanne warm werden lassen. Röllchen reinlegen und so lange braten, bis sie rundherum schön braun sind. Wein dazugießen, die Hitze zurückschalten, den Deckel drauf und 10 Minuten schmoren lassen.

5 In der Zeit die Zitrone heiß waschen und abtrocknen, Schale fein abreiben, den Saft auspressen. Übrige Petersilie ganz fein schneiden. Beides unter die Sauce mischen, mit Salz und Pfeffer abschmecken und essen!

Şiş Kebab

Vom Spieß abknabbern oder in Fladen rollen

Zutaten für 4 Personen:
700 g Lammkeule (ohne Knochen)
1 große Zwiebel
2 Knoblauchzehen
½ Bund Petersilie
2 EL frisch gepresster Zitronensaft
1 EL edelsüßes Paprikapulver
2 TL gemahlener Kreuzkümmel
Salz | Pfeffer
4 EL Olivenöl
je 1 grüne und rote Paprikaschote
4 feste Tomaten
4 Chilischoten (wer mag)
lange Holzspieße

Zubereitungszeit: 1 Stunde
+ 4 Stunden Marinieren
Kalorien pro Portion: 530

1 Große Fettstücke und Sehnen von der Lammkeule abschneiden. Lammfleisch in 2 cm große Würfel schneiden. Zwiebel und Knoblauch schälen, die Zwiebel fein reiben, den Knoblauch durch die Presse drücken. Petersilie abbrausen, trocken schütteln und die Blättchen fein hacken.

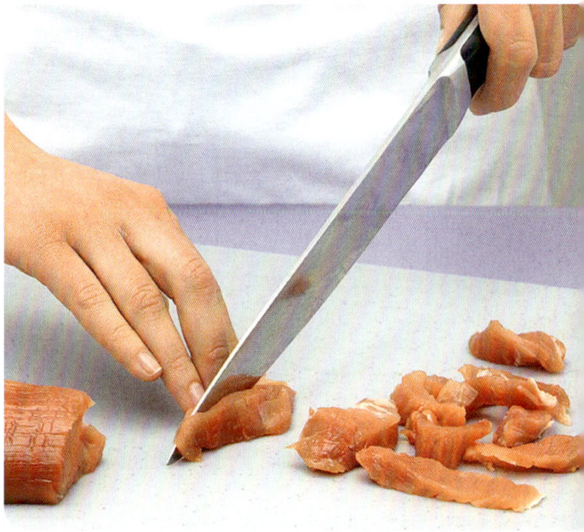

2 Die Zwiebel mit Knoblauch, Petersilie, Zitronensaft, Paprikapulver, Kreuzkümmel, Salz, Pfeffer und Öl verrühren. Die Fleischwürfel untermischen und mindestens 4 Stunden kühl stellen, besser noch über Nacht marinieren.

3 Dann die Paprikaschoten putzen, waschen und in etwa 2 cm große Stücke schneiden. Die Tomaten waschen und vierteln, dabei Stielansätze entfernen. Die Viertel noch mal quer teilen. Nach Belieben die Chilis waschen, entstielen und mit oder ohne den Kernen (je nachdem wie scharf man's mag) in gut 2 cm lange Stücke schneiden. Das Fleisch, die Paprikaschoten, die Tomaten und nach Belieben die Chilistücke abwechselnd auf die Spieße stecken.

4 Den Backofen- oder Holzkohlegrill anheizen oder eine Grillpfanne auf dem Herd heiß machen. Die Spieße auf den Rost legen und unter der Grillschlange, über der Glut oder in der Pfanne auf dem Herd etwa 15 Minuten garen. Dabei ab und zu umdrehen.

Geschnetzeltes mit Vanille-Curry-Sauce

Fein zu Reis oder Nudeln

Zutaten für 4 Personen:
600 g Schweinefilet (auch fein: Putenschnitzel oder Hähnchenbrustfilet)
250 g Kirschtomaten
4 Frühlingszwiebeln
1 Vanilleschote
2 EL Butter
1 gehäufter TL Currypulver (am besten Madras-Curry nehmen)
1/8 l Cidre oder ungesüßter Apfelsaft
250 g Sahne
Salz | Pfeffer

Zubereitungszeit: 25 Minuten
Kalorien pro Portion: 410 kcal

1 Fleisch in knapp 1 cm breite Streifen schneiden. Die Tomaten waschen und halbieren. Die Frühlingszwiebeln putzen, waschen und in feine Streifen schneiden. Vanilleschote längs aufschneiden, aufklappen und das Mark mit dem Messerrücken herausschaben. Die Schote in 4 Stücke schneiden.

2 Eine große Pfanne auf dem Herd heiß werden lassen. Butter darin bei mittlerer Hitze schmelzen. Die Hälfte der Fleischstreifen einrühren und etwa 2 Minuten braten, dabei ab und zu umrühren. Das gebratene Fleisch aus der Pfanne nehmen und das übrige Fleisch genauso braten. Ebenfalls herausnehmen.

3 Nun die Frühlingszwiebeln mit der Vanilleschote in die Pfanne geben und 1 Minute braten. Curry und das Vanillemark dazugeben, gut unterrühren und kurz mitbraten. Mit Cidre oder Apfelsaft und der Sahne aufgießen und einmal aufkochen. Die Tomaten dazurühren, mit Salz und Pfeffer würzen. Das Fleisch untermischen, 2 Minuten bei geringer Hitze in der Sauce ziehen lassen. Das Geschnetzelte noch mal abschmecken und servieren.

Bœuf Stroganow

Würziges aus Russlands Küche

Zutaten für 4 Personen:
600 g Rinderfilet oder -lende
200 g Champignons oder Egerlinge
1 Zwiebel
1 gekochte, geschälte Rote Bete (vakuumverpackt, etwa 200 g)
4 Gewürzgurken (etwa 150 g)
1 EL Butter
1 EL Öl
2 EL Cognac (wer mag)
200 ml Fleischbrühe
150 g saure Sahne
2 TL scharfer Senf
1 EL frisch gepresster Zitronensaft
Salz | Pfeffer
Dillspitzen, Schnittlauchröllchen oder Gartenkresse zum Bestreuen

Zubereitungszeit: 30 Minuten
Kalorien pro Portion: 330 kcal

1 Fleisch von allen Sehnen befreien und erst in dünne Scheiben, dann in Streifen schneiden.

2 Die Pilze mit feuchtem Küchenpapier abwischen, die Stielenden abschneiden. Pilze in dünne Scheiben schneiden. Die Zwiebel schälen und fein würfeln. Rote Bete und Gurken erst in dünne Scheiben, dann in feine Streifen schneiden.

3 Butter und Öl in einer großen Pfanne erhitzen. Fleisch darin bei starker Hitze in drei Portionen unter Rühren jeweils etwa 1½ Minuten braten. In ein Sieb geben, das in einer Schüssel hängt.

4 Wenn das Fleisch gebraten ist, die Zwiebel und Pilze im Bratfett bei mittlerer Hitze etwa 2 Minuten unter Rühren braten. Wer mag, löscht jetzt mit dem Cognac ab und lässt ihn komplett verdampfen, sodass er nur ein bisschen Aroma gibt. Brühe und saure Sahne angießen, kräftig aufkochen.

5 Rote Bete und Gurken dazugeben. Mit Senf, Zitronensaft, Salz und Pfeffer würzen. Rindfleisch mitsamt dem Fleischsaft aus der Schüssel untermischen und heiß werden lassen. Mit Dill, Schnittlauch oder Kresse bestreuen.

Das schmeckt dazu: Kartoffelpüree, Reis oder Butternudeln.

Schweinefleisch süßsauer

Der Klassiker aus dem China-Restaurant

Zutaten für 4 Personen:
700 g mageres Schweinefleisch
2 EL Speisestärke
4 EL Sake (japanischer Reiswein)
1 Ei (M) | Salz | 1 rote Paprikaschote
1 Stück Salatgurke (etwa 10 cm)
1 Stange Lauch | 1 Stück Ingwer (1–2 cm)
2 Knoblauchzehen | 3 EL Zucker
3 EL heller Reisessig | 2 EL Sojasauce
2 EL passierte Tomaten oder Ketchup
½ l Öl zum Frittieren und Braten

Zubereitungszeit: 35 Minuten
Kalorien pro Portion: 485

1 Fleisch in knapp 1 cm dicke Scheiben, dann in ebenso breite Streifen schneiden. Die Stärke mit 2 EL Reiswein anrühren, mit Ei und 1 Prise Salz verquirlen. Zum Fleisch gießen und alles gut vermengen.

2 Paprikaschote putzen, waschen und in Rauten schneiden. Die Gurke waschen, längs halbieren, entkernen und in dünne

Scheiben schneiden. Den Lauch putzen, längs aufschlitzen, gut waschen und in schmale Streifen schneiden. Ingwer und Knoblauch schälen und fein hacken.

3 Zucker mit Reisessig, übrigem Reiswein, Sojasauce und passierten Tomaten oder Ketchup zu einer Sauce verrühren, bis sich der Zucker gelöst hat.

4 Backofen auf 100 Grad einschalten (Ober- und Unterhitze nehmen). Eine Platte mit Küchenpapier belegen. Öl im Wok richtig heiß werden lassen. Fleisch portionsweise ins Öl legen und rundherum etwa 3 Minuten frittieren. Mit einem Schaumlöffel rausholen, auf die Platte legen und im Backofen heiß halten.

5 Wenn alle Fleischstreifen gebraten sind, Öl bis auf einen dünnen Film aus dem Wok gießen (erst einmal in einen anderen Topf und abkühlen lassen, dann gesiebt wieder in die Flasche füllen und später noch mal verwenden). Paprika im Öl 1 Minute braten. Lauch, Gurke, Ingwer und Knoblauch dazugeben und 1 Minute braten. Die Sauce dazugießen und heiß werden lassen. Mit dem Fleisch rasch mischen und gleich servieren, damit die Teighülle auch wirklich knusprig bleibt.

Scharfes Rindfleisch mit Zitronengras

Schnell aus dem Wok

Zutaten für 4 Personen:
600 g Rinderlende oder -filet
1 EL Sojasauce oder Fischsauce
2 Stangen Zitronengras
4 Knoblauchzehen
1 Stück Ingwer (1–2 cm)
3 rote Chilischoten
1 Bund Frühlingszwiebeln
300 g feste Tomaten
4 EL Öl
1/8 l Asia-Fond (aus dem Glas), Hühnerbrühe oder Wasser
1 TL Zucker
1 EL Kecap manis (süße Sojasauce)
Salz
Korianderblättchen zum Bestreuen

Zubereitungszeit: 25 Minuten
Kalorien pro Portion: 320

1 Das Rindfleisch in möglichst dünne Scheiben schneiden, diese dann noch ein- oder zweimal durchschneiden. Das Fleisch mit Soja- oder Fischsauce mischen.

2 Das Zitronengras waschen, unten und oben ein Stück abschneiden, den Rest fein schneiden. Knoblauch schälen und grob hacken, Ingwer schälen und fein zerkleinern. Alles zusammen im Mörser zu einer Paste verarbeiten.

3 Chilischoten waschen, entstielen und in feine Ringe schneiden. Von den Frühlingszwiebeln die Wurzelbüschel und die welken Teile abschneiden. Rest waschen, in etwa 4 cm lange Stücke schneiden und diese noch mal längs halbieren. Die Tomaten waschen und würfeln, dabei die Stielansätze wegschneiden.

4 Das Öl im Wok oder in einer großen Pfanne erhitzen. Das Fleisch darin etwa 2 Minuten braten, dabei immer rühren! Wieder rausholen. Dann Zwiebelstücke und Chiliringe im Öl etwa 1 Minute braten. Würzpaste und die Tomaten in den Wok rühren. Asia-Fond, Hühnerbrühe oder Wasser, Zucker und Kecap manis dazugeben und alles vermengen. Das Fleisch wieder untermischen und gut heiß werden lassen, mit Salz würzen. Mit Koriander bestreuen und auf den Tisch damit.

Fleischpflanzerl

Heißen auch Buletten, Fleischküchlein, Frikadellen …

Zutaten für 4 Personen:
2 altbackene Brötchen
¼ l Milch
2 Zwiebeln
½ Bund Petersilie
400 g gemischtes Hackfleisch
2 Eier (M)
1 EL scharfer Senf
Salz | Pfeffer
1 TL edelsüßes Paprikapulver
1 EL Butter
1 EL Öl

Zubereitungszeit: 40 Minuten
Kalorien pro Portion: 455 kcal

1 Die Brötchen in dünne Scheiben schneiden und in eine Schüssel legen. Die Milch lauwarm erhitzen und darübergießen. Die Brötchen etwa 10 Minuten stehen lassen und einweichen.

2 Inzwischen die Zwiebeln schälen und in sehr feine Würfel schneiden. Die Petersilie abbrausen, trocken schütteln und die Blättchen abzupfen. Petersilienblättchen fein hacken.

3 Das Hackfleisch mit den Eiern und dem Senf in eine Schüssel füllen. Die Petersilie, die Zwiebeln, Salz, Pfeffer und Paprikapulver dazugeben. Die Brötchen ausdrücken und ebenfalls dazugeben. Alles kräftig und gründlich durchkneten, bis der Fleischteig gut zusammenhält.

4 Den Fleischteig in 12–16 Portionen teilen und jede davon zu einem gut 1 cm dicken Pflanzerl formen.

5 In einer großen Pfanne (oder noch besser in zwei Pfannen) Butter und Öl heiß werden lassen. Hitze auf mittlere Stufe schalten. Pflanzerl einlegen und etwa 12 Minuten braten, nach etwa der Hälfte der Zeit umdrehen.

Das schmeckt dazu: Kartoffelsalat oder Brot, ein Salat und noch mehr scharfer Senf.

WECK

Hackklößchen in Rotwein

Sehr lecker zu Polenta

Zutaten für 4 Personen:
4 Scheiben Toastbrot | 100 ml Milch
50 g roh geräucherter Schinken
1 kleines Bund Petersilie oder Basilikum
600 g Hackfleisch (am besten beim Metzger halb Rind, halb Kalb frisch durch den Fleischwolf drehen lassen)
1 EL Kapern (wer mag)
2 EL frisch geriebener Parmesan
Salz | Pfeffer
1 Zwiebel | 1 Möhre
1 Stange Staudensellerie | 2 EL Olivenöl
1 Dose geschälte Tomaten (400 g)
200 ml trockener Rotwein
etwa 10 Salbeiblättchen

Zubereitungszeit: 35 Minuten
+ 30 Minuten Garen
Kalorien pro Portion: 600

1 Das Toastbrot entrinden und in einen tiefen Teller legen, Milch darübergießen und das Brot kurz einweichen.

2 Den Schinken ohne den Fettrand schön klein schneiden. Petersilie oder Basilikum abbrausen, trocken schütteln und die Blättchen fein schneiden.

3 Das weiche Toastbrot ausdrücken und fein zerkrümeln. Mit Hackfleisch, Schinken, Kräutern, eventuell Kapern und dem Käse in eine Schüssel füllen. Salz und Pfeffer dazu und alles mit den Händen so lang durchkneten, bis der Teig gut zusammenhält. Nach und nach tischtennisballgroße Stücke abnehmen und zu runden Klößchen drehen.

4 Zwiebel schälen und fein schneiden. Die Möhre schälen, Sellerie putzen und waschen, beides ganz klein würfeln. Das Öl in einer großen Pfanne warm werden lassen. Darin das Gemüse kurz anbraten. Dann auf die Seite schieben und die Klößchen in die Pfanne geben. So lange braten, bis sie rundherum braun sind.

5 Tomaten mit dem Rotwein pürieren (Pürierstab oder Mixer), in die Pfanne geben. Salbei dazurühren, Hitze kleiner schalten, Deckel drauf und alles etwa 30 Minuten köcheln lassen. Sauce mit Salz und Pfeffer abschmecken, gleich in der Pfanne auf den Tisch stellen.

Orientalische Hackklößchen

Dazu: Reis oder Fladenbrot

Zutaten für 4 Personen:
2 Zwiebeln
2 Knoblauchzehen
1 Bund Dill
100 g Langkornreis
600 g Rinderhackfleisch
1 Ei (M)
Salz | Pfeffer
400 ml Fleischbrühe
1 EL Butter
1 kleine Bio-Zitrone
2 Eigelb (M)
edelsüßes Paprikapulver zum Bestreuen

Zubereitungszeit: 50 Minuten
Kalorien pro Portion: 480

1 Die Zwiebeln und den Knoblauch schälen und sehr fein würfeln. Den Dill abbrausen und trocken schütteln, die Spitzen fein hacken. Den Reis in einem Sieb gründlich waschen und kurz abtropfen lassen.

2 Hackfleisch mit Reis, Dill, der Hälfte der Zwiebeln, dem Knoblauch, Ei, Salz und Pfeffer sehr gründlich verkneten und die Masse zu kleinen Klößchen formen – etwa so groß wie Tischtennisbälle.

3 Restliche Zwiebeln mit der Fleischbrühe und der Butter in einem weiten Topf zum Kochen bringen. Die Hitze auf kleine Stufe stellen und die Klößchen einlegen. Den Deckel drauf und die Klößchen etwa 30 Minuten leise vor sich hin köcheln lassen.

4 Inzwischen Zitrone heiß waschen und abtrocknen, Schale fein abreiben und den Saft auspressen.

5 Zitronenschale und -saft nach Geschmack unter die Sauce mischen. Einen Schöpfer Sauce aus dem Topf holen und in einer Schüssel mit den Eigelben glatt verquirlen. Wieder in die Sauce rühren und noch kurz erhitzen. Kochen darf die Sauce jetzt aber nicht mehr, sonst gerinnen die Eigelbe. Die Sauce mit Salz und Pfeffer abschmecken, Paprikapulver über die Klößchen streuen. Servieren.

Chili con carne

Party-Renner

Zutaten für 4 Personen:
3 Zwiebeln
3–4 Knoblauchzehen
je 1 kleine rote und grüne Paprikaschote
1 Dose geschälte Tomaten (800 g)
4 EL Öl
500 g Rinderhackfleisch
1–2 TL Cayennepfeffer
Salz | Pfeffer
1 Dose Kidneybohnen (400 g)
Sambal oelek nach Geschmack

Zubereitungszeit: 45 Minuten
+ 1 1/4 Stunden Garen
Kalorien pro Portion: 540

1 Zwiebeln und Knoblauch schälen und fein hacken. Die Paprikaschoten halbieren und die Trennwände samt der weißen Kerne herausschneiden. Die Schotenhälften waschen und in möglichst kleine Würfel schneiden. Tomaten aus der Dose grob hacken.

2 Einen großen, am besten auch noch schweren Topf auf den Herd stellen, das Öl reingießen und heiß werden lassen. Erst das Hackfleisch allein anbraten, damit es schön anbrutzelt und etwas braun wird. Dann Zwiebeln und Knoblauch untermischen und kurz mitbraten, danach Paprika und ganz zum Schluss die Tomaten mit Saft dazugeben.

3 Mit Cayennepfeffer, Salz und Pfeffer kräftig würzen. Einmal aufkochen lassen, dann den Deckel drauf und bei mittlerer Hitze 1 Stunde schmoren lassen.

4 Bohnen aus der Dose in ein Sieb abgießen und kurz abbrausen. Mit in den Topf geben und alles 15 Minuten weiterschmurgeln lassen. Danach unbedingt noch mal abschmecken und mit Sambal oelek nach eigenem Gusto schön scharf machen.

Saftgulasch

Echt ungarisch

Zutaten für 4–6 Personen:
800 g Zwiebeln
3 Knoblauchzehen
1,2 kg Rindfleisch (am besten aus der Wade, sonst aus der Schulter)
4 EL Schweineschmalz oder Öl
1 TL getrockneter Majoran
1 TL getrockneter Thymian
1 TL Kümmelsamen
5 EL edelsüßes Paprikapulver
1 EL milder Essig
Salz | Pfeffer

Zubereitungszeit: 1 Stunde
+ 1½ Stunden Garen
Kalorien pro Portion (bei 6): 390

1 Die Zwiebeln und den Knoblauch schälen und in feine Würfel schneiden. Jetzt das Fleisch schneiden – und zwar nicht zu klein, fingerdicke, gut 4 cm lange Stücke sollten es schon sein –, dabei die »Flechsen« wegschneiden. Mit diesen »Blättern« (wie der Wiener sagt) hat das Gulasch ordentlich Zeit, Kraft zu entwickeln.

2 Nun in einem schweren Topf bei gut mittlerer Hitze das Schweineschmalz oder Öl erhitzen. Darin die Zwiebeln andünsten, bis sie schön glasig und fast braun sind – aber nur fast!

3 Zusammen mit Knoblauch, Majoran, Thymian und Kümmel werden jetzt 3 EL Paprikapulver zu den Zwiebeln gegeben (der Wiener sagt »paprizieren«) und kurz angedünstet. Dann kommt der Essig mit 8–10 EL Wasser dazu.

4 Jetzt, und wirklich erst jetzt, das Fleisch dazugeben. Dabei am besten nicht rühren, damit es ein wenig Farbe nehmen kann. Aber richtig braten muss es nicht, soll es sogar nicht, damit es schön zart wird.

5 Nun salzen, pfeffern, rühren, Hitze runterschalten, den Deckel drauf. Und schmurgeln lassen. Kein Wasser? Kein Wasser. Zwiebeln und Fleisch entwickeln genug Saft zum langen Schmurgeln. Nur wenn der fast eingekocht ist, können ein paar Schlucke dazukommen. Aber nur so viel, dass das Gulasch nicht kocht, sonst wird es trocken.

6 Und nach gut 1½ Stunden oder auch ein wenig mehr ist das Fleisch fast gar. Dann wird's Zeit, das übrige Paprikapulver kurz mitzugaren und schließlich doch das Gulasch noch knapp mit ein wenig Wasser zu bedecken. Nach etwa 15 Minuten Köcheln ist es perfekt, abgesehen vom letzten Abschmecken.

Das schmeckt dazu: Salzkartoffeln und ein Salat oder, ganz klassisch, Kaisersemmeln. Zum Trinken Bier oder Rotwein aus Österreich, z. B ein Blauer Zweigelt.

Kalbsrahmgulasch

Sonntagsklassiker von früher

Zutaten für 4 Personen:
2 große weiße Zwiebeln
250 g Tomaten | 2 EL Butter | 1 EL Öl
800 g Kalbsgulasch | Salz | Pfeffer
¼ TL frisch geriebene Muskatnuss
1 Prise gemahlener Kümmel
¼ l Fleischbrühe oder Kalbsfond
250 g kleine Champignons
½ Bio-Zitrone | 150 g Sahne
2–3 EL Schnittlauchröllchen
50 g Crème fraîche

Zubereitungszeit: 40 Minuten
+ 1 Stunde Garen
Kalorien pro Portion: 455 kcal

1 Die Zwiebeln schälen und sehr fein würfeln. Aus den Tomaten die Stielansätze herausschneiden. Tomaten mit kochend heißem Wasser übergießen, kurz ziehen lassen, abschrecken und häuten. Die Tomaten halbieren und leicht zusammenpressen, bis die Kerne zu sehen sind. Die Kerne abstreifen und wegwerfen, Tomatenfleisch fein hacken.

2 In einem Schmortopf 1 EL Butter und das Öl erhitzen. Fleischwürfel darin in drei Portionen bei starker Hitze anbraten und wieder herausnehmen. In ein Sieb geben, das in einer Schüssel hängt, und beiseitestellen.

3 Dann Zwiebeln im Bratfett andünsten. Mit Salz, Pfeffer, Muskat und Kümmel würzen. Brühe oder Fond angießen und die Tomaten untermischen. Das Fleisch mitsamt dem Fleischsaft in der Schüssel dazugeben. Hitze klein stellen, Deckel auflegen und das Gulasch 45 Minuten sanft vor sich hin schmurgeln lassen.

4 Nach etwa 30 Minuten die Pilze mit feuchtem Küchenpapier abreiben, Stielenden abschneiden. Kleine Pilze ganz lassen, größere einmal durchschneiden. Zitrone heiß waschen, abtrocknen und die Schale fein abreiben. Übrige Butter in einer Pfanne zerlassen, Pilze darin bei mittlerer Hitze unter Rühren etwa 5 Minuten braten. Salzen und pfeffern.

5 Pilze, Zitronenschale und die Sahne unter das Gulasch rühren und alles noch einmal etwa 15 Minuten schmoren, bis das Fleisch schön weich ist. Mit Schnittlauch und Crème fraîche servieren.

Lammragout

Ganz einfach raffiniert

Zutaten für 4 Personen:
1 kg Lammfleisch (Keule oder nicht zu fette Schulter ohne Knochen)
6 Knoblauchzehen
2 Zwiebeln
4 Zweige Rosmarin
4 Zweige Thymian
½ Bund Majoran oder Oregano
2 EL Butter
2 EL Olivenöl
4 EL Weißweinessig (am besten Balsamico bianco)
⅛ l trockener Weißwein
Salz | Pfeffer

Zubereitungszeit: 45 Minuten
+ 1 Stunde Garen
Kalorien pro Portion: 710

1 Vom Lammfleisch die größeren Fettstücke wegschneiden und so gut wie möglich auch die Sehnen (die sehen aus wie ein aufgeklebtes Stück zäher weißer Stoff). Wenn man mit dem Messer an einer Stelle drunterfährt, kann man die Sehnen ganz gut abschneiden. Fleisch in mundgerechte Stücke schneiden.

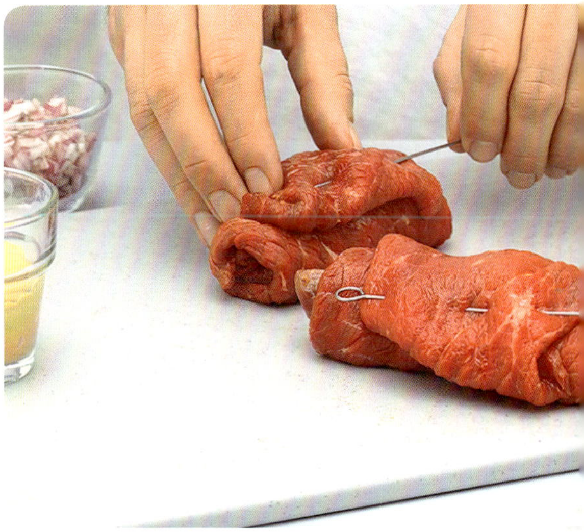

2 Knoblauch und Zwiebeln schälen und ganz fein schneiden. Kräuter abbrausen und trocken schütteln, die Blättchen abzupfen und hacken. Den Schmortopf auf den Herd stellen. Neben den Herd eine Schüssel stellen und ein Sieb reinhängen.

3 Im Topf 1 EL Butter in 1 EL Öl erhitzen. Darin die Hälfte des Fleischs bei starker Hitze unter Rühren braten, bis die Würfel rundherum gebräunt sind. Herausheben und ins Sieb füllen. Die zweite Portion Fett im Topf erhitzen, das übrige Fleisch darin braten und ins Sieb umfüllen.

4 Knoblauch und Zwiebeln in den Topf rühren und kurz anbraten. Das Fleisch wieder dazugeben, Essig und Wein dazugießen, die Kräuter unterrühren und das Fleisch leicht salzen, pfeffern. Die Hitze auf schwache Stufe zurückschalten, den Deckel auflegen. Das Fleisch 1 Stunde schmoren, bis es schön weich ist. Aber nicht ganz allein lassen während dieser Zeit. Lieber immer mal wieder umrühren. Und falls die Flüssigkeit im Topf irgendwann ganz verschwunden ist, noch Wein oder auch einfach nur Wasser zugeben. Zum Schluss das Ragout mit Salz und Pfeffer nachwürzen, im Topf auf den Tisch stellen.

Rinderrouladen

Perfekt dazu: Kartoffelpüree oder kurze Nudeln

Zutaten für 4 Personen:
100 g fetter Speck | 2 Salbeiblättchen
2 Zweige Thymian | 1/4 Bund Petersilie
2 Gewürzgurken | 2 TL Kapern (wer mag)
1 EL scharfer Senf | Pfeffer
4 Rinderrouladen (je etwa 160 g)
Salz | 1 Zwiebel | 1 Möhre
1 Stück Knollensellerie (etwa 100 g)
2 EL Öl
3/8 l Fleischbrühe (auch fein: die Brühe mit Weißwein oder Bier gemischt)
2 TL Tomatenmark
50 g Crème fraîche

Zubereitungszeit: 40 Minuten
+ 1 1/2 Stunden Schmoren
Kalorien pro Portion: 555 kcal

1 Speck in grobe Würfel schneiden. Kräuter abbrausen, trocken schütteln und die Blättchen grob hacken. Den Speck und die Kräuter im Blitzhacker zu einer Paste mixen. Gewürzgurken und eventuell die Kapern klein hacken und mit der Hälfte des Senfs unterrühren. Kräftig pfeffern.

2 Rinderrouladen auf dem Küchenbrett auslegen und mit dem Handballen noch etwas flacher drücken. Salzen, mit restlichem Senf einstreichen, die Speckpaste gleichmäßig darauf verteilen. Die Ränder der Längsseiten leicht nach innen klappen und die Fleischscheiben von der Schmalseite her zu Rouladen aufrollen. Enden mit Zahnstochern feststecken oder die Rouladen mit Küchengarn verschnüren.

3 Zwiebel, Möhre und Sellerie schälen und sehr klein würfeln. Öl im Schmortopf erhitzen. Rouladen salzen, pfeffern und im Öl rundherum bei mittlerer Hitze anbraten, dann aus dem Topf nehmen. Gemüsewürfel im Bratfett andünsten.

4 Brühe in den Topf gießen, Tomatenmark unterrühren. Die Rouladen wieder in den Topf legen. Hitze auf schwache Stufe schalten, Deckel auflegen und die Rouladen etwa 1 1/2 Stunden schmoren, bis sie so richtig schön weich sind.

5 Rouladen aus dem Topf heben, warm halten. Die Sauce durch ein Sieb gießen, auffangen und wieder zurück in den Topf schütten. Die Crème fraîche unterrühren, Sauce mit Salz und Pfeffer abschmecken. Mit den Rouladen servieren.

Ossobuco

Unwiderstehlich italienisch

Zutaten für 4 Personen:

Für das Fleisch und die Sauce:

4 Scheiben Kalbshaxe (mit dem Markknochen in der Mitte, jede etwa 200 g schwer)
3 Möhren
2 Zwiebeln
3 Knoblauchzehen
3 Stangen Staudensellerie
1 Bund Petersilie
2 EL Butter
1 EL Olivenöl
Salz | Pfeffer
1 Dose geschälte Tomaten (400 g)
etwa ¼ l Fleischbrühe

Für die Gremolata:

1 Bio-Zitrone
1 großes Bund Petersilie
2 Knoblauchzehen

Zubereitungszeit: 30 Minuten
+ 2 Stunden Garen
Kalorien pro Portion: 310

1 Fleischscheiben kurz unter kaltes Wasser halten, damit Knochensplitter weggespült werden. Mit einer dicken Schicht Küchenpapier gut abtupfen.

2 Die Möhren, die Zwiebeln und den Knoblauch schälen. Den Sellerie putzen und waschen. Das alles möglichst fein schneiden. Die Petersilie abbrausen und trocken schütteln, Blättchen abzupfen und fein hacken.

3 Einen großen Schmortopf oder Bräter auf den Herd stellen, Butter und Öl reingeben und warm werden lassen. Fleischscheiben reinlegen und kräftig anbraten, bis sie sich leicht ablösen lassen, dann ist die Kruste nämlich braun genug und die Poren sind zu. Die Scheiben mit der Bratschaufel auf die andere Seite drehen und auch da gut anbraten. Rausnehmen, salzen und pfeffern.

4 Klein geschnittenes Gemüse mit der Petersilie in den Schmortopf rühren, kurz andünsten. Tomaten in der Dose klein schneiden und mit der Brühe in den Topf geben. Alles mit Salz und Pfeffer würzen, Hitze auf mittlere Stufe zurückschalten und die Flüssigkeit 20–30 Minuten leicht einkochen lassen.

5 Jetzt kommen auch die Kalbshaxescheiben wieder in den Topf. Am besten die Scheiben nebeneinanderlegen und über jede Scheibe etwas von der Sauce löffeln. Den Deckel drauf, die Hitze auf schwache Stufe stellen und das Fleisch etwa 1½ Stunden schmoren.

6 In der Zeit müssen wir noch mal ans Schneidebrett. Und zwar für den Clou von dem Ganzen, die Gremolata. Dafür Zitrone heiß waschen, abtrocknen und die Schale dünn abschneiden. Und zwar so dünn, dass von der inneren weißen Haut nichts mit abgeschnitten wird, weil die das Ganze bitter machen würde. Die Petersilie abbrausen, trocken schütteln und die Blättchen abzupfen. Knoblauch schälen. Das alles auf dem Schneidebrett mischen und schön fein zerkleinern – mit einem großen Messer oder mit dem Wiegemesser. In ein Schälchen füllen und mit auf den Tisch stellen. Fertig ist die Gremolata. Sie wird beim Essen über die Fleischscheiben gestreut und macht alles wunderbar frisch!

Madras-Curry

Ein indisches Original

Zutaten für 4 Personen:
700 g Lamm- oder Rindfleisch (am besten Lammkeule oder Rinderhüfte)
4 EL Naturjoghurt
2 TL gemahlener Koriander
1 TL gemahlene Kurkuma
¾–1 TL Chilipulver
5 EL Kokosraspel
2 Tomaten
2 Knoblauchzehen
1 Stück Ingwer (etwa 5 cm)
2 Zwiebeln
2 EL Ghee oder Sonnenblumenöl
3 grüne Kardamomkapseln
3 Nelken
1 Zimtstange
½ TL Fenchelsamen
Salz
200 ml Kokosmilch

Zubereitungszeit: 35 Minuten
+ 2 Stunden Marinieren
+ etwa 1¾ Stunden Garen
Kalorien pro Portion: 935 kcal

1 Das Fleisch etwa 3 cm groß würfeln, dabei eventuell Fett und Sehnen wegschneiden. Joghurt mit den gemahlenen Gewürzen in einer Schüssel verrühren und gut mit dem Fleisch mischen. Zugedeckt mindestens 2 Stunden marinieren. Kokosraspel inzwischen mit ⅛ l heißem Wasser übergießen und quellen lassen.

2 Die Tomaten waschen und in grobe Stücke schneiden, dabei Stielansätze wegschneiden. Den Knoblauch und den Ingwer schälen und grob hacken, dann mit den Tomaten mit dem Pürierstab fein pürieren. Die Zwiebeln schälen und in feine Würfel schneiden.

3 In einem Topf oder kleinen Bräter das Ghee oder Öl bei kleiner Hitze heiß werden lassen. Kardamomkapseln anquetschen und mit Nelken, Zimtstange und den Fenchelsamen im heißen Fett gut 10–15 Minuten anrösten. Zwiebeln dazugeben und bei mittlerer Hitze so lange weiterbraten, bis sie goldgelb gebräunt sind. Jetzt das Fleisch samt der Marinade untermischen und 5 Minuten unter Rühren weiterbraten, dann salzen. Kokosraspel und Tomatenpüree unterrühren. Den Deckel drauf und bei kleiner Hitze etwa 1 Stunde köcheln lassen.

4 Das Curry von Zeit zu Zeit immer mal wieder umrühren und sobald es merklich trockener wird, Kokosmilch dazugießen. Jetzt das Madras-Curry nochmals gut 30–45 Minuten weitergaren. Am Ende mit Salz abschmecken.

Das schmeckt dazu: Reis oder Naan-Brot.

Schweinebraten mit Kruste

Sonntagsbraten aus Bayern

Zutaten für 6 Personen:
2 Knoblauchzehen
Salz | Pfeffer
½ TL gemahlener Kümmel
½ TL edelsüßes Paprikapulver
1 Schweinebraten mit Schwarte (etwa 1,2 kg; z. B. Schulter oder Nacken)
2 Zwiebeln | 2 Möhren
¼ Sellerieknolle | 1 Stange Lauch
1 Tomate
500 g Fleischknochen oder Spareribs in Stücken
ein paar Stängel Petersilie

Zubereitungszeit: 40 Minuten
+ 2 ½ Stunden Garen
Kalorien pro Portion: 215 kcal

1 Den Knoblauch schälen und durchpressen, mit Salz, Pfeffer, Kümmel und Paprika mischen. Die Fleischseite des Bratens damit einmassieren. Backofen auf 180 Grad vorheizen (erst später: Umluft 160 Grad).

2 Braten mit der Schwarte nach unten in einen großen Bräter legen, ¼ l heißes Wasser dazugießen. Braten in den Ofen (Mitte) schieben und 30 Minuten garen.

3 Das Gemüse schälen oder waschen und putzen und etwa 1 cm groß würfeln. Die Knochen oder Spareribs feucht abwischen, Petersilie abbrausen.

4 Braten aus dem Ofen holen. Die Schwarte mit einem scharfen Messer rautenförmig einschneiden (jede Raute nicht größer als 1 cm). Das Fleisch mit der Schwarte nach oben wieder in den Bräter legen. Das Gemüse, Knochen oder Spareribs und die Petersilie daneben verteilen. Braten weitere 2 Stunden garen, dabei immer wieder mit der Flüssigkeit aus dem Bräter begießen.

5 Braten auf den Rost (mit der Fettpfanne darunter) legen. 1 EL warmes Wasser mit 1 TL Salz verrühren, die Schwarte damit einpinseln. Den Backofengrill einschalten. Den Braten noch einmal etwa 5 Minuten in den Ofen schieben und die Schwarte knusprig werden lassen. Den Ofen ausschalten, den Braten in Alufolie einwickeln und 10 Minuten im Ofen ruhen lassen.

6 Die Sauce durch ein Sieb in einen Topf gießen, das Gemüse ausdrücken. Die Sauce abschmecken. Den Braten in nicht zu dicke Scheiben schneiden und mit der Sauce servieren.

Rollbraten italienisch

Mediterran gewürzt

Zutaten für 6 Personen:
1 Bio-Zitrone
je 5 Zweige Rosmarin, Thymian und Oregano
12 Salbeiblättchen | ½ Bund Petersilie
6 Knoblauchzehen | 3 TL Fenchelsamen
2 TL schwarze Pfefferkörner
8 EL Olivenöl | Salz
1 größere Scheibe magerer Schweinehals (etwa 1 kg)
gemahlener Pfeffer
¼ l trockener Weißwein

Zubereitungszeit: 45 Minuten
+ 2 Stunden Braten
Kalorien pro Portion: 305 kcal

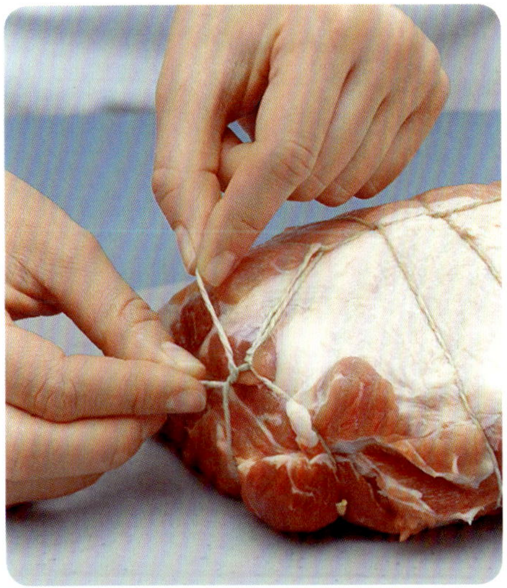

1 Zitrone heiß waschen und abtrocknen, die Schale fein abreiben, die Hälfte des Safts auspressen. Kräuter abbrausen und trocken schütteln, die Blättchen fein hacken. Den Knoblauch schälen und fein schneiden. Fenchelsamen und Pfefferkörner im Mörser grob zerstoßen. Die Zitronenschale, Kräuter, Knoblauch und die Fenchelmischung mit 6 EL Olivenöl und Salz mischen.

2 Fleisch mit dem Würzöl bestreichen, zu einem Rollbraten aufrollen und mit Küchengarn verschnüren. Den Braten außen salzen und pfeffern.

3 Den Backofen auf 180 Grad vorheizen (erst später: Umluft 160 Grad). Restliches Öl im Bräter erhitzen. Braten darin rundherum bei starker Hitze gut anbraten. Wein und Zitronensaft dazugießen. Den Braten in den Ofen (Mitte) schieben und etwa 2 Stunden braten. Dabei immer mal wieder mit der Flüssigkeit begießen und ab und zu umdrehen.

4 Braten aus dem Ofen nehmen, in Alufolie wickeln, 10 Minuten ruhen lassen. Dann in Scheiben schneiden und auf einer vorgewärmten Platte anrichten.

Geschmortes Anisschwein

Chinesischer Leckerbissen

Zutaten für 4 Personen:
10 getrocknete Shiitake-Pilze
800 g nicht zu fetter Schweinebauch (ohne Schwarte)
1 Stück Ingwer (3–4 cm)
4 Knoblauchzehen | 4 Schalotten
4 EL Öl | 4 EL brauner Zucker
1/8 l Sojasauce
1/8 l Sake (japanischer Reiswein)
4 Sternanise | 3 Zimtstangen
4 Frühlingszwiebeln | Salz
Sesamöl zum Beträufeln

Zubereitungszeit: 40 Minuten
+ 2 Stunden Garen
Kalorien pro Portion: 755

1 Pilze in einer Schüssel mit heißem Wasser übergießen, in etwa 20 Minuten quellen und weich werden lassen. In der Zeit den Schweinebauch in etwa 2 cm große Stücke schneiden. Ingwer, Knoblauch und Schalotten schälen und fein schneiden. Wenn die Pilze weich sind, abtropfen lassen, Stiele rausschneiden.

2 Das Öl im Wok oder in einer Pfanne sehr heiß werden lassen. Das Fleisch darin in zwei Portionen jeweils sehr gut anbraten und wieder rausholen. Zucker in das Fett streuen und unter Rühren schmelzen. Sojasauce und Reiswein dazugießen, Bratensatz mit dem Kochlöffel ablösen. Fleisch mit Ingwer, Knoblauch und Schalotten dazugeben. Pilze, Sternanise und den Zimt mit in den Wok legen. So viel Wasser zugießen, dass die Zutaten im Wok davon bedeckt sind.

3 Den Deckel drauflegen, die Hitze auf schwache Stufe schalten und alles etwa 2 Stunden schmoren, bis das Fleisch sehr schön weich und die Flüssigkeit um mindestens die Hälfte weniger geworden ist.

4 Dann von den Frühlingszwiebeln die Wurzelbüschel und die welken dunkelgrünen Teile abschneiden. Die Zwiebeln waschen und in feine Ringe schneiden. Das Fleisch mit Salz abschmecken. Falls nötig, die Sauce noch mehr einkochen lassen – bei starker Hitze. Fleisch vor dem Servieren mit den Zwiebelringen bestreuen und mit Sesamöl beträufeln.

Wild &

Geflügel

Jetzt geht's im Hühnertopf einmal um die Welt – im Gepäck die besten Rezepte: Paprikahuhn aus Ungarn, Coq au vin aus Frankreich und das rote Hühnercurry aus Thailand zum Beispiel. Heimweh bei so viel internationalen Hühnern? Na, das Backhendl haben wir natürlich auch dabei.

Zitronenhuhn

Ganz einfach und superlecker

Zutaten für 4 Personen:
1 Brathähnchen (etwa 1,2 kg)
3 Bio-Zitronen
3 Knoblauchzehen
1 Zweig Rosmarin
Salz | Pfeffer
2 EL Butter

Zubereitungszeit: 20 Minuten
+ 1 Stunde 20 Minuten Garen
Kalorien pro Portion: 570

1 Das Brathähnchen unter dem kalten Wasserstrahl innen und außen sehr gut waschen, trocken tupfen. 1 Zitrone heiß waschen, abtrocknen und in Scheiben schneiden. Die anderen beiden Zitronen auspressen.

2 Backofen auf 200 Grad vorheizen (erst später: Umluft 180 Grad). Den Knoblauch schälen, erst in nicht allzu dünne Scheiben und dann in Stifte schneiden. Den Rosmarin abbrausen, trocken schütteln und die Blättchen abzupfen.

3 Die Hähnchenhaut mit der Messerspitze mehrmals einstechen. Aber nicht ins Fleisch schneiden! Die Rosmarinblättchen und die Knoblauchstifte in die Einstiche stecken. Hähnchen mit Salz und Pfeffer einreiben.

4 Die Butter schmelzen, aber nicht braun werden lassen. Mit dem Zitronensaft verrühren. Das Hähnchen mit etwas Zitronenbutter bepinseln.

5 Jetzt das Hähnchen in die Fettpfanne legen, die Zitronenscheiben darauf verteilen. Alles in den Ofen (Mitte) schieben und etwa 1 Stunde 20 Minuten braten. Dabei immer mal wieder mit Zitronenbutter bepinseln. Zum Schluss auch mit dem Bratensaft beträufeln. Kurz ruhen lassen, in Stücke schneiden, genießen.

Paprikahuhn

Saftiges aus Österreich

Zutaten für 4 Personen:
4 Hähnchenkeulen mit dem Rückenstück (je etwa 250 g)
Salz | Pfeffer
300 g Zwiebeln
½ Bio-Zitrone
2 EL Öl
1 EL Butter
je 3 TL rosenscharfes und edelsüßes Paprikapulver
⅜ l Hühnerbrühe
3 TL Tomatenmark
100 g saure Sahne

Zubereitungszeit: 30 Minuten
+ 30 Minuten Garen
Kalorien pro Portion: 555 kcal

1 Die Hähnchenkeulen waschen und trocken tupfen. Die Keulen jeweils am Gelenk einschneiden und halbieren. Mit Salz und Pfeffer einreiben. Die Zwiebeln schälen und in feine Würfel schneiden. Die Zitrone heiß waschen, abtrocknen und die Schale fein abreiben.

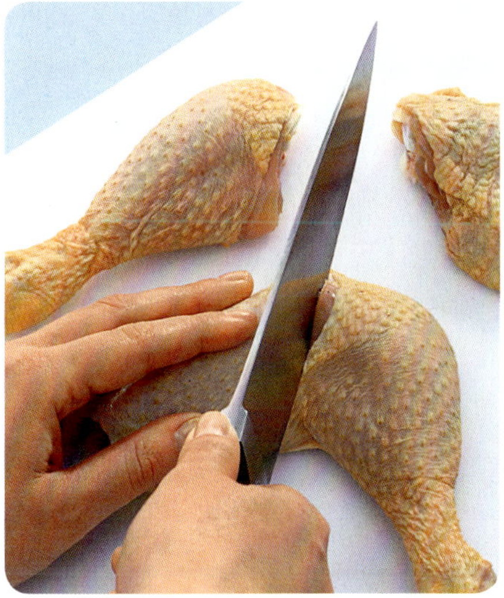

2 Das Öl in einem Schmortopf erhitzen. Die Hühnerstücke darin rundherum bei starker Hitze gut anbraten und wieder herausnehmen.

3 Die Hitze reduzieren und die Butter im Bratfett schmelzen lassen. Zwiebeln einrühren und andünsten. Mit Paprikapulver bestäuben und kurz weiterrühren, dann die Brühe und das Tomatenmark unterrühren. Mit der Zitronenschale, Salz und Pfeffer abschmecken. Hühnerstücke wieder einlegen, den Deckel auflegen und das Huhn bei geringer Hitze etwa 30 Minuten schmoren.

4 Saure Sahne unter die Sauce rühren, abschmecken (nicht mehr aufkochen!). Die Hühnerstücke und die Sauce auf vorgewärmten Tellern servieren.

Das schmeckt dazu: Reis oder Salzkartoffeln.

Knoblauchhuhn

Umwerfend würzig

Zutaten für 4 Personen:
1 fleischige Poularde (etwa 1,4 kg)
5 EL Olivenöl | Salz | Pfeffer
4 Knoblauchzehen + 2 Knoblauchknollen
1 Bio-Zitrone | 4 Zweige Thymian
1 Zweig Rosmarin | 1 Lorbeerblatt
2 Stängel Lavendel (wer mag)
200 ml trockener Weißwein oder Rosé
1 EL Honig

Zubereitungszeit: 30 Minuten
+ 1 Stunde Garen
Kalorien pro Portion: 785 kcal

1 Backofen auf 200 Grad vorheizen (erst später: 180 Grad Umluft). Poularde innen und außen waschen, trocknen, mit etwa 2 EL Öl einpinseln, salzen, pfeffern.

2 Knoblauchzehen schälen und fein schneiden. Zitrone heiß waschen und abtrocknen, eine Hälfte in Scheiben teilen. Kräuter abbrausen, trocken schütteln und in grobe Stücke schneiden. Mit Zitronen- und Knoblauchscheiben mischen und in den Bauch der Poularde füllen.

3 Poularde seitlich in eine ofenfeste Form legen, im Ofen (Mitte) 20 Minuten braten. Dann Knoblauchknollen waschen und quer halbieren. Die Poularde auf die andere Seite drehen und die Knoblauchknollen mit den Schnittflächen nach oben danebenlegen. Mit wenig Olivenöl beträufeln und salzen. Alles noch einmal 20 Minuten braten.

4 Poularde auf den Rücken drehen, den Wein angießen. Restliche Zitronenhälfte auspressen und den Saft mit restlichem Öl und Honig gut verrühren. Die Poularde damit einpinseln und noch mal etwa 20 Minuten braten, bis sie schön gebräunt ist.

5 Poularde in Stücke schneiden und mit dem Knoblauch auf einer Platte anrichten. Jeder bekommt seine Knoblauchhälfte mit auf den Teller – das Fruchtfleisch lässt sich leicht aus den Schalen lösen und schmeckt auf geröstetem Brot oder direkt mit dem Hühnerfleisch.

Das schmeckt dazu: geröstetes Brot und ein bunt gemischter Blattsalat.

Pfefferhuhn

Wunderbar aromatisch

Zutaten für 4 Personen:
4 Hähnchenkeulen (je etwa 200 g, vom Metzger in den Gelenken teilen lassen)
2 Knoblauchzehen
1 Stück Ingwer (etwa 6 cm)
1–1 ½ TL schwarze Pfefferkörner
¼ TL gemahlene Kurkuma
3 EL Weißweinessig
3 große Zwiebeln
4 EL Erdnussöl
Salz

Zubereitungszeit: 35 Minuten
+ 3 Stunden Marinieren
+ etwa 1 ¼ Stunden Garen
Kalorien pro Portion: 290 kcal

1 Hähnchenkeulen häuten: Dafür die Haut jeweils am unteren Teil der Keulen leicht einschneiden. Die Hautenden ein wenig lösen, mit den Fingern fest greifen und die ganze Haut nach oben über die Knochen ziehen, abschneiden. Dann das sichtbare Fett vom Fleisch wegschneiden.

2 Den Knoblauch schälen und durch die Presse drücken. Ingwer schälen und möglichst reiben oder ganz fein hacken. Den Pfeffer in einem Mörser nur grob zerstoßen, dann mit Kurkuma, Essig, Knoblauch und Ingwer in ein Schälchen geben und alles zu einer Marinade verrühren.

3 Die Hähnchenteile gründlich mit der Marinade einpinseln oder -reiben und in eine Schüssel legen. Zugedeckt im Kühlschrank 3 Stunden marinieren lassen.

4 Zwiebeln schälen und grob hacken, anschließend mit dem Pürierstab oder in der Küchenmaschine fein pürieren. Das Öl in einer hohen, beschichteten Pfanne oder in einem Wok heiß werden lassen. Das Zwiebelpüree in das Öl geben und bei mittlerer Hitze in 20–25 Minuten ganz langsam goldgelb bräunen, dabei ab und an umrühren.

5 Die Hähnchenteile salzen, dann zu den Zwiebeln geben und gründlich darin wenden. Die Hitze stark erhöhen und das Fleisch gut 5 Minuten anbraten, bis alle Flüssigkeit verdunstet ist. Dann etwa ¼ l Wasser dazugießen und unterrühren. Deckel auflegen und alles bei mittlerer Hitze rund 30 Minuten schmoren.

6 Danach den Deckel abnehmen und das Pfefferhuhn weitere 10–15 Minuten offen einkochen lassen, bis die Sauce die Hähnchenteile nur noch sämig überzieht. Prüfen, ob Salz oder Pfeffer fehlt, dann schnell auf den Tisch!

Coq au vin

Gästeessen nur für Große

Zutaten für 4 Personen:
1 fleischige Poularde (etwa 1,4 kg)
Salz | Pfeffer
2 Zwiebeln
2 Knoblauchzehen
100 g durchwachsener Räucherspeck
4 Zweige Thymian
1 EL Öl
3 EL Butter
2 gehäufte TL Mehl
75 ml Cognac
½ l kräftiger Rotwein (z. B. Burgunder)
2 Lorbeerblätter
200 g kleine Schalotten
200 g kleine Champignons
½ Bund Petersilie

Zubereitungszeit: 40 Minuten
+ 50 Minuten Garen
Kalorien pro Portion: 1055 kcal

1 Die Poularde in 8–12 Stücke teilen, waschen und trocken tupfen. Mit Salz und Pfeffer einreiben. Zwiebeln und Knoblauch schälen und fein hacken. Vom Speck die Schwarte abschneiden. Den Speck klein würfeln, Knorpel dabei wegschneiden. Thymian abbrausen und trocken schütteln.

2 Öl und 1 EL Butter in einem Schmortopf erhitzen. Speck darin bei mittlerer Hitze leicht knusprig werden lassen. Mit dem Schaumlöffel aus dem Topf heben und beiseitestellen.

3 Die Poulardenteile im Speckfett nach und nach rundherum anbraten, herausnehmen. Zwiebeln und Knoblauch im Bratfett andünsten, mit Mehl bestäuben und kurz anschwitzen. Poulardenteile wieder einlegen, den Topf kurz vom Herd ziehen. Darauf achten, dass über dem Topf reichlich Platz für die Flamme ist.

4 Zum Flambieren den Cognac in einer Schöpfkelle über einer Kerzenflamme erwärmen, über die Geflügelteile gießen, mit einem langen Streichholz anzünden und abbrennen lassen. Ist die Flamme erloschen, den Topf wieder auf den Herd stellen, den Wein dazugießen und aufkochen. Den Thymian und die Lorbeerblätter einlegen, Topf schließen und das Huhn etwa 25 Minuten bei geringer Hitze schmoren lassen.

5 Die Schalotten schälen und ganz lassen. Die Pilze mit feuchtem Küchenpapier sauber abreiben, die Stielenden abschneiden.

6 Die restliche Butter in einer Pfanne zerlaufen lassen. Schalotten und Pilze darin bei mittlerer Hitze 2–3 Minuten andünsten, dann zugedeckt 10 Minuten bei geringer Hitze dünsten. Den Speck untermischen, Gemüse mit Salz und Pfeffer würzen, zur Poularde in den Topf geben.

7 Alles zusammen noch einmal etwa 25 Minuten schmoren. Vorm Servieren die Petersilie abbrausen und trocken schütteln, die Blättchen abzupfen, grob hacken und übers Coq au vin streuen.

Das schmeckt dazu: Baguette.

Hähnchenkeulen vom Blech

Einfach aus der Hand essen

Zutaten für 4 Personen:
8 kleine Hähnchenkeulen (nur Unter- oder Oberschenkel)
2 Knoblauchzehen
100 g stückige Tomaten (aus der Dose)
1 getrocknete Chilischote
1 TL getrockneter Thymian
1 EL frisch gepresster Zitronen- oder Limettensaft
2 TL Honig
2 TL Tomatenmark
Salz

Zubereitungszeit: 15 Minuten
+ 30 Minuten Garen
Kalorien pro Portion: 440 kcal

1 Den Backofen auf 220 Grad vorheizen (auch schon jetzt: Umluft 200 Grad). Ein Backblech mit Backpapier auslegen.

2 Die Hähnchenkeulen abbrausen und trocken tupfen. Den Knoblauch schälen und grob schneiden.

3 Die Tomaten mit Knoblauch, Chili, Thymian, Zitrussaft, Honig und dem Tomatenmark mit einem Pürierstab fein pürieren, mit Salz würzen. Hähnchenkeulen damit einpinseln und nebeneinander auf das Blech legen.

4 Hähnchenkeulen im Ofen (Mitte) etwa 30 Minuten backen, bis sie schön knusprig und gar sind. Dabei einmal wenden und mit der Sauce bepinseln.

5 Dann eine Garprobe machen: Mit einem schlanken Messer oder einem Schaschlikspieß in die dickste Stelle einer Keule stechen. Der austretende Saft muss klar sein. Ist er noch rötlich, die Keulen auf jeden Fall noch ein bisschen länger garen und die Garprobe wiederholen.

Das schmeckt dazu: Brot und ein Salat, etwa ein Tomatensalat mit Zwiebeln.

Variante: Hähnchenkeulen mit Salbei und Butter

Die Hähnchenkeulen abbrausen und trocken tupfen. Mit dem flachen Stiel eines Löffels vorsichtig zwischen Hähnchenhaut und -fleisch fahren und die Haut auf diese Weise vom Fleisch lösen. Pro Keule 4 Salbeiblätter und 2 dünne Stücke Butter unter die Haut schieben. Keulen außen salzen und pfeffern, aufs Blech legen, mit etwas flüssiger Butter einpinseln und im Ofen wie beschrieben backen. Dabei einmal wenden.

Variante: Hähnchenkeulen mit Asia-Glasur

Zum Bestreichen der Hähnchenkeulen 4 cm Ingwer und 2 Knoblauchzehlen schälen, beides durch die Knoblauchpresse drücken. 2 EL Zucker mit 3 EL frisch gepresstem Limettensaft, 4 EL Sojasauce, 1 EL Sesamöl, 2 TL Sambal oelek verrühren. Ingwer und Knoblauch untermischen und die Glasur mit Salz abschmecken. Die Hähnchenkeulen abbrausen und trocken tupfen. Die Keulen mit der Glasur einpinseln und im Ofen wie beschrieben backen. Dabei einmal wenden und erneut mit Glasur bepinseln.

Huhn mit Guacamole

Der mexikanische Dip passt auch prima zu Kartoffeln

Zutaten für 4 Personen:
1 Bio-Limette
2 Tomaten
2 vollreife Avocados
4 EL Olivenöl
Salz | Cayennepfeffer
4 Stängel Petersilie oder Koriandergrün
600 g Hähnchenbrustfilet
Pfeffer

Zubereitungszeit: 20 Minuten
Kalorien pro Portion: 510 kcal

1 Die Limette heiß waschen und abtrocknen, die Schale fein abreiben, den Saft auspressen. Die Tomaten waschen und in sehr kleine Würfel schneiden, dabei die Stielansätze herausschneiden. Die Avocados der Länge nach rundherum bis zum Kern einschneiden. Die Hälften gegeneinanderdrehen und auseinanderlösen, den Kern entfernen.

2 Das Avocadofleisch mit einem Löffel aus den Schalen lösen, mit einer Gabel fein zerdrücken. Mit Limettenschale und -saft sowie 2 EL Olivenöl verrühren. Die Tomaten untermischen, Guacamole mit Salz und Cayennepfeffer pikant würzen. Petersilie oder Koriander abbrausen und trocken schütteln, Blättchen abzupfen, grob schneiden oder hacken und auf die Guacamole streuen.

3 Hähnchenbrustfilet quer in dünne Scheiben schneiden, salzen, pfeffern. Das übrige Öl in einer großen Pfanne erhitzen und die Filetscheiben darin pro Seite bei starker Hitze etwa 1 Minute braten. Mit der Guacamole essen.

Tipp:

Wer keine ausreichend große Pfanne hat, in die alle Filetscheiben nebeneinander passen, kann sie auch auf dem Backblech zubereiten. Die Scheiben mit 4 EL Öl, Salz und Pfeffer mischen, nebeneinander auf dem mit Backpapier belegten Blech auslegen. Im 220 Grad heißen Backofen (Mitte) etwa 5 Minuten backen, bis sie gar und goldbraun sind.

Kleine Hähnchenschnitzel in Olivenbutter

Perfekt kombiniert

Zutaten für 4 Personen:
60 g entsteinte schwarze oder grüne Oliven
2 Knoblauchzehen
4 Stängel Petersilie
½ Bio-Zitrone
600 g Hähnchenbrustfilet
Salz | Pfeffer
50 g Butter

Zubereitungszeit: 20 Minuten
Kalorien pro Portion: 265 kcal

1 Die Oliven mittelgrob hacken. Den Knoblauch schälen, in dünne Scheiben schneiden und noch einmal grob drüberhacken. Die Petersilie abbrausen und trocken schütteln, Blättchen abzupfen und grob schneiden. Die Zitrone heiß waschen und die Schale fein abreiben.

2 Das Hähnchenfleisch waschen und trocken tupfen. Jedes Brustfilet längs in 3–4 dünne Schnitzelchen schneiden. Jeweils auf beiden Seiten leicht salzen und pfeffern.

3 In einer Pfanne etwa 3 EL Butter bei starker Hitze zerlassen. Auf mittlere Stufe zurückschalten, die Hähnchenschnitzel einlegen und 1 Minute braten, umdrehen und noch mal so lange braten.

4 Hähnchenschnitzel aus der Pfanne nehmen. Die restliche Butter im Bratfett schmelzen lassen. Oliven, Knoblauch und Petersilie dazugeben und 1 Minute unter Rühren anbraten. Zitronenschale untermischen, Schnitzel noch mal in der würzigen Butter wenden und auf vorgewärmten Tellern servieren.

Das schmeckt dazu: Bratkartoffeln oder Brot und ein Salat, z. B. Radicchio und Feldsalat mit Orangenstückchen.

Hähnchenbrust mit Datteln

Fruchtig und pikant

Zutaten für 4 Personen:
50 g getrocknete Aprikosen
frisch gepresster Saft von 3 Orangen
150 g frische fleischige Datteln
1 Zwiebel | 2 Knoblauchzehen
1 TL Ras-el-hanout (marokkanische Gewürzmischung)
Salz | Pfeffer
4 Hähnchenbrustfilets (je etwa 180 g)
3 EL Olivenöl
1 Bund Frühlingszwiebeln
1 rote Chilischote
¼ Bund Koriandergrün oder Petersilie

Zubereitungszeit: 35 Minuten
+ 1 Stunde Marinieren
Kalorien pro Portion: 410

1 Die Aprikosen winzig klein würfeln, mit dem Orangensaft in einer Schüssel mischen. Etwa 1 Stunde ziehen lassen.

2 Die Datteln aufschneiden, entkernen und grob schneiden. Zwiebel und Knoblauch schälen und grob hacken. Datteln mit Zwiebel und Knoblauch im Mixer fein pürieren. Mit dem Ras-el-hanout, Salz und Pfeffer abschmecken.

3 Hähnchenbrustfilets waschen und trocken tupfen. Bei jedem Filet an einer Seite vorsichtig eine Tasche einschneiden, die Dattelfüllung darin verteilen. Öffnung mit Zahnstochern verschließen. Gefüllte Filets außen salzen und pfeffern.

4 Olivenöl in einer Pfanne erhitzen. Hähnchenbrustfilets darin bei mittlerer Hitze pro Seite etwa 5 Minuten braten.

5 In der Zeit Frühlingszwiebeln putzen, waschen und in feine Ringe schneiden. Chilischote waschen, entstielen, samt Kernen in Ringe schneiden. Koriander oder Petersilie abbrausen und trocken schütteln, die Blättchen fein hacken.

6 Die Hähnchenfilets zugedeckt warm stellen. Zwiebelringe und Chili im Bratfett 2–3 Minuten braten. Aprikosen mit Orangensaft dazugeben und kräftig aufkochen. Sauce mit Salz abschmecken. Hähnchenfilets auf Teller verteilen, mit der Sauce bedecken und mit Kräutern bestreut servieren.

Backhendl mit Kartoffel-Gurken-Salat

Herrlich Deftiges aus Österreich

Zutaten für 4 Personen:

Für den Salat:
1 kg festkochende Kartoffeln
1 Zwiebel
1/4 l Gemüse- oder Fleischbrühe (und die soll kräftig sein, also in jedem Fall aus Würfeln oder gekörnt machen)
etwa 1/2 EL scharfer Senf
2 EL heller Essig
Salz | Pfeffer
4 EL Öl (am besten eins, das nicht zu intensiv schmeckt)
1 Salatgurke

Für das Hendl:
1 Hähnchen (etwa 1,2 kg)
Salz
2 Eier (M)
50 g Mehl
130–150 g Semmelbrösel
gut 1/4 l Öl zum Frittieren
Zitronenschnitze

Zubereitungszeit: 1 1/2 Stunden
Kalorien pro Portion: 780

1 Erst mal das machen, was man vorbereiten kann, nämlich den Salat. Also die Kartoffeln unter dem Wasserstrahl abbürsten und mit der Schale in einen Topf legen. Wasser reinlaufen lassen – etwa so viel, dass sie halb bedeckt sind. Heiß machen und die Kartoffeln kochen, bis sie weich sind, aber nicht zu weich. Einfach nach 20 Minuten mal mit einem Messer reinstechen.

2 Inzwischen schon mal die Zwiebel schälen und fein hacken. Mit der Brühe einmal aufkochen. Senf, Essig, Salz, Pfeffer und Öl dazurühren.

3 Die gekochten Kartoffeln in ein Sieb abgießen und ein paar Minuten warten, bis sie nicht mehr allzu heiß sind. Dann pellen und in schön dünne Scheiben schneiden. Und gleich mit der Sauce mischen. Gurke schälen und hobeln, leicht salzen und stehen lassen.

4 Und jetzt das Hendl zubereiten. Wer einen freundlichen Geflügelhändler hat, bittet den, das Hähnchen in 8–10 Stücke zu schneiden. Alle anderen müssen es selber machen. Mit dem Messer und der Geflügelschere – und zwar immer am besten an einem Gelenk teilen.

5 Nun kommt die Haut weg. An einer Stelle drunterfahren – mit dem Finger oder mit einem flachen Löffelstiel – und die Haut zuerst ablösen, dann abziehen. Das Hähnchen salzen.

6 Die Eier in einen Teller aufschlagen und leicht verquirlen. Mehl und Semmelbrösel jeweils in andere Teller füllen. Das Öl zum Frittieren in einer tiefen großen Pfanne gut heiß werden lassen. Und den Backofen auf 100 Grad (Ober- und Unterhitze nehmen!) einstellen.

7 Mit einem Holzkochlöffelstiel in das Frittieröl tauchen. Erscheinen sofort viele kleine Bläschen, hat das Öl die richtige Temperatur erreicht.

8 Dann jedes Hähnchenstück erst im Mehl wenden. (Wenn zu viel dran hängt, abklopfen.) Dann durchs Ei, zum Schluss durch die Brösel ziehen. Die Stücke portionsweise ins Öl legen und bei mittlerer Hitze 15–20 Minuten (je nach Dicke) ausbacken. Dabei mehrmals umdrehen.

9 Backhendl jeweils rausholen, auf Küchenpapier legen zum Abfetten und in den Backofen zum Warmhalten. Wenn alle Teile schön knusprig sind, Zitronenschnitze dazulegen und auf den Tisch damit. Gurken unter den Salat mischen. Abschmecken und schmecken lassen.

Putenspieße mit Äpfeln

Vom Grill oder aus der Pfanne

Zutaten für 4 Personen:
600 g Putenbrustfilet
2 TL Koriandersamen
1 Stück Zimtstange (5–6 cm)
4 EL Olivenöl
2 EL frisch gepresster Zitronensaft
2 EL Sherry oder Noilly Prat (wer mag)
Pfeffer
2 Äpfel
Salz
2 TL Apfeldicksaft oder Ahornsirup
8 lange Holz- oder Metallspieße
Öl für den Grillrost

Zubereitungszeit: 40 Minuten
+ 1 Stunde Marinieren
Kalorien pro Portion: 225 kcal

1 Das Putenfleisch waschen, trocken tupfen und in etwa 2 cm große Würfel schneiden. In eine Schüssel geben.

2 Die Koriandersamen in einer kleinen Pfanne bei mittlerer Hitze unter Rühren kurz anrösten, dann mit der Zimtstange im Mörser leicht andrücken.

3 Olivenöl mit Zitronensaft und eventuell Sherry oder Noilly Prat, Koriander und dem Zimt verrühren, pfeffern. Mit den Putenwürfeln vermischen. Im Kühlschrank etwa 1 Stunde marinieren lassen (länger schadet auch nicht).

4 Dann die Äpfel vierteln, schälen und die Kerngehäuse herausschneiden. Die Äpfel in gleich große Stücke schneiden wie das Putenfleisch. Die Apfelwürfel mit Salz, Pfeffer und Apfeldicksaft oder Ahornsirup vermischen. Fleisch salzen und mit den Äpfeln abwechselnd auf die Spieße stecken.

5 Den Holzkohlegrill anheizen und den Rost einölen. Oder die Grillpfanne auf dem Herd erhitzen. Die Spieße auf den Rost oder in die Pfanne legen und bei mittlerer Hitze etwa 14 Minuten auf allen vier Seiten grillen, also alle 3 ½ Minuten ein Stück weiterdrehen.

Puten-Cordon-bleu

Saftig und knusprig

Zutaten für 4 Personen:
4 Putenschnitzel (je knapp 2 cm dick, also frisch abschneiden lassen, die normalen sind zu dünn) oder 8 dünne Putenschnitzel (je knapp 1 cm dick)
Salz | Pfeffer
4 Scheiben gut schmelzender Käse (z. B. mittelalter Gouda oder Tilsiter)
4 Scheiben Schinken (klassisch ist gekochter, aber es geht auch roher)
125 g Cornflakes
2 EL Mehl | 2 Eier (M)
50 g Butterschmalz
1 Zitrone
Zahnstocher zum Verschließen

Zubereitungszeit: 30 Minuten
Kalorien pro Portion: 595 kcal

1 Die Schnitzel waschen und trocken tupfen. In jedes dicke Schnitzel auf einer Seite vorsichtig eine Tasche einschneiden, dabei an den geschlossenen Seiten jeweils einen Rand von etwa 1 cm stehen lassen. Schnitzel salzen und pfeffern.

2 In jede Tasche kommt je 1 Scheibe Käse und Schinken (ohne Fettrand). Die Öffnung mit Zahnstochern verschließen. Wer die dünnen Schnitzel hat, belegt die Hälfte mit je 1 Scheibe Schinken und Käse, die übrigen Schnitzel darauflegen. Rundherum mit Zahnstochern verschließen.

3 Die Cornflakes in einen Gefrierbeutel füllen und mit dem Nudelholz darüberrollen, bis die Flakes fein zerbröselt sind. Auf einen Teller umschütten. Das Mehl ebenfalls auf einen Teller geben und die Eier in einen dritten Teller aufschlagen und verquirlen.

4 Die gefüllten Schnitzel zuerst im Mehl wenden. Leicht schütteln, damit das überschüssige Mehl abfällt. Dann die Schnitzel mit beiden Seiten durch die Eier ziehen und zum Schluss in die Cornflakes legen und leicht andrücken.

5 Das Butterschmalz in einer großen Pfanne aufschäumen lassen. Schnitzel einlegen und bei knapp mittlerer Hitze pro Seite etwa 6 Minuten braten. Zum Essen die Zitrone in Spalten schneiden und den Saft über die Schnitzel träufeln.

Chickenwings

Knabberspaß garantiert

Zutaten für 4 Personen:
2 EL flüssiger Honig
3 EL frisch gepresster Limetten- oder Zitronensaft
4 EL Ketchup oder Tomatenpüree (aus dem Tetrapack)
5 EL Sojasauce
einige Spritzer Tabasco
16 Hähnchenflügel
Öl für den Grillrost

Zubereitungszeit: 40 Minuten
+ Marinieren über Nacht
Kalorien pro Portion: 135 kcal

1 Honig mit Limetten- oder Zitronensaft, Ketchup oder Tomatenpüree und der Sojasauce gründlich verrühren. Mit dem Tabasco nach Geschmack würzen. Die Marinade kann ruhig gut scharf sein, das Fleisch nimmt nicht alles davon auf.

2 Die Hähnchenflügel waschen und trocken tupfen. In einer Schüssel gründlich mit der Marinade mischen und über Nacht in den Kühlschrank stellen.

3 Am nächsten Tag den Holzkohlegrill anheizen, Rost einölen. Die Hähnchenflügel auf den Rost legen und bei mittlerer Hitze unter Wenden etwa 30 Minuten grillen, bis sie rundherum knusprig und gut gebräunt sind. Dabei aber aufpassen, dass sie durch den Honig in der Marinade nicht verbrennen. Die Hitze also bei Bedarf anpassen. Während des Grillens die Chickenwings ab und zu mit etwas von der restlichen Marinade aus der Schüssel gleichmäßig einpinseln.

Tipp:

Die Hähnchenflügel kann man auch super im Backofen zubereiten. Einfach wie beschrieben marinieren. Dann am nächsten Tag den Backofen auf 220 Grad (auch schon jetzt: Umluft 200 Grad) vorheizen, ein Backblech mit Backpapier auslegen. Chickenwings mit der Hautseite nach unten aufs Blech legen. Im Ofen (Mitte) etwa 10 Minuten garen, umdrehen und weitere 10–15 Minuten garen, bis die Flügel schön knusprig sind. Eventuell zum Schluss noch den Backofengrill zuschalten.

Hähnchen mit Walnüssen

Ganz einfach und raffiniert

Zutaten für 4 Personen:
600 g Hähnchenbrustfilet
2 TL Speisestärke
4 EL Sake (japanischer Reiswein)
1 Bund Frühlingszwiebeln
1 Stück Ingwer (1–2 cm)
100 g Walnüsse
4 EL Öl
3–4 EL Sojasauce

Zubereitungszeit: 20 Minuten
Kalorien pro Portion: 370

1 Hähnchenbrustfilet waschen, trocken tupfen, in 2 cm große Würfel schneiden. Die Stärke mit 2 EL Reiswein verrühren und unter die Fleischwürfel mischen.

2 Von den Frühlingszwiebeln Wurzelbüschel und die dunkelgrünen welken Teile wegschneiden. Zwiebeln waschen und in 2 cm lange Stücke schneiden. Den Ingwer schälen und zuerst in dünne Scheiben schneiden, dann in sehr feine Stifte. Die Walnüsse in kleinere Stücke brechen. Wenn das nicht so gut geht, einfach mit dem Messer grob drüberhacken.

3 Das Öl im Wok oder in der Pfanne erhitzen. Die Nüsse hineingeben und etwa 1½ Minuten braten, dabei immer rühren. Die Nüsse sollen schön braun werden, aber keinesfalls schwarz. Also rechtzeitig wieder rausholen – mit dem Schaumlöffel.

4 Dann das Fleisch in Wok oder Pfanne geben und 1 Minute braten. Die Zwiebelstücke und den Ingwer dazu, 1 Minute weiterbraten und -rühren. Restlichen Reiswein mit Sojasauce und etwa 6 EL Wasser verrühren und mit den Nüssen dazugeben. Noch mal 1 Minute braten und rühren, fertig!

Rotes Hähnchencurry

Asiatisches für Einsteiger

Zutaten für 4 Personen:
600 g Hähnchenbrustfilet
200 g Kirschtomaten
1 Dose Ananasstücke
(140 g Abtropfgewicht)
2 Stangen Zitronengras
1 EL Öl
1–2 EL rote Currypaste
1 Dose Kokosmilch (400 ml)
1 EL Palmzucker (als Ersatz geht auch brauner Zucker)
3 EL Fischsauce
2 EL frisch gepresster Limettensaft
einige Korianderblättchen zum Bestreuen (wer mag)

Zubereitungszeit: 20 Minuten
Kalorien pro Portion: 320

1 Das Hähnchenbrustfilet waschen, trocken tupfen und in etwa 1 cm große Würfel schneiden. Die Kirschtomaten waschen, die Ananas im Sieb abtropfen lassen (Saft trinken oder wegschütten). Das Zitronengras waschen, oben und unten ein Stück wegschneiden, den Rest fein schneiden.

2 Das Öl in Wok oder Pfanne erhitzen, die Currypaste reinrühren und anbraten. Die Kokosmilch dazugießen und kräftig aufkochen lassen. Mit dem Zitronengras, Zucker, Fischsauce und dem Limettensaft würzen. Huhn und Ananas dazugeben und offen 5 Minuten köcheln lassen.

3 Jetzt nur noch die Tomaten untermischen und heiß werden lassen. Wer möchte, streut zum Schluss ein paar Korianderblättchen darüber.

Tandoori-Hähnchen-Tikka

Vom Grill oder aus dem Ofen

Zutaten für 4–6 Personen:
600 g Hähnchenbrustfilet (möglichst gleichmäßig dicke Stücke nehmen)
1 Msp. gemahlener Safran
1 Stück Ingwer (etwa 3 cm)
2–3 Knoblauchzehen
1 TL gemahlener Kreuzkümmel
je 3/4 TL Garam masala, Chilipulver und edelsüßes Paprikapulver
3 EL frisch gepresster Zitronensaft
2 1/2 EL Kichererbsenmehl
3 EL Naturjoghurt
Salz | Pfeffer
Alugrillschale
Öl für Grillschale oder -rost

Zubereitungszeit: 25 Minuten
+ 4 Stunden Marinieren
Kalorien pro Portion (bei 6): 145 kcal

1 Hähnchenfilet waschen und trocken tupfen, alles Fett entfernen. Fleisch in 1 cm breite, längliche Streifen schneiden oder 3 cm groß würfeln. Den Safran mit 1–2 EL heißem Wasser verrühren.

2 Ingwer schälen und winzig würfeln, Knoblauch schälen und durch die Presse drücken. Beides mit Gewürzen, Zitronensaft, Kichererbsenmehl und dem Joghurt gründlich verrühren, salzen und pfeffern. Fleisch mit Safranwasser untermischen, abdecken und möglichst mindestens 4 Stunden im Kühlschrank marinieren.

3 Den Holzkohle- oder Backofengrill anheizen. Beim Holzkohlegrill die Hähnchenstücke auf die leicht eingeölte Grillschale legen (10–15 cm Abstand zur Glut) und noch mal mit Marinade betupfen. Beim Backofengrill den Rost gut einölen und das Fleisch darauflegen. Mit einem Blech darunter (es tropft!) in den Backofen (oben) schieben. Egal, ob Herd oder Grill, in 10–12 Minuten sollten die Hähnchenstücke hell gebräunt und gar sein.

Das schmeckt dazu: Zitronenachteln zum Beträufeln, ein Chutney und Reis.

Tipp:

Für Backofenbenutzer: Die Hähnchen-Tikkas werden besonders fein, wenn man sie gegen Garzeitende mit ein bisschen flüssiger Butter oder Ghee betupft.

Weißes Hähnchencurry

Kokosmild und richtig edel

Zutaten für 4 Personen:
4 kleine Zwiebeln
3 Knoblauchzehen
1 Stück Ingwer (etwa 3 cm)
3–4 grüne Chilischoten
2 grüne Kardamomkapseln
4 EL Erdnussöl
2 EL Cashewnüsse
1 TL Kreuzkümmelsamen
1 TL Fenchelsamen
3 EL Naturjoghurt
½ TL gemahlener Koriander
600 g Hähnchenbrustfilet
1 Stück Zimtstange (etwa 5 cm)
3 Nelken
Salz
¼ l Kokosmilch
Saft von 1 Limette

Zubereitungszeit: 20 Minuten
+ 30 Minuten Marinieren
+ 20 Minuten Garen
Kalorien pro Portion: 415 kcal

1 Die Zwiebeln schälen und in feine Streifen schneiden. Den Knoblauch und Ingwer schälen und grob hacken. Die Chilischoten waschen, entstielen und fein hacken. Kardamomkapseln aufschneiden und die schwarzen Samenkörnchen rauskratzen.

2 Im Wok oder Topf bei mittlerer Hitze 2 EL Erdnussöl heiß werden lassen. Die Hälfte der Zwiebeln mit Knoblauch, Ingwer, Chilis, Kardamom, Nüssen, Kreuzkümmel und Fenchel dazugeben und unter Rühren braten, bis die Zwiebeln weich und glasig, aber noch nicht gebräunt sind. Vom Herd nehmen und ein wenig abkühlen lassen. Mit Joghurt und Koriander mischen, mit dem Pürierstab gut durchmixen.

3 Hähnchenbrustfilet waschen, trocken tupfen und quer in 2 cm breite Streifen schneiden. Die Filetstreifen gut mit der Joghurtmasse mischen, abdecken und 30 Minuten kühl stellen.

4 Das restliche Öl im Wok oder Topf bei mittlerer Hitze heiß werden lassen. Die übrigen Zwiebeln, Zimtstange und Nelken unter Rühren anbraten, bis die Zwiebeln glasig, aber noch nicht gebräunt sind.

5 Das Fleisch samt der Marinade dazugeben und 2–3 Minuten anbraten, dabei kräftig rühren. Salzen, Kokosmilch dazugießen, alles gut miteinander verrühren. Deckel drauf und das Ganze bei geringer Hitze etwa 20 Minuten garen, dabei ab und zu umrühren. Dann kurz vor dem Servieren das Curry ganz nach eigenem Gusto mit Limettensaft abschmecken.

Die 80-Grad-Entenbrust

Echt basic

Zutaten für 2 Personen:
2 Entenbrustfilets (gut 400 g)
Salz | Pfeffer

Zubereitungszeit: 10 Minuten
+ 30–45 Minuten Garen
Kalorien pro Portion: 450

1 Den Backofen (Ober- und Unterhitze nehmen!) auf 80 Grad einstellen, unbedingt mit einem Backofenthermometer kontrollieren. Die Fettschicht der Entenbrüste gitterförmig einritzen (aber nicht ins Fleisch schneiden), salzen, pfeffern.

2 Eine ofenfeste Pfanne erhitzen. Die Entenbrüste mit der Fettseite nach unten reinlegen und scharf anbraten, wenden und die Fleischseite kurz scharf anbraten.

3 Die Pfanne in den Ofen stellen – und 30–45 Minuten nix mehr tun. Die Entenbrüste garen in der milden Hitze sanft und werden innen zartrosa und saftig.

Ente mit Orangensauce

Eine Berühmtheit aus Frankreich

Zutaten für 4 Personen:
1 Bauernente (etwa 2 ½ kg)
Salz | Pfeffer
½ Bund Thymian
4 Bio-Orangen
2 EL Butter
¼ l trockener Weißwein
3 EL Orangenlikör
2 EL frisch gepresster Zitronensaft
1 EL Orangenmarmelade oder Honig oder ½ EL Zucker

Zubereitungszeit: 40 Minuten
+ 2 ½ Stunden Garen
Kalorien pro Portion: 1285 kcal

1 Die Ente innen und außen waschen und trocken tupfen. In einem Schälchen Salz und Pfeffer mischen und die Ente damit gründlich einreiben. Backofen auf 180 Grad (erst später: Umluft 160 Grad) vorheizen.

2 Den Thymian abbrausen, trocken schütteln und in den Entenbauch legen. 2 Orangen heiß waschen und abtrocknen, die Schale von 1 Orange fein abreiben, die der zweiten dünn abschneiden und auch in den Entenbauch legen. Den Saft beider Orangen auspressen und beiseitestellen. Butter zerlassen und die abgeriebene Orangenschale untermischen, die Ente rundherum mit dieser aromatischen Butter einpinseln.

3 Die Ente mit der Brust nach unten in einen Bräter legen und im Ofen (Mitte) 30 Minuten braten.

4 Den Orangensaft mit dem Weißwein und dem Likör mischen. Ente umdrehen, die Flüssigkeit angießen. Die Ente noch etwa 2 Stunden braten, dabei häufig mit der Flüssigkeit beschöpfen.

5 Von den übrigen beiden Orangen die Schale so abschneiden, dass auch die weiße Haut mit entfernt wird. Die Orangenfilets zwischen den Trennhäuten herausschneiden.

6 Die Ente aus dem Bräter nehmen und mit dem Messer und der Geflügelschere in 8–10 Stücke teilen. Die Entenstücke auf den Rost legen und eine Fettpfanne darunterstellen. Backofengrill anschalten. Rost und Fettpfanne in den Ofen schieben (10 cm Abstand zu den Grillschlangen) und die Entenstücke in ein paar Minuten knusprig bräunen.

7 Inzwischen Sauce aus dem Bräter in einen Topf gießen, Fett abschöpfen. Zitronensaft und Marmelade oder Honig oder Zucker unterrühren und die Sauce aufkochen. Mit Salz und Pfeffer würzen. Orangenfilets einlegen und bei geringer Hitze in der Sauce erwärmen. Mit der Ente servieren.

Und dazu:
Kartoffelgratin

500 g mehligkochende Kartoffeln in dünnen Scheiben fächerförmig in eine gefettete Auflaufform schichten, mit Salz, Pfeffer und frisch geriebener Muskatnuss würzen. 100 g Sahne und ⅛ l Milch über die Kartoffeln gießen, 50 g geriebenen Bergkäse darüberstreuen, mit Butterflöckchen belegen. Im 180 Grad heißen Ofen (Mitte) 50 Minuten backen.

Kaninchen in Senfsauce

Vom Feinsten

Zutaten für 4 Personen:
1 Kaninchen (etwa 1½ kg, vom Händler in 12–14 Stücke teilen lassen)
Salz | Pfeffer
100 g Dijon-Senf
300 g kernlose blaue Weintrauben
2 Schalotten
2 Knoblauchzehen
6 Zweige Thymian
2 EL Butter
¼ l trockener Rotwein
75 g durchwachsener Räucherspeck (in dünnen Scheiben)
150 g Crème fraîche
½ TL Zucker

Zubereitungszeit: 45 Minuten
+ 45 Minuten Garen
Kalorien pro Portion: 740 kcal

1 Eventuelle Knochensplitter an den Kaninchenstücken mit einem feuchten Tuch abwischen. Kaninchenstücke mit Salz und Pfeffer würzen und ganz dünn mit Senf einstreichen.

2 Die Trauben waschen und halbieren. Schalotten und Knoblauch schälen und in feine Scheiben schneiden. Thymian abbrausen und trocken schütteln, die Blättchen von den Zweigen abstreifen.

3 Backofen auf 180 Grad (erst später: 160 Grad Umluft) vorheizen. Die Butter in einem Schmortopf erhitzen. Darin die Kaninchenstücke portionsweise bei mittlerer Hitze anbraten und wieder herausnehmen. Schalotten, Knoblauch und Thymian kurz andünsten, Trauben untermischen und mit Wein ablöschen. Die Kaninchenstücke wieder einlegen und mit den Speckscheiben abdecken. Den Topf in den Ofen (Mitte) schieben und das Fleisch etwa 45 Minuten braten.

4 Dann den Topf aus dem Ofen holen, Speckscheiben abheben und eventuell später mit servieren. Kaninchenstücke aus der Sauce heben und im abgeschalteten Ofen warm halten. Sauce auf dem Herd aufkochen, Crème fraîche und restlichen Senf mit dem Schneebesen unterschlagen. Die Sauce mit Salz, Pfeffer und dem Zucker abschmecken und über die Kaninchenstücke gießen. Servieren.

Rehbraten mit Pflaumen

Was richtig Feines für den Herbst und Winter

Zutaten für 6 Personen:
1 Rehbraten ohne Knochen (etwa 1 kg, am besten Keule)
½ Bio-Zitrone | Salz | Pfeffer
je ¼ TL frisch geriebene Muskatnuss, gemahlener Kümmel und Koriander, edelsüßes Paprikapulver, Zimtpulver
1 Stück Knollensellerie (etwa 150 g)
2 Möhren | 1 Stange Lauch | 4 EL Öl
500 g Knochen (am besten vom Reh, ersatzweise Kalbsknochen)
1 EL Puderzucker | 2 EL Tomatenmark
½ l trockener Rotwein (ersatzweise Wildfond aus dem Glas)
je 1 TL Wacholderbeeren und Pfefferkörner
2 Nelken | 4 Lorbeerblätter
100 g weiche Trockenpflaumen

Zubereitungszeit: 45 Minuten
+ 2 ¾ Stunden Garen
Kalorien pro Portion: 325 kcal

1 Vom Rehbraten die Sehnen so gut wie möglich abschneiden. Zitrone heiß waschen, abtrocknen und die Schale fein abreiben. Die Schale mit 1 TL Salz und 1 TL Pfeffer, Muskat, Kümmel, Koriander, Paprika und Zimt mischen und den Braten rundherum damit einreiben.

2 Für die Sauce den Sellerie und die Möhren schälen und in gut 1 cm große Würfel schneiden. Vom Lauch Wurzelbüschel und welke Teile abschneiden. Die Stange der Länge nach aufschlitzen und gründlich waschen, auch zwischen den Schichten, dann in 2–3 cm lange Stücke schneiden.

3 Den Backofen auf 120 Grad vorheizen (Ober- und Unterhitze nehmen!). In einem Bräter auf dem Herd 2 EL Öl erhitzen. Den Rehbraten darin bei mittlerer Hitze rundherum etwa 5 Minuten anbraten, wieder herausnehmen. Das restliche Öl in den Bräter geben und das Gemüse und die Knochen darin gut anbraten. In die Fettpfanne des Backofens umfüllen.

4 Puderzucker im Bratfett schmelzen, das Tomatenmark gründlich unterrühren und alles mit dem Wein und ½ l Wasser aufgießen. Zum Gemüse und den Knochen in die Fettpfanne gießen, salzen und die Wacholderbeeren, Pfefferkörner, Nelken und Lorbeerblätter dazugeben.

5 Fettpfanne in den Ofen (etwas unter der Mitte) schieben. Den Rehbraten auf den Rost legen. Wer ein Bratenthermometer hat, steckt dieses in die dickste Stelle des Fleisches. Rost über der Fettpfanne in den Ofen schieben, den Braten etwa 2 ¾ Stunden garen. Das Thermometer soll dann 75 Grad anzeigen.

6 Den Rehbraten im Ofen lassen. Die Zutaten aus der Fettpfanne durch ein Sieb in einen Topf gießen. Sauce gut aufkochen und bei Bedarf einkochen lassen. Pflaumen achteln und in der Sauce erwärmen. Die Sauce mit Salz und Pfeffer abschmecken. Den Braten in Scheiben schneiden und mit der Sauce servieren.

Das schmeckt dazu: Spätzle, Nudeln oder Kartoffelpüree.

Wildschwein-ragout mit Gemüse

Mindestens genauso gut: vorkochen und aufwärmen

Zutaten für 4 Personen:
800 g Wildschweineschulter oder -keule (ohne Knochen)
2 Zwiebeln | 2 Möhren
1 Stange Lauch
1 Birne oder Apfel
50 g durchwachsener Räucherspeck
2 EL Butter | 2 EL Öl
Salz | Pfeffer
1 TL Mehl
1 EL Tomatenmark
etwa 400 ml trockener Rotwein
1 EL Johannisbeer- oder Apfelgelee (auch sehr fein: eingekochte Preiselbeeren)
2 Lorbeerblätter
1 TL Wacholderbeeren
50 g Crème fraîche

Zubereitungszeit: 45 Minuten + 2 Stunden Garen
Kalorien pro Portion: 580 kcal

1 Das Fleisch in 3–4 cm große Würfel schneiden, dabei große Fettstücke und sichtbare Sehnen entfernen. Zwiebeln und Möhren schälen und fein würfeln. Vom Lauch Wurzelbüschel und welke grüne Teile abschneiden. Lauch längs aufschneiden und gründlich waschen, dann in feine Streifen schneiden. Birne oder Apfel vierteln, schälen, entkernen und in Scheiben schneiden. Speck von der Schwarte befreien und klein würfeln.

2 Butter und Öl in einem Schmortopf heiß werden lassen. Fleischwürfel darin in drei bis vier Portionen bei starker Hitze gut anbraten, salzen, pfeffern und mit dem Schaumlöffel wieder aus dem Topf heben. Dann den Speck mit Gemüse und Birne oder Apfel in den Topf füllen und im Bratfett gut andünsten. Mehl darüberstreuen und kurz mitbraten, das Tomatenmark unterrühren und leicht braten. Mit dem Rotwein ablöschen, mit Salz, Pfeffer und Gelee abschmecken.

3 Lorbeerblätter und Wacholderbeeren einrühren. Fleisch wieder untermischen, Deckel auflegen, die Hitze auf kleinste Stufe schalten. Das Wildschweinragout etwa 2 Stunden sanft schmurgeln lassen. In der Zeit muss man nicht viel machen, einfach nur ab und zu mal nachschauen, ob genug Flüssigkeit im Topf ist. Wenn sie knapp wird, einfach mehr Wein (oder auch Brühe oder Wasser) nachgießen.

4 Dann Crème fraîche unters Ragout rühren, mit Salz und Pfeffer abschmecken. In einer vorgewärmten Schüssel auf den Tisch stellen.

Das schmeckt dazu: Kartoffeln, Polenta, Spätzle oder Nudeln.

Tipps:

Vor allem Freunde der französischen Küche mögen passierte Saucen gerne. Dafür die Fleischstücke aus dem Ragout fischen und in die warme Schüssel legen. Die Sauce durch ein Sieb in einen Topf gießen, Gemüse ausdrücken. Sauce mit Crème fraîche mischen, aufkochen, abschmecken und übers Fleisch gießen. Auch sehr fein: Statt dem Wildschweinfleisch einmal Rehkeule oder -schulter (ohne Knochen) würfeln. Birne oder Apfel und Speck weglassen, dafür doppelt so viel Wacholderbeeren nehmen.

Pizza,

Quiches & Co.

Was haben Focaccia und Quiche lorraine gemeinsam? Ganz einfach: Unten Teig, oben mmmh! Manchmal ist das Mmmh aber auch drinnen, so wie bei der Calzone, beim Wrap oder den Teigtaschen. Da können wir aber auch getrost drüber wegsehen – Hauptsache, das Mmmh ist mit dabei!

Feier-Pizza

Ein Teig – und für jeden etwas anderes drauf

Zutaten für 1 Backblech, Grundrezept für 3–4 Personen:

Für den Teig:
15 g frische Hefe
1 Prise Zucker
300 g Mehl
Salz
4 EL Olivenöl

Für die Tomatensauce:
800 g Tomaten (1 Dose geschälte Tomaten mit 800 g geht auch)
2 Knoblauchzehen
1 Zwiebel
2 EL Olivenöl
1 TL getrocknete Mittelmeerkräuter
Salz | Pfeffer

Zubereitungszeit: 45–75 Minuten + 15 Minuten Backen
Kalorien pro Portion (bei 4): 435 kcal

1 Für den Teig die Hefe fein zerkrümeln und mit Zucker und 150 ml lauwarmem Wasser verrühren. Mit Mehl, ½ TL Salz und dem Öl in eine Schüssel füllen und vermischen. Dann alles auf die Arbeitsfläche geben und kräftig durchkneten, bis ein glatter und glänzender Teig entstanden ist, der gut zusammenhält. Teig in die Schüssel legen, mit einem Küchentuch zudecken und aufgehen lassen, bis er etwa doppelt so groß ist. Das dauert 30–60 Minuten.

2 Inzwischen für die Sauce Tomaten in eine Schüssel legen und mit kochend heißem Wasser überbrühen, kurz ziehen lassen. Dann Tomaten kalt abschrecken und die Haut abziehen. Die Tomaten in kleine Würfel schneiden, dabei die Stielansätze entfernen. Den Knoblauch und die Zwiebel schälen und fein hacken.

3 Öl in einem Topf erhitzen. Knoblauch und Zwiebel darin unter Rühren glasig werden lassen. Tomaten mit den Kräutern dazugeben, salzen, pfeffern. Alles bei mittlerer Hitze in etwa 20 Minuten zu einer sämigen Sauce einkochen, dabei zwischendurch gut umrühren. Die Sauce mit Salz und Pfeffer abschmecken und abkühlen lassen.

4 Backofen auf 250 Grad (auch schon jetzt: Umluft 220 Grad) vorheizen. Den Hefeteig noch mal kräftig durchkneten. Backblech mit Backpapier auslegen und den Teig darauf ausrollen, Ränder etwas dicker formen.

5 Tomatensauce gleichmäßig auf dem Teig verstreichen. Und jetzt mit Belag 1, 2, 3 oder 4 bestücken oder auch nach eigener Fantasie. Die Pizza im Ofen (Mitte) um die 15 Minuten backen.

BELAG 1: Margherita

375 g dünne Mozzarellascheiben auf die Tomatensauce legen und mit 2 EL Olivenöl beträufeln. Die Pizza wie beschrieben backen und vorm Essen mit 1 Handvoll Basilikum- oder Rucolablättchen bestreuen. Auch fein: 6–8 dünne Scheiben San-Daniele-Schinken nach dem Backen auf die Pizza legen und mit etwas Rucola garnieren.

BELAG 2: Spargel und Schinken

500 g grünen Spargel waschen, putzen und in Salzwasser 3 Minuten vorkochen. Kalt abschrecken, abtropfen lassen und auf die Tomatensauce legen. Mit 250 g dünnen Mozzarellascheiben belegen und mit 2 EL Olivenöl beträufeln. Pizza wie beschrieben backen, dann mit 100 g roh geräuchertem Schinken in dünnen Scheiben belegen.

BELAG 3: Sardellen und Zucchini

250 g Zucchini waschen, putzen und in dünne Scheiben hobeln. Die Zucchinischeiben auf die Tomatensauce legen. Mit 50 g Sardellenfilets (in Öl) und 2 EL Oliven belegen. Mit 2 EL Olivenöl beträufeln oder mit 250 g dünnen Mozzarellascheiben belegen. Die Pizza wie beschrieben backen.

Belag 4: Salami

Schlicht und bei den meisten Kindern die einzige Alternative zur Margherita: Tomatensauce mit 150 g Salamischeiben (oder gekochtem Schinken) belegen und darauf 250 g dünne Mozzarellascheiben verteilen. Pizza wie beschrieben backen.

Pizzabrot

Tolle Beilage für Antipasti

Für 1 Backblech oder 2 Pizzableche (4 Personen):
1 Portion Hefeteig (siehe links)
4–5 geschälte Tomaten (aus der Dose)
2 Knoblauchzehen
4 Zweige Rosmarin
3 EL Olivenöl
Salz | Pfeffer
Öl fürs Backblech

Zubereitungszeit: 15 Minuten
+ Zubereitung des Hefeteigs
+ 12 Minuten Backen
Kalorien pro Portion: 450

1 Den Hefeteig wie links beschrieben zubereiten und ruhen lassen. Backblech einfetten und den Hefeteig direkt auf dem Blech dünn ausrollen.

2 Den Backofen auf 250 Grad (auch schon jetzt: Umluft 220 Grad) vorheizen. Die Tomaten klein würfeln, Knoblauch schälen und ganz fein schneiden. Rosmarin abbrausen und trocken schütteln, Blättchen abzupfen und grob hacken.

3 Die Tomaten mit dem Knoblauch, dem Rosmarin und dem Olivenöl vermischen. Mit Salz und Pfeffer würzen. Die Tomaten gleichmäßig auf dem Teig verstreichen.

4 Das Backblech in den Ofen (Mitte) schieben und das Pizzabrot knusprig backen. Nach etwa 12 Minuten ist es so weit. Rausholen, in Tortenstücke schneiden und heiß essen.

Focaccia mit Kirschtomaten

Ein ganzes Backblech voll italienischem Genuss

Zutaten für 6–8 Personen:
500 g Mehl
2 TL Salz
1 Prise Zucker
gut ½ Würfel Hefe (etwa 25 g)
8 EL Olivenöl
500 g Kirschtomaten
8 Zweige Thymian
4 Knoblauchzehen (wer mag)
2 TL mittelgrobes Salz
(z. B. Fleur de Sel)
Pfeffer

Zubereitungszeit: 40 Minuten
+ 1 Stunde Gehen
+ 20 Minuten Backen
Kalorien pro Portion (bei 8): 315 kcal

1 Das Mehl mit dem Salz undZucker in einer Schüssel mischen. Die Hefe zerkrümeln und mit ¼ l lauwarmem Wasser verrühren, bis sie sich gelöst hat. Mit 3 EL Öl zum Mehl gießen und alles gründlich verkneten, bis der Teig weich und schön geschmeidig ist und nicht mehr an den Händen klebt. Ist der Teig zu trocken, um geschmeidig zu werden, noch ein wenig Wasser dazugeben. Klebt er stark an den Händen, noch etwas mehr Mehl unter den Teig kneten.

2 Schüssel mit einem Küchentuch abdecken und den Hefeteig etwa 1 Stunde an einem warmen Ort ruhen lassen, bis er etwa doppelt so hoch aufgegangen ist.

3 Dann den Backofen auf 220 Grad (auch schon jetzt: Umluft 200 Grad) vorheizen. Das Backblech mit Backpapier auslegen (oder stattdessen das Blech mit Öl einpinseln).

4 Den Teig noch einmal durchkneten und auf dem Backblech ausrollen, möglichst an allen Stellen etwa gleich dick. Die Tomaten waschen und halbieren. Den Thymian abbrausen und trocken schütteln, Blättchen von den Zweigen streifen (das geht ganz einfach gegen die Richtung, in die sie wachsen). Eventuell Knoblauch schälen und in hauchdünne Scheiben schneiden.

5 Die Tomaten mit der Hautseite nach unten auf den Teig legen und leicht eindrücken. Thymian und eventuell den Knoblauch daraufstreuen. Das übrige Öl darüberlaufen lassen und das grobe Salz darüber verteilen, pfeffern. Die Focaccia im Ofen (Mitte) etwa 20 Minuten backen, bis sie schön aufgegangen und leicht braun ist.

6 Focaccia aus dem Ofen nehmen und in Stücke schneiden. Lauwarm schmeckt sie besonders gut, aber auch kalt ist sie fein – nur am selben Tag sollte man sie auf jeden Fall essen. Und: Sie passt sehr gut zu Vorspeisen mediterraner Art, aber auch zu einer Brotzeit mit italienischen Käsesorten, Salami und Schinken.

Variante: Focaccia mit Zwiebeln

Hefeteig wie beschrieben zubereiten, gehen lassen und auf dem Blech ausrollen. Für den Belag 4 rote Zwiebeln schälen und in dünne Ringe schneiden. 4 Knoblauchzehen schälen, fein würfeln. Beides mit 6 EL Olivenöl und 1 TL getrockneten Mittelmeerkräutern, Pfeffer und Salz mischen und auf dem Teig verteilen. Wie beschrieben backen. Wer mag, kann vor dem Servieren noch ein paar Späne Pecorino über den Fladen hobeln oder etwas Feta (Schafskäse) daraufkrümeln.

Variante: Focaccia mit Zucchini

Hefeteig wie beschrieben zubereiten, gehen lassen und auf dem Blech ausrollen. Für den Belag 500 g Zucchini waschen, putzen, in dünne Scheiben schneiden und auf dem Teig auslegen. 1 Bio-Zitrone heiß waschen, abtrocknen und die Schale fein abreiben. 2 Knoblauchzehen schälen und fein hacken. Nach Belieben 2–3 Stängel Petersilie abbrausen, trocken schütteln und die Blättchen fein hacken. Zitronenschale, Knoblauch und eventuell Petersilie vermischen und auf die Zucchini streuen. Mit Salz und Pfeffer würzen. Mit 4 EL Olivenöl beträufeln, wie beschrieben backen. Nach dem Backen etwas frisch geriebenen Pecorino oder auch ganz fein gewürfelten Mozzarella darauf zerlaufen lassen. Auf dieser Focaccia schmeckt Olivensalz zum Würzen besonders gut.

Calzone

Köstlich gefüllte Pizzatasche

Zutaten für 2 Personen:
Für den Teig:
200 g Mehl
Salz
4 EL Olivenöl + Öl fürs Blech
¼ Würfel Hefe (etwa 10 g)
Für die Füllung:
50 g gekochter Schinken
1 kleine feste Tomate
½ Bund Petersilie
1 Kugel Mozzarella (125 g)
150 g Ricotta
1 Ei (M)
50 g frisch geriebener Parmesan
(auch fein: Pecorino)
1 Knoblauchzehe
Salz | Pfeffer
2 EL Olivenöl zum Bepinseln

Zubereitungszeit: 30 Minuten
+ 1 Stunden Gehen
+ 25 Minuten Backen
+ Wartezeit
Kalorien pro Portion: 1075

1 Mehl mit Salz und Olivenöl in einer Schüssel mischen. Hefe zerkrümeln, mit 100 ml lauwarmem Wasser verrühren und unter das Mehl mischen. Alles auf die Arbeitsfläche häufen und kräftig durchkneten. In die Schüssel zurückgeben und zugedeckt in etwa 1 Stunde auf doppelte Größe aufgehen lassen.

2 Den Schinken klein würfeln. Tomate waschen und klein schneiden, dabei den Stielansatz entfernen. Die Petersilie abbrausen, trocken schütteln und ganz fein hacken. Mozzarella würfeln, mit Ricotta, Ei und Parmesan verrühren. Schinken, Tomate und Petersilie unterrühren, den Knoblauch schälen und dazupressen. Alles mit Salz und Pfeffer würzen.

3 Backofen auf 220 Grad (erst später: Umluft 200 Grad) vorheizen, Backblech einfetten. Auf die Arbeitsfläche wenig Mehl streuen. Darauf den Teig mit dem Nudelholz möglichst rund ausrollen.

4 Ausgerollten Teig aufs Blech legen, eine Hälfte kann ruhig leicht über den Rand hängen. Füllung auf der anderen Teighälfte verteilen, aber einen Rand frei lassen, damit man die Teigstücke auch zusammendrücken kann. Die überhängende Seite über die Füllung klappen, Ränder gut zusammendrücken. Die Calzone mit Olivenöl bepinseln.

5 Die Calzone im Ofen (Mitte) etwa 25 Minuten backen, bis sie schön braun ist. Rausholen, noch 5–10 Minuten gedulden, halbieren, schmecken lassen.

Kartoffelpizza

Süditalienisch

Zutaten für 3–4 Personen:
250 g Mehl | Salz
6 EL Olivenöl | 15 g frische Hefe
600 g festkochende Kartoffeln
4–5 Zweige Rosmarin
1 Mozzarella (125 g)
2–3 EL Pesto oder Olivencreme
(fertig gekauft)
Pfeffer | Olivenöl fürs Blech

Zubereitungszeit: 45 Minuten
+ 45 Minuten Gehen
+ 20–25 Minuten Backen
Kalorien pro Portion (bei 4): 540

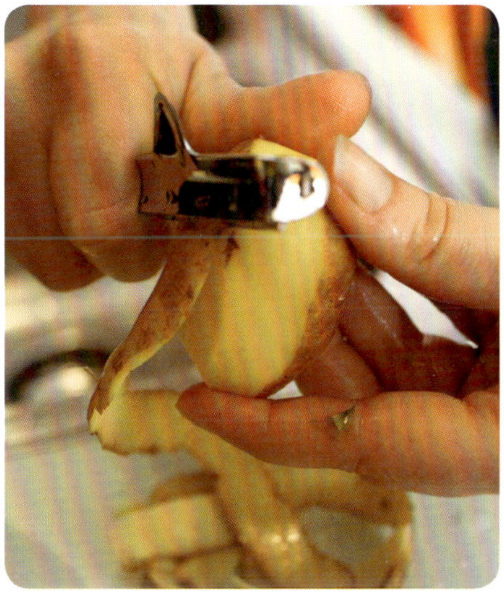

1 Mehl mit 1 gestrichenen TL Salz und 3 EL Olivenöl mischen. Hefe zerkrümeln und mit etwa ⅛ l lauwarmem Wasser anrühren. Zum Mehl gießen und alles gut durchkneten. Den Teig zugedeckt etwa 45 Minuten gehen lassen, bis er doppelt so groß ist.

2 Kartoffeln schälen, waschen und in feine Scheiben hobeln. In kochendem Salzwasser 4 Minuten blanchieren, kalt abschrecken und abtropfen lassen. Den Rosmarin abbrausen, trocken schütteln und die Blättchen abzupfen. Mozzarella klein würfeln.

3 Das Backblech mit Öl auspinseln. Den Backofen auf 220 Grad (auch schon jetzt: Umluft 200 Grad) vorheizen. Teig noch mal durchkneten, dann auf dem Blech mit dem Nudelholz ausrollen. Die Ränder dicker formen.

4 Pesto oder Olivencreme auf dem Teig verstreichen, mit Kartoffeln dachziegelartig belegen. Rosmarin und Mozzarella darüberstreuen, salzen und pfeffern. 3 EL Öl darüberträufeln. Pizza im Ofen (Mitte) 20–25 Minuten backen, bis die Kartoffeln weich sind.

Blitz-Pizza

Variante mit Fertigteig

Zutaten für 4 Personen:
300 g Zucchini
150 g gekochter Schinken
1 Stück Bio-Zitronenschale (etwa 2 cm)
1 EL gehackte TK-Petersilie
2 EL kleine Kapern (wer mag)
Salz | Pfeffer
200 g stückige Tomaten (aus der Dose)
1 fertig ausgerollter Pizzateig (400 g, auf Backpapier, aus dem Kühlregal)
100 g mittelalter Bergkäse oder junger Pecorino
1 EL Olivenöl

Zubereitungszeit: 15 Minuten
+ 13 Minuten Backen
Kalorien pro Portion: 445 kcal

1 Backofen auf 250 Grad (auch schon jetzt: Umluft 220 Grad) vorheizen. Die Zucchini waschen, putzen und auf einer Küchenreibe grob raspeln. Schinken in breite Streifen schneiden. Die Zitronenschale fein hacken.

2 Die Zucchini mit dem Schinken, der Zitronenschale, der Petersilie und eventuell den Kapern mischen und mit Salz und Pfeffer würzen. Tomaten ebenfalls mit Salz und Pfeffer würzen.

3 Den Pizzateig auseinanderrollen und mitsamt dem Backpapier aufs Backblech legen. Mit den Tomaten bestreichen, die Zucchinimischung gleichmäßig darauf verteilen. Käse von der Rinde befreien, grob raspeln und aufstreuen. Olivenöl darüberträufeln.

4 Die Zucchini-Schinken-Pizza im Ofen (Mitte) etwa 13 Minuten backen, bis sie schön gebräunt ist. In Stücke schneiden und servieren.

Das schmeckt dazu: gemischter Salat oder Rucolasalat mit Tomaten.

Tipp:
Statt Zucchini schmecken auch Paprikaschoten in dünnen Streifen oder Pilze in Scheiben sehr gut auf dieser Pizza.

Türkische Pizza

Im Original heißt sie Lahmacun

Zutaten für 4 Personen:
Für die Pizza:
300 g Mehl
Salz
½ Würfel Hefe (etwa 20 g)
1 Bund Frühlingszwiebeln
2 Knoblauchzehen
1 großes Bund Petersilie
½ TL gemahlener Kreuzkümmel
1 Prise Chilipulver
2–3 EL Naturjoghurt
1 EL Tomatenmark
400 g Rinderhackfleisch
Für die Gurkensauce:
½ Salatgurke
Salz
2 Knoblauchzehen
½ Bund Dill
400 g Naturjoghurt
1 TL frisch gepresster Zitronensaft
1 EL Olivenöl
Fürs Blech: Öl

Zubereitungszeit: knapp 1½ Stunden
Kalorien pro Portion: 590

1 Mehl mit 1 TL Salz mischen. Hefe zerkrümeln, in 150 ml lauwarmem Wasser anrühren. Zum Mehl gießen und gründlich durchkneten. Den Teig zugedeckt 45 Minuten gehen lassen.

2 Für die Sauce Gurke schälen, längs halbieren, entkernen, grob raspeln, mit Salz mischen und ziehen lassen. Nach etwa 10 Minuten das Wasser abgießen. Knoblauch schälen und dazupressen. Dill abbrausen, Spitzen abschneiden. Mit Joghurt, Zitronensaft und Öl unterrühren. Sauce salzen und kühl stellen.

3 Frühlingszwiebeln putzen, waschen, in Ringe schneiden. Knoblauch schälen, fein hacken. Petersilie abbrausen und hacken. Alles mit Kreuzkümmel, Chili, Joghurt und Tomatenmark unter das Hackfleisch mischen, salzen.

4 Zwei Backbleche einfetten, Backofen auf 250 Grad (auch schon jetzt: Umluft 220 Grad) vorheizen. Teig halbieren und jede Hälfte auf wenig Mehl zu einem länglichen Fladen ausrollen, auf ein Blech legen. Hackmischung darauf verteilen. Fladen nacheinander im Ofen (Mitte) in etwa 12 Minuten goldbraun backen. Mit der Gurkensauce anrichten.

Oriental Wrap

Fingerfood zum Sattessen

Zutaten für 4 Personen:
Für den Teig:
10 g frische Hefe | ½ TL Zucker
400 g Mehl + Mehl zum Arbeiten
1 TL Salz | 1 EL Öl
Für die Füllung:
150 g Bulgur | 2 Tomaten
2 Knoblauchzehen
je ½ Bund Petersilie und Minze
2 EL frisch gepresster Zitronensaft
4 EL Olivenöl | Salz | Pfeffer
200 g Lammkeule oder Rinderfilet
1 TL gemahlener Kreuzkümmel
4–8 Salatblätter zum Belegen
½ Rezept Hummus (Seite 20, wer mag)

Zubereitungszeit: 1½ Stunden
Kalorien pro Portion: 845

1 Für den Teig die Hefe zerkrümeln und mit Zucker und ¼ l lauwarmem Wasser verrühren. Zum Mehl geben, Salz und Öl dazu und alles zu einem glatten Teig verkneten. Zur Kugel formen und zugedeckt etwa 1 Stunde gehen lassen. Inzwischen Bulgur mit lauwarmem Wasser bedecken und 30 Minuten quellen lassen.

2 Tomaten waschen und fein würfeln, dabei Stielansätze wegschneiden. Knoblauch schälen und fein hacken. Kräuter abbrausen, trocken schütteln und fein hacken. Bulgur abtropfen lassen, mit den gehackten Zutaten vermischen und mit Zitronensaft und 2 EL Öl verrühren. Salzen und pfeffern. Das Fleisch in feine Streifen schneiden, mit Salz, Pfeffer und Kreuzkümmel mischen. Den Backofen auf 230 Grad (auch schon jetzt: Umluft 200 Grad) vorheizen.

3 Zwei Backbleche mit Backpapier auslegen. Teig in 8 Portionen teilen und auf der bemehlten Arbeitsfläche zu dünnen, runden Fladen ausrollen. Auf die Bleche legen und nacheinander im Ofen (Mitte) 8–10 Minuten backen, dabei ½ Tasse Wasser auf den Ofenboden gießen und die Türe gleich schließen. Fertige Fladen in ein Tuch wickeln, warm halten. Salat waschen und trocken schleudern.

4 Übriges Öl in einer Pfanne erhitzen. Fleischstreifen darin bei starker Hitze 2–3 Minuten braten. Die Fladen mit Salatblättern belegen. Den Bulgursalat darauf verteilen, mit dem Fleisch belegen und eventuell mit Hummus garnieren. Aufrollen oder zuklappen und aufessen!

Börek

Herzhafte Strudelvariante nach türkischer Art

Zutaten für 6 Personen:
500 g Zucchini | 4 Knoblauchzehen
2 rote Chilischoten
je 1 Bund Dill, Petersilie und Minze
400 g Schafskäse | 300 g Naturjoghurt
3 Eier (M) | 50 g Pinienkerne
Salz | Pfeffer | 3 EL Olivenöl
5–10 Yufka-Teigblätter (aus der Kühltheke vom Türken oder Filloteig vom Griechen)
1 Eigelb (M)

Zubereitungszeit: 35 Minuten
+ 25–30 Minuten Backen
+ Wartezeit
Kalorien pro Portion: 380

1 Die Zucchini waschen, putzen, längs halbieren und quer in dünne Scheiben schneiden. Den Knoblauch schälen und hacken. Die Chilis waschen, entstielen, von den Kernchen befreien und in feine Streifen schneiden. Sofort die Hände gründlich waschen.

2 Kräuter abbrausen, trocken schütteln und fein hacken. Schafskäse grob zerbröckeln, mit Joghurt und Eiern in die Küchenmaschine oder den Mixer füllen und mixen. Wer keins von beiden hat, zerdrückt den Käse mit einer Gabel und verrührt ihn mit Joghurt und Eiern. Von den Pinienkernen 1 EL zur Seite legen, den Rest mit Zucchini, Knoblauch, Chili und den Kräutern unter die Käsecreme rühren, salzen und pfeffern.

3 Backofen auf 200 Grad (erst später: Umluft 180 Grad) vorheizen. Eine große und auf jeden Fall ofenfeste Form aus dem Schrank holen, leicht einölen.

4 Teigblätter aus der Packung nehmen und vorsichtig auseinanderlösen. 1 oder 2 Teigplatten (das hängt von der Größe ab) in die Form legen. Mit Öl einpinseln. Etwas Käsemasse darauf verstreichen, mit Teig bedecken, ölen. So fortfahren, bis die letzte Teigschicht daraufliegt. Eigelb mit dem übrigen Öl verrühren und auf den Teig pinseln, übrige Pinienkerne daraufstreuen. Börek im Ofen (Mitte) in 25–30 Minuten goldbraun backen. Vor dem Anschneiden 10 Minuten warten.

Flammkuchen

Super zum Wein

Zutaten für 2–4 Personen:

Für den Teig:
10 g frische Hefe
250 g Mehl
¼ TL Zucker
1 kräftige Prise Salz

Für den Belag:
2 Zwiebeln
100 g durchwachsener Räucherspeck
200 g Crème fraîche
1 EL Öl
1 TL Mehl
Salz | Pfeffer

Zubereitungszeit: 35 Minuten
+ 2 Stunden Gehen
+ 15–18 Minuten Backen
Kalorien pro Portion (bei 4): 570 kcal

1 Für den Teig die Hefe zerkrümeln und in einer großen Schüssel mit 175 ml lauwarmem Wasser verrühren. 1 TL Mehl und Zucker dazugeben und das Ganze gut 1 Stunde zugedeckt stehen lassen.

2 Dann übriges Mehl und Salz zum Hefewasser geben und alles zu einem glatten Teig verkneten. Zugedeckt noch mal 1 Stunde gehen lassen.

3 Für den Belag die Zwiebeln schälen und fein würfeln. Den Speck von der Schwarte befreien und klein würfeln oder in feine Streifen schneiden, dabei alle Knorpel wegschneiden. Die Crème fraîche mit Öl und Mehl glatt verquirlen, Zwiebeln und Speck untermischen, mit Salz und Pfeffer würzen.

4 Den Backofen auf 230 Grad (auch schon jetzt: Umluft 210 Grad) vorheizen. Ein Stück Backpapier in der Größe des Backblechs zuschneiden. Teig noch einmal durchkneten, gleich auf dem Backpapier dünn ausrollen und aufs Blech legen. Die Zwiebel-Speck-Masse darauf verstreichen. Den Flammkuchen im Ofen (Mitte) 15–18 Minuten backen, bis er knusprig ist. In Stücke schneiden und sofort essen.

Variante: Flammkuchen mit Äpfeln und Zwiebeln

Den Teig wie beschrieben zubereiten. Für den Belag 2 kleine Äpfel vierteln, schälen und entkernen. Äpfel in Stifte schneiden. 1 Bund Frühlingszwiebeln putzen, waschen, in Ringe schneiden. 200 g Crème fraîche mit 1 EL Öl und 1 TL Mehl glatt verquirlen, die Äpfel und die Zwiebeln untermischen. Den Teig ausrollen, mit der Crème-fraîche-Mischung bestreichen und wie beschrieben backen. Besonders gut schmeckt die Variante so: Nach dem Backen mit feinen Scheiben roh geräuchertem Schinken belegen und dann in Stücke schneiden.

Variante: Flammkuchen mit Ziegenkäse und Spinat

Den Teig wie beschrieben zubereiten. Für den Belag 400 g Blattspinat verlesen und die Stiele abknipsen. Spinat gründlich waschen und in kochendem Salzwasser in 1–2 Minuten zusammenfallen lassen, abschrecken, abtropfen lassen und leicht ausdrücken. 150 g Crème fraîche mit 1 EL Öl und 1 TL Mehl glatt verquirlen, salzen, pfeffern. 100 g Kirschtomaten waschen und halbieren oder vierteln, untermischen. Teig ausrollen und mit der Crème-fraîche-Mischung bestreichen, mit Spinat und 150 g Ziegenkäse (Frischkäse oder mittelfester Käse wie Crottin) in Stückchen belegen. Wie beschrieben backen.

Gefüllte Blätterteig-taschen

Fast alles aus dem Vorrat

Zutaten für 8 Stück:
300 g TK-Spinat
300 g TK-Blätterteig (4 Platten)
2 Knoblauchzehen
200 g fester Schafskäse oder frisch geriebener Hartkäse
1 Bund Petersilie
1 eingelegte Peperoni (für Freunde scharfer Kost)
2 Eier (S)
2 EL Naturjoghurt oder saure Sahne oder Quark
Salz | Pfeffer
½ TL gemahlener Koriander
1 Eigelb (M)
1 EL Milch oder Sahne
Mehl zum Arbeiten

Zubereitungszeit: 35 Minuten
+ 3–4 Stunden Auftauen
+ 25 Minuten Backen
Kalorien pro Stück: 250

1 Spinat aus der Packung nehmen, in ein Sieb legen und über eine Schüssel hängen. Auftauen lassen. (Wer doch mal vergessen hat, den Spinat rechtzeitig rauszunehmen, muss ihn einfach nach Packungsangabe garen. Dann abkühlen lassen und sehr gut ausdrücken.)

2 Blätterteigplatten nebeneinander auf der Arbeitsplatte ausbreiten und mit einem Küchentuch bedecken. Ungefähr 15 Minuten auftauen lassen.

3 In der Zeit schon mal den Knoblauch schälen und in feine Scheiben schneiden. Den Schafskäse fein zerkrümeln. Petersilie abbrausen und trocken schütteln, Blättchen abzupfen und klein hacken. Die Peperoni klein schneiden.

4 Backofen auf 200 Grad (erst später: Umluft 180 Grad) vorheizen. Zwei Backbleche mit kaltem Wasser befeuchten, nicht abtrocknen.

5 Aufgetauten Spinat gut ausdrücken und grob hacken. Mit dem Knoblauch, Schafskäse, Petersilie, Peperoni, Eiern und dem Joghurt gut verrühren, mit Salz (nicht zu viel, weil der Käse salzig ist), Pfeffer und Koriander abschmecken.

6 Die Blätterteigplatten einzeln auf wenig Mehl etwa doppelt so groß ausrollen. Einmal durchschneiden. Die Teigstücke auf einer Seite, aber nicht ganz bis zum Rand, mit der Spinatmischung belegen, zusammenklappen. Die Teigränder mit den Zinken von der Gabel zusammendrücken.

7 Blätterteigtaschen auf die Bleche legen, am besten mit einem Pfannenwender. Eigelb und Milch gut verrühren, Taschen damit bepinseln. Im Ofen (Mitte) etwa 25 Minuten backen, bis der Teig aufgegangen und schön gebräunt ist. Vorm Essen leicht (sonst gibt es verbrannte Zungen) oder ganz abkühlen lassen.

Tipp:
Der tiefgekühlte Spinat braucht eine Weile zum Auftauen, also unbedingt früh genug aus dem Gefrierfach holen (3–4 Stunden dauert's schon).

Mini-Meat-Pies

Ideal für ein Picknick

Für 12 Stück:
Für die Füllung:
300 g Putenbrustfilet
2 Frühlingszwiebeln
50 g roher Schinken | 1 Knoblauchzehe
1 EL Butter | 1½ EL Mehl
200 ml Hühnerbrühe | Salz | Pfeffer
Für den Teig:
85 ml Milch | 125 g Butter
1 TL Salz | 420 g Mehl + Mehl zum Arbeiten
Außerdem: 12er-Muffinblech
Butter fürs Blech | 2 Eigelb (M)

Zubereitungszeit: 1¼ Stunden
+ etwa 1 Stunde Backen
Kalorien pro Pie: 260

1 Fleisch in 1 cm groß würfeln. Frühlingszwiebeln putzen, waschen und in Ringe schneiden. Schinken grob würfeln.

2 Knoblauch schälen, hacken und in einem Topf in der Butter glasig dünsten. Mehl darin anschwitzen. Unter Rühren Brühe zugießen und aufkochen lassen. Kräftig salzen und pfeffern, 10 Minuten köcheln, etwas abkühlen lassen. Dann mit den vorbereiteten Zutaten mischen.

3 Zwischendurch für den Teig 100 ml Wasser, Milch, Butter und Salz aufkochen. Die heiße Flüssigkeit zum Mehl gießen, alles zu einem glatten Teig verkneten. Handwarm werden lassen.

4 Zwei Drittel des Teigs auf Mehl etwa ½ cm dick ausrollen. Daraus 12 Kreise ausschneiden, deren Durchmesser etwa 2 cm größer als die Vertiefungen im Blech sind. Vertiefungen buttern und mit Teig auskleiden, sodass er etwas überlappt.

5 Backofen auf 160 Grad (erst später: Umluft 140 Grad) vorheizen. Mini-Pies zu drei Viertel mit Fleisch samt Sauce füllen und überstehende Teigränder darüberschlagen. Übrigen Teig ausrollen und zu 12 Deckeln schneiden. Die Eigelbe verquirlen, Teigränder damit bestreichen und die Deckel aufsetzen, andrücken und ebenfalls mit Eigelb bestreichen.

6 Pies im Ofen (Mitte) in 50–60 Minuten knusprig backen. 10 Minuten im ausgeschalteten offenen Ofen ruhen lassen. Aus der Form heben und essen.

Mexikanische Käsetaschen

Toller Partysnack

Für etwa 20 Stück:
Für den Teig:
200 g weiche Butter
150 g Sahne
2 Eigelb (M)
200 g frisch geriebener Emmentaler
400 g Mehl + Mehl zum Arbeiten
½ TL Backpulver
Für die Füllung:
1 Zwiebel
150 g durchwachsener Räucherspeck
1 EL Öl
1 TL Tomatenmark
1 TL Oregano
150 g stückige Tomaten (aus dem Tetrapack)
Salz | Cayennepfeffer
200 g rote Bohnenkerne (aus der Dose)
150 g Schafskäse
Außerdem:
1 Eigelb (M)

Zubereitungszeit: 40 Minuten
+ 1 Stunde Kühlen
+ 20 Minuten Backen
Kalorien pro Tasche: 285

1 Für den Teig die Butter mit Sahne, Eigelben, Käse, Mehl und Backpulver zu einem glatten Mürbeteig verkneten. Eingewickelt 1 Stunde kühl stellen.

2 Zwiebel schälen und klein würfeln. Den Speck klein würfeln und im Öl sanft anbraten, Zwiebel mitdünsten. Tomatenmark samt dem Oregano kurz mitbraten, die Tomaten dazugeben und alles etwa 15 Minuten einköcheln lassen. Mit Salz und Cayennepfeffer würzen. Die Bohnen unterrühren, abkühlen lassen. Schafskäse würfeln, untermengen.

3 Backofen auf 200 Grad (auch schon jetzt: Umluft 180 Grad) vorheizen. Den Teig auf wenig Mehl ½ cm dick ausrollen und in 40 Rechtecke von etwa 10 x 5 cm Seitenlänge schneiden. Die Ränder mit verquirltem Eigelb bestreichen. Je 1 EL Füllung auf jedes Rechteck geben, ein zweites darauflegen und die Ränder mit einer Gabel gut zusammendrücken.

4 Die Käsetaschen auf ein Backblech setzen, mit Eigelb bestreichen. Im Ofen (Mitte) in etwa 20 Minuten goldbraun und knusprig backen.

Russische Teigtaschen

Wunderbar einzufrieren

Für etwa 20 Stück:
Für den Teig:
2 TL Trockenhefe
250 g Mehl + Mehl zum Arbeiten
1 kräftige Prise Salz
50 g weiche Butter
Für die Füllung:
200 g junger Weißkohl oder Wirsing
Salz | 200 g Lachsfilet
½ Bund Dill
2 TL Kümmelsamen
50 g Crème fraîche oder saure Sahne
1 Ei (M) | Pfeffer
Zum Bestreichen:
1 EL flüssige Butter

Zubereitungszeit: 1 ¼ Stunden
+ 25 Minuten Backen
Kalorien pro Tasche: 105

1 Die Hefe mit dem Mehl vermischen und mit 90 ml lauwarmem Wasser, Salz und der Butter kräftig durchkneten. Zudecken und 1 Stunde gehen lassen.

2 Inzwischen für die Füllung die Kohlblätter ablösen, waschen. Richtig dicke Blattrippen raustrennen. Kohl in Salzwasser etwa 5 Minuten kochen lassen, dann herausnehmen, kalt abschrecken und leicht ausdrücken. Die Kohlblätter fein hacken. Lachs auch fein hacken. Dill abbrausen, trocken schütteln und die Spitzen fein zerkleinern. Alles mit Kümmel, Crème fraîche und Ei mischen und mit Salz und Pfeffer würzen.

3 Den Backofen auf 180 Grad (auch schon jetzt: Umluft 160 Grad) vorheizen. Ein Backblech mit Backpapier auslegen.

4 Den Teig noch mal durchkneten, auf wenig Mehl dünn ausrollen, mit einem großen Glas Kreise (etwa 10 cm Ø) ausstechen. Jeden Teigkreis auf einer Seite mit Füllung belegen, zusammenklappen, Ränder zusammendrücken. Teigtaschen auf das Blech legen.

5 Die Teigtaschen mit etwas flüssiger Butter bestreichen und im Ofen (Mitte) etwa 25 Minuten backen. Am besten lauwarm essen.

Knödel,

Pfannkuchen & Co.

Warum Knödel, Pfannkuchen & Co. ein eigenes Kapitel bekommen in unserem Best of? Wir meinen: Nur dann wird's eine runde Sache. Sie sagen dazu nur: »So ein Schmarren«? Den gibt es auf Seite 255!

Semmelknödel mit Rahmpilzen

Leckere Knödelvariante mit Grünzeug im Teig

Zutaten für 4 Personen:

Für die Knödel:
8 altbackene Vollkornsemmeln (Brötchen, mit oder ohne Körner, 2–3 Tage alt)
400 ml Milch
1 großes Bund Rucola
1 Stange Lauch
1 EL Butter
3 Eier (M)
Salz | Pfeffer
frisch geriebene Muskatnuss

Für die Rahmpilze:
800 g Pilze (siehe Tipp)
1 große Zwiebel
½ Bund Petersilie
1 Stück Bio-Zitronenschale (etwa 2 cm)
2 EL Butter
150 g Sahne
2 TL scharfer Senf
Salz
1 Prise gemahlener Kümmel

Zubereitungszeit: 1 Stunde
Kalorien pro Portion: 560

1 Erst geht's um die Knödel. Semmeln in dünne Scheiben schneiden und in eine Schüssel legen. Die Milch im Topf lauwarm werden lassen und gleichmäßig über die Semmelscheiben gießen. Dann etwa 15 Minuten stehen lassen, bis die Scheiben die Milch aufgesogen haben.

2 In der Zeit vom Rucola alle welken Blätter aussortieren und dicke Stiele abknipsen. Rucola waschen, trocken schleudern und fein hacken. Vom Lauch Wurzelbüschel und die dunkelgrünen welken Teile abschneiden. Lauchstange der Länge nach aufschlitzen und unter dem kaltem Wasserstrahl gut abbrausen. Dabei Blätter auseinanderbiegen, damit auch der Sand oder die Erde dazwischen ausgespült wird. Den Lauch quer in ganz feine Streifen schneiden. Butter in einer Pfanne zerlaufen lassen. Lauch einrühren und bei geringer Hitze 2–3 Minuten andünsten, immer gut rühren.

3 Lauch und Rucola zu den Semmeln in die Schüssel füllen. Eier dazu, Salz, Pfeffer und Muskat auch. Jetzt alles mit den Händen so lange gut durchkneten, bis der Teig so kompakt ist, dass man ihn zu Knödeln formen kann. Aus dem Teig 8–12 Knödel formen (kommt darauf an, ob man lieber große oder kleine mag) und auf ein Küchenbrett legen.

4 Einen großen weiten Topf mit Wasser füllen, zum Kochen bringen. Während das Wasser heiß wird, schon mal die Pilze mit einem feuchten Küchenpapier sauber abreiben und die Stielenden abschneiden. Von den Austern- und Shiitakepilzen die ganzen zähen Stiele entfernen. Pilze in dünne Scheiben oder Streifen schneiden. Die Zwiebel schälen und fein würfeln.

5 Das kochende Wasser im Topf salzen. Knödel einlegen, die Hitze auf geringe bis mittlere Stufe schalten, den Deckel halb auflegen (einen Kochlöffel dazwischenklemmen). Knödel je nach Größe 15–20 Minuten im Wasser ziehen lassen. Es soll keinesfalls kochen, sondern nur ganz leicht blubbern.

6 Dann geht's weiter mit den Pilzen. Die Petersilie abbrausen und trocken schütteln, Blättchen abzupfen und fein hacken. Die Zitronenschale fein hacken. Butter in einem weiten Topf zerlaufen lassen. Pilze einrühren und ein paar Minuten andünsten. Zwiebel, Zitronenschale und die Petersilie (bis auf einen kleinen Rest zum Bestreuen) dazugeben. Deckel auflegen und Pilze bei mittlerer Hitze etwa 10 Minuten dünsten.

7 Dann den Deckel wegnehmen, die Sahne zu den Pilzen gießen und alles gut aufkochen lassen. Mit dem Senf, Salz und Kümmel abschmecken.

8 Die Knödel mit einem Schaumlöffel aus dem Wasser heben und in eine vorgewärmte Schüssel füllen. Die Pilze extra dazustellen. Beim Essen am besten Pilze in tiefe Teller geben und mit 1–2 Knödeln krönen. Mit übriger Petersilie bestreuen.

Tipp:

Welche Pilze man verwendet, bleibt dem eigenen Geschmack überlassen. Es können nur Champignons sein, aber auch gemischte Pilze wie Champignons, Shiitake, Austernpilze und Kräuterseitlinge. Pilze aus dem Wald sind ebenfalls sehr fein. Diese aber bitte nur nehmen, wenn man sich sehr gut auskennt oder bei der Pilzberatung war.

Kürbisnockerl mit Salbeisahne

Köstliches Herbstessen

Zutaten für 4 Personen:
1 Stück Kürbis (1 kg, am besten vom schön dunkelorangen Muskatkürbis)
2 Eigelb (M)
300 g Mehl
Salz | Pfeffer
frisch geriebene Muskatnuss
4 Stängel Salbei
2 Knoblauchzehen
1 EL Butter
1/8 l trockener Weißwein oder Gemüsebrühe
150 g Sahne
4 EL frisch geriebener Parmesan

Zubereitungszeit: 40 Minuten + 1 Stunde Backen
Kalorien pro Portion: 545

1 Den Backofen auf 180 Grad (auch schon jetzt: Umluft 160 Grad) vorheizen. Kürbis in gröbere Stücke teilen und die Kerne mit dem faserigen Fruchtfleisch aus dem Inneren herausschneiden. Die Kürbisstücke nebeneinander in eine ofenfeste Form oder auf das Backblech legen. In den Ofen (Mitte) schieben und etwa 1 Stunde backen, bis das Kürbisfleisch weich ist.

2 Aus dem Ofen nehmen und so weit abkühlen lassen, dass man den Kürbis anfassen kann. Dann das Fruchtfleisch von der Schale abschneiden und sehr fein zerkleinern (Küchenmaschine oder Mixer). Das Püree noch mehr auskühlen lassen, dann mit den Eigelben und dem Mehl in eine Schüssel füllen, kräftig mit Salz, Pfeffer und Muskat würzen und gründlich verrühren.

3 In einem großen weiten Topf viel Wasser aufsetzen und salzen. Bis das Wasser kocht, schon mal den Salbei abbrausen und trocken schütteln, Blättchen abzupfen und fein schneiden. Den Knoblauch schälen und erst in Scheiben, dann in feine Streifen schneiden.

4 Zurück zu den Nockerln: Von der Kürbismasse mit zwei Teelöffeln kleine Nockerl abstechen und in das Wasser legen. (Bis die ganze Masse abgestochen ist, dauert es eine Weile. Den Nockerln schadet es aber nicht, wenn sie länger im Wasser schwimmen, also bitte nicht hektisch werden.) Wenn alle Nockerl im Wasser sind, die Hitze klein stellen und die Kürbisnockerl offen etwa 10 Minuten ziehen lassen.

5 Zeit genug für die Sauce: Die Butter in einem Topf zerlaufen lassen. Salbei und Knoblauch einrühren und andünsten. Mit Wein oder Brühe und der Sahne aufgießen und bei starker Hitze leicht einkochen lassen. Häufig durchrühren. Den Topf vom Herd ziehen, Käse in die Sauce rühren, schmelzen lassen. Dann erst mit Salz und Pfeffer würzen.

6 Die Kürbisnockerl mit dem Schaumlöffel aus dem Wasser heben und gleich in vorgewärmte tiefe Teller verteilen. Die Salbeisahne darüberlöffeln. Fertig!

Südtiroler Spinatknödel

So schmeckt's in Südtirol

Zutaten für 4–6 Personen:
200 g altbackenes Weißbrot (schon geschnittenes Knödelbrot aus der Bäckerei geht auch gut!)
200 ml Milch | 750 g Spinat
1 Zwiebel | 2 Knoblauchzehen
100 g Butter
50 g trockener Quark oder Ricotta
50 g frisch geriebener Bergkäse
150 g Mehl | 2 Eier (M)
Salz | Pfeffer
frisch geriebene Muskatnuss
50 g frisch geriebener Parmesan

Zubereitungszeit: 1 Stunde
Kalorien pro Portion (bei 6): 440

1 Das Weißbrot in dünne Scheiben schneiden, in eine Schüssel legen und die Milch darüberlöffeln. Ziehen lassen, bis der Rest fertig ist.

2 Vom Spinat alle welken Blätter aussortieren, dicke Stiele abknipsen. Spinat in kaltem Wasser gut durchschwenken, abtropfen lassen und gleich noch mal waschen. Spinat abtropfen lassen und grob hacken. Zwiebel und Knoblauch schälen und ganz fein hacken.

3 In einer Pfanne 1 EL Butter zerlassen. Zwiebel und Knoblauch darin kurz andünsten. Spinat dazugeben und so lange garen, bis er zusammenfällt. Dabei immer rühren und wenn sich Flüssigkeit bildet, die Hitze höher schalten. Spinat etwas abkühlen lassen. Wenn sich dabei noch mal Flüssigkeit angesammelt hat, im Sieb gut abtropfen lassen.

4 Spinatmischung, Quark oder Ricotta, Bergkäse, Mehl und Eier zum Brot geben und alles mit Salz, Pfeffer und Muskat würzen. Die Zutaten mit den Händen sehr gut durchmischen und die Knödelmasse etwa 15 Minuten stehen lassen.

5 In einem großen weiten Topf Wasser zum Kochen bringen und salzen. Aus der Knödelmasse kleine Knödel formen, ein wenig größer als ein Tischtennisball. Die Knödel nacheinander ins Wasser gleiten lassen, die Hitze kleiner schalten. Die Knödel im offenen Topf etwa 15 Minuten garen. Das Wasser soll dabei nur ganz leise blubbern, nicht sprudelnd kochen.

6 Kurz vor Garzeitende übrige Butter in einem Topf schmelzen lassen. Sie kann dabei ruhig leicht braun werden, dann hat sie ein wunderbar nussiges Aroma (zu dunkel schmeckt sie verbrannt).

7 Fertige Knödel mit dem Schaumlöffel aus dem Topf fischen, abtropfen lassen und in vorgewärmte tiefe Teller verteilen. Mit etwas Butter beträufeln, mit wenig Parmesan bestreuen und auf den Tisch stellen. Den übrigen Parmesan in einem Schälchen mit auf den Tisch.

Tipp:

Da die Feuchtigkeit des altbackenen Brotes und des Spinats sowie die Größe der Eier nicht immer gleich sind, kann es sein, dass die Mehlmenge und somit die Konsistenz der Knödelmasse nicht stimmt. Um die zu testen, einen Probekloß garen. Also erst mal nur einen Knödel formen und ins Wasser geben. Ist der nach ein paar Minuten noch nicht zerfallen, kann der übrige Teig geformt und die Klöße gegart werden. Behält der Probekloß allerdings seine Form nicht, muss mehr Mehl an den Teig. Dann unbedingt noch mal probieren, ob jetzt alles passt.

Kartoffelklöße

Mal nicht aus der Packung

Zutaten für 4 Personen:
1 kg Kartoffeln (unbedingt eine mehligkochende Sorte nehmen, z. B Bintje, Adretta, Ilona ...)
100–150 g Mehl
Salz
frisch geriebene Muskatnuss
2 Eier (M)
2–3 EL Butter
4 EL Semmelbrösel

Zubereitungszeit: 1½ Stunden
Kalorien pro Portion: 400

1 Wer eine Kartoffelpresse im Küchenschrank hat, darf gleich zu Punkt 2 gehen – wer nicht, muss hier weiterlesen. Die Kartoffeln waschen, in einem Topf knapp mit Wasser bedecken, kochen und über Nacht abkühlen lassen. Dann erst pellen und locker reiben (weiter bei Punkt 3).

2 Für Kartoffelpresse-Besitzer: Die Kartoffeln waschen, knapp mit Wasser bedeckt weich kochen. Abgießen, kurz ausdampfen lassen und heiß pellen. Sofort durch die Kartoffelpresse drücken und den Kartoffelschnee locker auf dem Arbeitsbrett ausbreiten, damit er nicht zusammenklumpt.

3 Ungefähr zwei Drittel der Mehlmenge über die Kartoffeln streuen, mit Salz und Muskat würzen. Mit den Fingern zu ganz lockeren Bröseln verarbeiten. Dann Eier in einer kleinen Schüssel mit einer Gabel aufschlagen und mit der Gabel unter den Kartoffelteig ziehen. Jetzt alles möglichst rasch zu einem glatten Teig zusammendrücken. Falls er nicht zusammenhält, noch ein wenig Mehl dazunehmen. Und nicht zu heftig kneten, sonst wird der Kartoffelteig weich und braucht zu viel Mehl zum Binden.

4 Nun die Hände leicht mit Mehl bestäuben, den Teig in kleine Portionen teilen, je nachdem, wie große Klöße es werden sollen. Jedes Teighäufchen zu einer Kugel drehen.

Inzwischen sollte im großen Topf auch schon reichlich Salzwasser kochen. Die Kartoffelklöße in das Wasser geben, zugedeckt noch mal aufkochen und dann halboffen 10–20 Minuten (je nach Größe) ziehen lassen, bis alle an der Wasseroberfläche erscheinen.

5 Die Butter in einem Pfännchen zerlassen, Semmelbrösel einrühren und lecker anbräunen. Die Klöße mit dem Schaumlöffel aus dem Wasser heben, abtropfen lassen und auf den Teller mit Semmelbröselbutter übergießen.

Das schmeckt dazu: alles Mögliche mit viel Sauce, etwa Braten, Geschnetzeltes, Ragout, Geflügel, Gemüse, Pilze ...

Malfatti

Der Geschmack zählt, nicht die Form!

Zutaten für 4 Personen:
1 großes Bund Petersilie
1 Zwiebel
2 Knoblauchzehen
4 EL Butter
30 g Walnüsse
Salz
250 g Ricotta
50 g Parmesan
2 Eier (M)
1 Eigelb (M)
Pfeffer
frisch geriebene Muskatnuss
½ TL abgeriebene Bio-Zitronenschale
etwa 130 g Mehl

Zubereitungszeit: 1 Stunde
Kalorien pro Portion: 495 kcal

1 Die Petersilie abbrausen und trocken schütteln, fein hacken. Die Zwiebel und den Knoblauch schälen und fein hacken. 2 EL Butter in einer Pfanne zerlassen, Knoblauch, Zwiebel und Petersilie darin 1–2 Minuten anbraten. Dann aus der Pfanne nehmen, etwas abkühlen lassen und in einen hohen Mixbecher geben. Die Walnüsse grob hacken und mit der Petersilie-Zwiebel-Mischung pürieren.

2 In einem Topf 2 l Salzwasser zum Kochen bringen. Backofen auf 180 Grad (auch schon jetzt: Umluft 160 Grad) vorheizen, eine ofenfeste, flache Form bereitstellen.

3 Den Ricotta in eine Schüssel geben, den Parmesan hineinreiben. Die pürierte Mischung dazugeben, die Eier und das Eigelb gut unterrühren. Mit Salz, Pfeffer, Muskat und Zitronenschale würzen. Esslöffelweise auch das Mehl dazugeben und alles zu einem glatten, zähen Teig rühren, abschmecken.

4 Die übrige Butter schmelzen, bereitstellen. Mit zwei Esslöffeln aus dem Teig große Nocken formen, in das kochende Wasser abstreifen und bei geringer Hitze ziehen lassen, bis sie an der Wasseroberfläche schwimmen (etwa 2 Minuten). Die Nocken mit einem Schaumlöffel herausnehmen, abtropfen lassen, in die Form geben. Mit der Butter beträufeln und im Ofen (Mitte) noch 5–10 Minuten backen.

Das schmeckt dazu: ein frischer Salat, z. B. aus Kirschtomaten, Rucola und rohen Champignons, beträufelt mit Aceto balsamico und Olivenöl.

Pfannkuchen

Einfach pur genießen oder mit üppiger Füllung nach Wahl

Zutaten für 4 Personen
(etwa 16 Pfannkuchen):
300 g Mehl
1 Prise Salz
600 ml Milch
4 Eier (M)
2 EL Butterschmalz

Zubereitungszeit: 45 Minuten
+ 30 Minuten Quellen
Kalorien pro Portion: 480 kcal

1 Das Mehl in eine Schüssel sieben und das Salz dazugeben. Milch und Eier nach und nach mit dem Schneebesen kräftig unterschlagen, bis der Teig schön glatt und eher dünnflüssig ist. Abgedeckt um die 30 Minuten stehen lassen, damit das Mehl gut quellen kann.

2 Dann nach und nach in einer Pfanne (am besten antihaftbeschichtet) etwas Butterschmalz zerlaufen lassen. Jeweils 1 Schöpfkelle voll Teig einfüllen und die Pfanne in alle Richtungen drehen, bis sich der Teig auf dem gesamten Pfannenboden gleichmäßig verteilt hat. Pfannkuchen bei mittlerer Hitze etwa 1 Minute backen, umdrehen und noch einmal so lang backen.

3 Backofen auf 60 Grad (auch schon jetzt: Umluft 40 Grad) stellen. Die gebackenen Pfannkuchen auf einem Teller darin warm halten.

4 Sind alle Pfannkuchen fertig, kann es losgehen: Ob ganz pur oder doch ein bisschen üppiger ist echt Geschmackssache. Einfach mal unten nachlesen! In jedem Fall: Eine Füllung kommt auf den Pfannkuchen, und der wird zusammengeklappt oder aufgerollt.

Füllung 1:
Zitronenquark

250 g Quark, 3 Pck. Vanillezucker und die abgeriebene Schale von 1 ½ Bio-Zitronen verrühren. 150 g Sahne mit 1 EL Puderzucker steif schlagen, unterheben. Den Zitronenquark auf den Pfannkuchen verstreichen, eventuell noch mit Schokospänen bestreuen, zusammenklappen oder aufrollen.

Füllung 2:
Krabbenschmand

½ Bund Dill abbrausen und trocken schütteln, Dillspitzen fein hacken und mit 1 TL scharfem Senf, 200 g Schmand und 150 g Crème fraîche oder saurer Sahne glatt verrühren. 150 g gepulte Nordseekrabben untermischen und alles mit Salz und Pfeffer abschmecken. Dünn auf die Pfannkuchen streichen, zusammenklappen oder aufrollen. Auch fein: ein paar Salatgurkenwürfel mit untermischen oder einen Gurkensalat extra dazu servieren.

Füllung 3: **Hacksauce**

1 Zwiebel und 2 Knoblauchzehen schälen, sehr fein hacken. Mit den Blättchen von 2 Zweigen Thymian in 1 EL Öl andünsten. 400 g gemischtes Hackfleisch dazugeben und so lange rühren und braten, bis es krümelig und nicht mehr rot ist. Dann ⅛ l Gemüse- oder Fleischbrühe, 2 TL Tomatenmark und 100 g Sahne zugeben und aufkochen. Die Sauce 10 Minuten offen bei geringer Hitze köcheln lassen, dabei ab und zu umrühren. Mit Salz und Pfeffer abschmecken und mit den Pfannkuchen essen.

Käseomelett

Fein zum Frühstück oder als kleines Essen – am besten portionsweise gemacht!

Zutaten für 1 Person:
3 Eier (M)
Salz | Pfeffer
2 EL frisch geriebener Greyerzer oder mittelalter Gouda
1 EL Butter
1 EL Schnittlauchröllchen oder Gartenkresse (wer mag)

Zubereitungszeit: 10 Minuten
Kalorien pro Portion: 405 kcal

1 Die Eier in eine Schüssel aufschlagen und mit Salz und Pfeffer würzen. Mit dem Schneebesen verquirlen, dann 1 EL Käse unterrühren.

2 Eine nicht zu große Pfanne (mehr als 20 cm Ø sollte sie auf keinen Fall haben, sonst wird die Eiermasse zu dünn; am besten antihaftbeschichtet) auf den Herd stellen und darin die Butter schmelzen. Die Hitze auf geringe Stufe schalten.

3 Eiermasse in die Pfanne laufen lassen und mit der Gabel 1 Minute locker durchrühren, bis die Eier anfangen zu stocken. Übrigen Käse aufstreuen und die Eiermasse etwa 5 Minuten weitergaren, bis sie gestockt, die Oberfläche aber noch schön saftig ist.

4 Die Pfanne leicht anheben und die eine Hälfte des Omeletts auf die andere klappen. Das Omelett aus der Pfanne auf einen Teller gleiten lassen. Und wer mag, streut jetzt noch ein paar Schnittlauchröllchen oder etwas Kresse auf.

Das schmeckt dazu: frisch gerösteter Toast.

Tipp:

Das Käseomelett vor dem Zusammenklappen mit etwa 1 EL feinen Schinkenstreifen (roh oder gekocht), zerpflücktem Räucherfisch oder auch mit blanchierten Spinatstreifen gleichmäßig belegen.

Kartoffel-Erbsen-Tortilla mit Lachs

Zum Sattessen am besten mit Salat

Zutaten für 4 Personen:
200 g TK-Erbsen
600 g vorwiegend festkochende Kartoffeln
1 Stück Lachsfilet (etwa 170 g)
1 Zwiebel
4 EL Olivenöl
7 Eier (M)
4 EL Milch
Salz | Pfeffer

Zubereitungszeit: 45 Minuten
Kalorien pro Portion: 465 kcal

1 Die Erbsen antauen lassen. Kartoffeln schälen, waschen und knapp 1 cm groß würfeln. Wer mag, kann sie aber auch auf dem Küchenhobel fein zerteilen. Den Lachs entgräten und in etwa ½ cm breite Streifen schneiden. Die Zwiebel schälen und sehr fein würfeln.

2 Öl in einer großen Pfanne erhitzen. Die Kartoffeln und die Zwiebel darin bei mittlerer Hitze etwa 4 Minuten garen, dabei ab und zu durchrühren. Erbsen untermischen, alles 2–3 Minuten weiterbraten und rühren. Dann den Lachs nur untermengen.

3 Die Eier mit Milch, Salz und Pfeffer verrühren und über die Zutaten in der Pfanne gießen. Die Hitze etwas über geringer Stufe einstellen, Deckel auflegen. Tortilla etwa 25 Minuten garen, bis die Kartoffeln weich sind.

4 Die Tortilla jetzt noch kurz auf der Oberseite backen. Dazu aus der Pfanne auf einen großen Teller rutschen lassen. Die Pfanne umgekehrt über den Teller legen und beides zusammen mit Schwung umdrehen. Die Tortilla noch kurz backen, dann in Stücke schneiden und servieren. (Wem das Wenden etwas zu kompliziert erscheint, isst die Tortilla einfach so.)

Nudelomelett mit Paprika und Zucchini

Saftig und knusprig

Zutaten für 4 Personen:
1 rote Paprikaschote
250 g Zucchini
2 Knoblauchzehen
6 Eier (L)
50 ml Milch oder 50 g Sahne
100 g frisch geriebener Parmesan
3 EL Olivenöl
500 g gegarte Spaghetti (das sind 250 g ungekochte Spaghetti, ersatzweise auch andere Nudelreste)
Salz | Pfeffer
½ Bund Petersilie oder Basilikum

Zubereitungszeit: 40 Minuten
Kalorien pro Portion: 585 kcal

1 Die Paprika putzen, waschen und in dünne Streifen schneiden. Die Zucchini waschen, putzen und erst in Scheiben, dann auch in Streifen schneiden. Knoblauch schälen und klein würfeln. Eier mit Milch oder Sahne und Käse verrühren.

2 In einer großen Pfanne 1 EL Olivenöl erhitzen. Die Paprika, die Zucchini und den Knoblauch darin 3–4 Minuten bei starker Hitze unter Rühren braten. In eine Schüssel umfüllen, Spaghetti und Eiermasse dazugeben, alles gut durchrühren und mit Salz und Pfeffer würzen.

3 Das restliche Öl in der Pfanne heiß werden lassen. Nudelmischung hineinfüllen und möglichst glatt verteilen, das Omelett etwa 12 Minuten bei geringer bis mittlerer Hitze braten, bis es sich von der Pfanne lösen lässt. Rundherum vom Rand lösen und auf einen Teller gleiten lassen, umgedreht wieder in die Pfanne geben und weitere 10 Minuten braten.

4 Petersilie oder Basilikum abbrausen und trocken schütteln, die Blättchen fein hacken. Das Omelett zum Servieren in Tortenstücke schneiden und mit Petersilie oder Basilikum bestreuen.

Das schmeckt dazu: ein frischer Salat, z. B. ein Tomatensalat.

Spargelfrittata

Auch prima als Vorspeise für sechs bis acht

Zutaten für 4 Personen:
400 g grüner Spargel
2 Zwiebeln
2 Knoblauchzehen
1 Bund Rucola
4 EL Olivenöl
8 Eier (M)
Salz | Pfeffer

Zubereitungszeit: 30 Minuten
Kalorien pro Portion: 700

1 Den Spargel waschen und abtropfen lassen. Geschält werden muss der grüne Spargel nicht. Die Enden so weit wegschneiden, bis die Stangen schön zart sind. Man spürt dann beim Schneiden nur noch einen geringen Widerstand. Die Stangen in ½–1 cm breite Scheiben schneiden. Die Zwiebeln und den Knoblauch schälen und in ganz kleine Würfel schneiden. Von dem Rucola alle welken Blätter und die dicken Stiele abtrennen, die Blätter waschen, trocken schütteln und grob hacken.

2 In einer größeren Pfanne 2 EL Öl warm werden lassen. Zwiebeln und Knoblauch rein und unter Rühren bei mittlerer Hitze anbraten, bis sie glasig aussehen. Spargel dazugeben, alles etwa 5 Minuten weiterbraten und dabei häufig umrühren. Rucola untermischen und nur zusammenfallen lassen.

3 Eier in eine Schüssel aufschlagen, mit einer Gabel nur verrühren, aber nicht schaumig schlagen. Die Spargel-Rucola-Mischung dazugeben und unterrühren, mit Salz und Pfeffer würzen.

4 Pfanne wieder auf den Herd stellen (saubermachen nicht nötig!) und das übrige Öl darin erwärmen. Die Eiermasse reingießen, die Hitze auf schwache Stufe stellen und etwa 10 Minuten warten, bis die Eiermasse in der Pfanne fest wird.

5 Mit dem Pfannenwender oder mit einem biegsamen Messer zwischen Pfannenrand und Frittata fahren und die Spargelfrittata ablösen. Einen Teller an den Pfannenrand halten und die Frittata daraufrutschen lassen. Einen zweiten Teller darauflegen, alles zusammen umdrehen und die Frittata mit der blassen Seite nach unten wieder in die Pfanne zurückgleiten lassen. Noch mal etwa 3 Minuten backen.

6 Spargelfrittata endgültig aus der Pfanne holen und abkühlen lassen. Zum Servieren schneidet man sie wie eine Torte in Stücke.

Käsespätzle

Echt basic

Zutaten für 4 Personen:
200 g Emmentaler
500 g Mehl
4 Eier (M)
Salz
2 Zwiebeln
3 EL Butter
Pfeffer

Zubereitungszeit: 1 Stunde
Kalorien pro Portion: 735

1 Am besten gleich schon mal den Käse reiben. In einer Schüssel das Mehl mit den Eiern, 1–2 TL Salz und etwa ¼ l lauwarmem Wasser locker mischen und so lange rühren, bis ein glatter Teig entsteht, der nicht so fest ist wie Kuchenteig, nicht so dünn wie Pfannkuchenteig, sondern zäh vom Löffel tropft.

2 Dann den großen Topf mit 3 l Wasser füllen, 1 EL Salz dazu, Deckel drauf und zum Kochen bringen. Zwiebeln schälen, in feine Ringe schneiden. Die Butter in einer kleinen Pfanne schmelzen, die Zwiebeln darin bei mittlerer Hitze goldgelb anbraten, warm halten. Den Backofen auf 200 Grad (auch schon jetzt: Umluft 180 Grad) vorheizen und eine ofenfeste Form reinstellen, in der viele Spätzle Platz haben.

3 Das Wasser müsste jetzt kochen: also Deckel auf, Spätzlehobel, Spätzledrücker oder einfach ein Plastiksieb auf den Topf stellen. Eine gute Portion des Teiges einfüllen und durch die Öffnungen hobeln, drücken oder (bei der Plastiksieb-Variante) mit einem Kochlöffel durchschaben. Die abtauchenden Teigstreifen mehrere Male kurz aufkochen lassen, bis sie freiwillig wieder nach oben kommen. Das dauert pro Fuhre 3–5 Minuten. Dann die nächste Portion einfüllen.

4 Oben schwimmende Spätzle immer mit dem Schaumlöffel aus dem Wasser holen, gut abtropfen lassen und sofort in die Schüssel im Ofen füllen. Jede Schicht pfeffern und mit Käse bestreuen.

5 Zum Schluss die oberste Schicht mit den Zwiebeln samt der heißen Butter krönen – den Backofen kurz noch heißer stellen (250/220 Grad) und den König der Sattmacher 5 Minuten überbacken.

Das schmeckt dazu: Blattsalat.

Variante: Spinatspätzle

150 g TK-Spinatpüree in der Mikrowelle oder im Topf bei geringer Hitze auftauen lassen, kurz abkühlen lassen und dann mit 100 ml kaltem Wasser mischen. Mit 300 g Mehl, 3 Eiern (M), 1 TL Salz und etwas frisch geriebener Muskatnuss zu einem zähen Spätzleteig verarbeiten. Teig zugedeckt etwa 20 Minuten ruhen lassen. Backofen auf geringster Stufe einstellen und eine große Form hineinschieben. Aus dem Teig wie beschrieben Spätzle kochen und nach und nach in die Form schichten (ohne Salz, Pfeffer und Käse). 2 EL Butter zerlassen, darin 150 g Gorgonzola in kleinen Stückchen schmelzen. Auf den Spätzle verteilen, pfeffern und servieren.

Bärlauchspätzle mit Mozzarella

Frühlingsvariante

Zutaten für 4 Personen:
100 g Bärlauch
400 g Weizen- oder Dinkelmehl (das kann helles Mehl sein oder auch Vollkornmehl, Letzteres braucht nur ein bisschen mehr Wasser im Teig)
Salz
4 Eier (M)
2 große Zwiebeln
2 EL Butter
1 EL Öl
2 Kugeln Mozzarella (250 g)
Pfeffer

Zubereitungszeit: 1 Stunde
Kalorien pro Portion: 645

1 Vom Bärlauch alle welken Blätter aussortieren, den Bärlauch abbrausen, trocken schleudern und fein hacken.

2 Mehl in einer Schüssel mit 2 TL Salz mischen. Bärlauch und Eier mit 150 ml kaltem Wasser dazugeben und alles mit den Knethaken des Handrührers kräftig durchschlagen, bis der Teig Blasen wirft. Den Teig stehen lassen, bis die übrigen Zutaten vorbereitet und die Zwiebeln auf dem Herd sind.

3 Zwiebeln schälen, halbieren und in feine Streifen schneiden. Butter und Öl in einer Pfanne erhitzen. Zwiebelstreifen einrühren und bei geringer bis mittlerer Hitze in 10–15 Minuten goldbraun braten. Dabei ab und zu mal umrühren und die Zwiebeln nicht zu dunkel werden lassen.

4 Inzwischen Mozzarella klein würfeln. Für die Spätzle in einem großen Topf ein paar Liter Wasser zum Kochen bringen und salzen. Backofen auf 75 Grad (auch schon jetzt: Umluft 60 Grad) vorheizen. Eine ofenfeste Schüssel suchen, die für Spätzle, Käse und Zwiebeln Platz hat, und in den Ofen (Mitte) stellen.

5 Wenn das Wasser kocht, den Spätzleteig verarbeiten. Dafür gibt's zwei Möglichkeiten: ein Gerät wie Spätzlehobel oder -drücker verwenden, in das man portionsweise Teig füllt und ins Wasser hobelt oder drückt. Das ist auf jeden Fall die einfachste Methode. Oder auf einem großen Brett den Teig dünn verstreichen. Brett an den Topfrand halten, mit einem langen Messer vom Teig kleine Schnüre abdrücken und ins Wasser streifen.

6 In beiden Fällen: die Bärlauchspätzle im Wasser so um die 3 Minuten kochen lassen, dicke auch ein bisschen länger.

7 Fertige Spätzle mit dem Schaumlöffel aus dem Wasser heben. In die Schüssel füllen und mit ein paar Käsewürfeln bedecken, dann wieder in den Ofen stellen. Und gleich die nächste Portion Spätzle kochen, in die Schüssel geben und mit Käse bedecken.

8 Wenn alle Spätzle und der Käse in der Schüssel sind, Zwiebeln mit Salz und Pfeffer würzen und auf der Oberfläche verteilen. Auf den Tisch damit und schmecken lassen!

Dampfnudeln mit Salsicce-Füllung

Experiment geglückt: Hier kann niemand widerstehen!

Zutaten für 6 Personen:
500 g Mehl + Mehl zum Arbeiten
½ Würfel Hefe (etwa 20 g)
200 ml lauwarme Milch (ersatzweise Wasser oder Milch und Wasser gemischt)
1 Ei (M)
Salz
150 g Salsicce (frische italienische Würste, ersatzweise rohe grobe Bratwürste)
3 Frühlingszwiebeln
1 frische rote Chilischote oder ½ TL getrocknete Chiliflakes
2 EL Olivenöl
Pfeffer
1 EL Butter

Zubereitungszeit: 1½ Stunden + 15–20 Minuten Garen
Kalorien pro Portion: 455 kcal

1 Für den Teig Mehl in eine Schüssel geben. Hefe zerbröckeln und in einer Tasse mit der Milch anrühren. Mit dem Ei und 1 TL Salz unter das Mehl kneten. Die Schüssel mit einem Tuch bedecken und den Teig etwa 30 Minuten an einem warmen Ort gehen lassen (z.B. im Ofen, den man dafür auf 50 Grad einstellt).

2 Salsicce-Wurst aus der Pelle lösen und etwas kleiner hacken. Die Frühlingszwiebeln putzen, waschen, fein hacken. Chilischote entstielen, längs aufschlitzen und die Kerne ausspülen, die Schote ebenfalls fein hacken.

3 In einer Pfanne Öl erhitzen. Salsicce, Frühlingszwiebeln und Chili oder Chiliflakes einrühren und bei mittlerer Hitze 1–2 Minuten anbraten. Vom Herd nehmen und etwas abkühlen lassen, pfeffern.

4 Inzwischen den Hefeteig gut durchkneten, 6 gleich große Kugeln daraus formen und auf ein leicht bemehltes Brett legen. Mit einem Tuch abdecken und weitere 20 Minuten gehen lassen.

5 In einen möglichst schweren Topf mit dicht schließendem Deckel (perfekt: ein Gusseisentopf) 200 ml Wasser einfüllen, ½ TL Salz und die Butter dazugeben und aufkochen lassen.

6 Nun die Dampfnudeln füllen: Mit dem Finger eine Vertiefung in die Teigkugeln drücken, 1 EL Salsicce-Füllung in die »Höhle« geben, den Teig drumherum glatt verschließen und alles wieder zur Kugel formen (wie bei Knödeln).

7 Die Dampfnudeln in den Topf setzen und den Deckel fest verschließen. Bei mittlerer Hitze 15–20 Minuten im Dampf garen. Zwischendurch auf keinen Fall in den Topf schauen, sonst entwischt der Dampf und die Nudeln fallen zusammen.

Tipps:

Noch Teig übrig? Geniale Abwandlung der Zutaten: Teig ausrollen, die Füllung darauf verteilen und den Teig einfach aufrollen. Auf ein Blech mit Backpapier legen und die Rolle im 180 Grad heißen Backofen (Mitte, Umluft 160 Grad) etwa 20 Minuten backen. Dann in Scheiben schneiden und auch zur Tomatensauce (siehe unten) servieren.
Unvergleichlich köstliches Duo: Die Dampfnudeln und die Rollen zusammen auftischen!

Und dazu gibt's:

Kalte Tomatensauce

1 kg Tomaten waschen und klein würfeln, dabei die Stielansätze entfernen. 3 Knoblauchzehen schälen, halbieren. 2 Zweige Rosmarin abbrausen, trocken schütteln und mit Tomaten, Knoblauch, Salz und Pfeffer in einen Bräter geben. Alles mit 3 EL Olivenöl beträufeln. Im 180 Grad heißen Backofen (Mitte, Umluft 160 Grad) 20 Minuten schmoren. Abkühlen lassen, Rosmarin rausnehmen und die Tomaten pürieren und abschmecken.

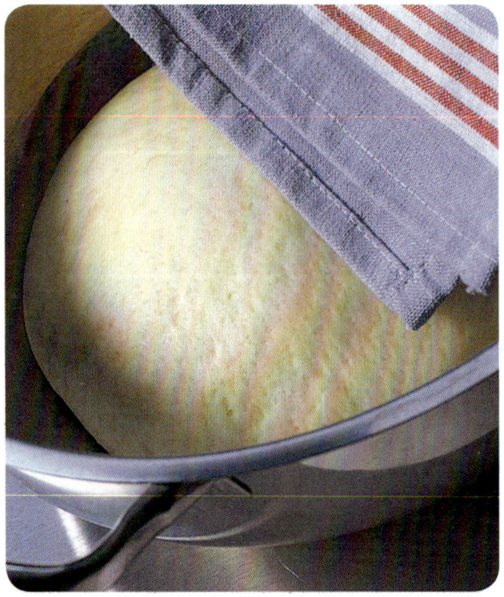

Dampfnudeln

Klassiker aus Omas Küche

Zutaten für 20 Stück:
50 g Butter
½ Würfel Hefe (etwa 20 g)
etwa 200 ml lauwarme Milch
150 g Zucker
500 g Mehl + Mehl zum Arbeiten
1 Ei (M)
1 Prise Salz
Öl für die Pfanne

Zubereitungszeit: 35 Minuten
+ 30 Minuten Gehen
Kalorien pro Stück: 145

1 Die Butter zerlassen. Die Hefe fein zerbröckeln und mit der Milch und 4 EL Zucker glatt rühren. Hefemilch gründlich mit dem Mehl verkneten, zum Schluss noch die Butter, das Ei und das Salz darunterkneten.

2 Das Arbeitsbrett und die Hände mit Mehl bestreuen und den Teig zu einer gleichmäßig dicken Rolle formen. Die Teigrolle in 20 gleich große Stücke schneiden. Zwei Backbleche mit Mehl bestreuen. Die Teigstücke zu eigroßen Bällen formen, auf die Bleche setzen und etwas flach drücken. Die »Nudeln« zudecken und an einen warmen Platz stellen, in etwa 30 Minuten zur doppelten Größe aufgehen lassen.

3 Etwa 200 ml heißes Wasser mit dem übrigen Zucker verrühren, bis er sich aufgelöst hat. In eine große Pfanne mit gut schließendem Deckel so viel Öl gießen, dass der Boden gut bedeckt ist. Bei mittlerer Stufe erhitzen und die erste Runde Dampfnudeln mit genügend Abstand zueinander hineinsetzen.

4 Zwischen die Dampfnudeln langsam etwas Zuckerwasser gießen, den Deckel aufsetzen und 4 Minuten lang nicht mehr runternehmen. Dann – oder spätestens 1 Minute später – sind die Dampfnudeln fertig: oben aufgegangen und unten mit einer knuspriger Karamellkruste. Fertige Nudeln im Ofen bei 50 Grad warm halten.

5 Auf diese Art und Weise auch die übrigen Dampfnudeln fertig machen – und zum Schluss alle zusammen auf den Tisch stellen.

Das schmeckt dazu: Vanillesauce.

Germknödel mit Mohn

Echt böhmisch

Zutaten für 4 Personen:
15 g frische Hefe
2 Pck. Vanillezucker
100 ml lauwarme Milch
250 g Mehl + Mehl zum Arbeiten
Salz
1 Ei (M)
80 g Pflaumenmus (Powidl)
½ Bio-Orange
100 g Butter
50 g Mohnsamen oder gemahlener Mohn (Alternative: fertige, gesüßte Mohnmischung aus der Tüte, bei den Backwaren)

Zubereitungszeit: 50 Minuten
+ 1 ¼ Stunden Gehen
Kalorien pro Portion: 560 kcal

1 Hefe in ein Schälchen krümeln. 1 TL Vanillezucker mit der Milch dazugeben und gründlich verrühren. Das Mehl mit 1 Prise Salz und übrigem Vanillezucker in einer Schüssel mischen. Hefemilch und Ei dazugeben, alles mit den Knethaken des Handrührgeräts zu einem glatten Teig verkneten. Mit einem Tuch abdecken und etwa 1 Stunde an einen warmen Platz stellen, bis der Teig etwa doppelt so groß ist.

2 Dann den Teig achteln. Jedes Stück rund formen und in der bemehlten Hand flach drücken, mit etwas Pflaumenmus belegen. Teig über dem Mus zusammenklappen, vorsichtig einen runden Knödel daraus formen. Knödel nebeneinander auf ein Brett legen, noch mal zudecken und 15 Minuten in Ruhe lassen.

3 In einem großen Topf 2 l Wasser zum Kochen bringen, leicht salzen. Die Hitze klein stellen, Knödel ins Wasser legen und zugedeckt darin in etwa 20 Minuten gar ziehen lassen. Den Deckel während der Zeit bitte nicht abnehmen! Und: Das Wasser keinesfalls kochen lassen, sonst können die Knödel aufplatzen!

4 In der Zeit die Orange heiß waschen und abtrocknen, Schale fein abreiben, den Saft auspressen. Die Butter in einer Pfanne zerlaufen und nur leicht braun werden lassen. Mohn untermischen und unter Rühren bei geringer Hitze ein paar Minuten rösten. Die Orangenschale und 1 EL Orangensaft dazurühren.

5 Die Knödel mit einem Schaumlöffel aus dem Wasser heben, jeweils 2 Knödel in einen tiefen Teller legen, die Mohnbutter darüberlöffeln.

Zwetschgen-knödel

Heimwehküche

Zutaten für 4 Personen:
800 g mehligkochende Kartoffeln
100 g Marzipanrohmasse oder
 30 Stück kleine Würfelzucker
30 Zwetschgen (etwa 500 g)
100 g Mehl + Mehl zum Arbeiten
1 Prise Salz
1 Ei (M)
100 g Butter
80 g Semmelbrösel
2 EL Zucker
½ TL Zimtpulver

Zubereitungszeit: 1 Stunde
+ 30 Minuten Garen
Kalorien pro Portion: 745 kcal

1 Für den Teig Kartoffeln waschen, in einem Topf knapp mit Wasser bedecken und aufkochen. Deckel auflegen, Hitze auf mittlere Stufe schalten und die Kartoffeln in etwa 30 Minuten weich garen. Dann das Wasser abgießen und die Kartoffeln nur so weit abkühlen lassen, dass man sie pellen kann, ohne sich die Hände dabei zu verbrennen. Kartoffeln pellen und durch eine Kartoffelpresse drücken. (Wer keine Presse hat, nimmt einen Kartoffelstampfer, dann aber die Kartoffeln gründlich bearbeiten, damit später keine Kartoffelstücke im Teig sind.) Die Kartoffeln ganz abkühlen lassen. Das geht am schnellsten, wenn man sie flach auf einem Holzbrett ausbreitet.

2 In der Zwischenzeit schon mal das Marzipan in 30 kleine Würfel schneiden. Zwetschgen waschen und an einer Seite aufschneiden. Zwetschgen aufklappen und die Steine herausnehmen. Statt des Steins kommt jetzt 1 Stück Marzipan oder 1 Würfelzucker in jede Zwetschge. Die Zwetschgen wieder zusammenklappen.

3 Zurück zum Teig: Mehl mit Salz zu den Kartoffeln sieben und damit mischen, Ei unterkneten. Der Teig soll jetzt weich, aber auch formbar sein. Ist er zu weich, muss noch mehr Mehl dazu. Den Teig auf einer mit Mehl bestäubten Arbeitsfläche zur Rolle (etwa 5 cm Ø) formen, etwa 1 cm dicke Scheiben abschneiden.

4 Die Teigscheiben rund und dünner ausrollen. Auf jedes Teigstück 1 gefüllte Zwetschge legen und im Teig einhüllen. Dann mit den bemehlten Händen zu schön runden Knödeln (Klößen) formen.

5 In einem großen Topf mindestens 2 l Wasser zum Kochen bringen. Hitze klein stellen, die Knödel in das Wasser legen und darin in etwa 10 Minuten gar ziehen lassen. Das Wasser soll dabei keinesfalls sprudelnd kochen, sondern nur ganz leise blubbern.

6 In der Zeit die Butter in einer Pfanne zerlaufen lassen. Darin Semmelbrösel bei geringer Hitze rösten, bis sie leicht braun sind. Zucker und Zimt mischen und in ein Schüsselchen füllen.

7 Zwetschgenknödel mit dem Schaumlöffel aus dem Wasser heben (die, die man nicht gleich isst, bleiben erst mal noch drin) und in tiefe Teller verteilen. 1–2 EL Bröselbutter über jede Portion löffeln und servieren. Jeder bestreut sich die Knödel beim Essen noch ganz nach Süßlust mit Zimtzucker.

Kaiserschmarren

Locker, luftig, knusprig

Zutaten für 4 Personen:
6 Eier (M)
1 Prise Salz
¼ l Milch
5 EL Puderzucker + Puderzucker zum Bestäuben
250 g Mehl
3 EL Butter

Zubereitungszeit: 30 Minuten
Kalorien pro Portion: 485 kcal

1 Die Eier trennen, also nacheinander aufschlagen und die Eiweiße in eine Schüssel fließen lassen. Die Eigelbe in eine andere Schüssel geben. Mit den Quirlen des Handrührgeräts erst einmal die Eiweiße mit dem Salz steif schlagen und in den Kühlschrank stellen.

2 Dann Eigelbe mit Milch, 3 EL Puderzucker und dem Mehl mit den Quirlen so lange verrühren, bis der Teig schön glatt ist. Eischnee auf den Teig häufen und mit dem Schneebesen vorsichtig, aber gründlich unter den Teig ziehen.

3 Gebacken wird der Teig jetzt in zwei Portionen. In einer großen (am besten beschichteten) Pfanne etwa 1 EL Butter zerlaufen lassen. Die Hälfte des Teigs einfüllen und bei mittlerer Hitze etwa 5 Minuten backen, bis die Unterseite fest und goldbraun ist.

4 Einen Teller, der etwas kleiner ist als die Pfanne, umgedreht auf den Teig legen. Teller und Pfanne zusammen umdrehen und den Teig so auf den Teller stürzen. Den Teig mit dem Teigspatel wieder in die Pfanne schieben (dass dabei ein bisschen Teig auf dem Teller kleben bleibt, macht nichts) und noch einmal 2–3 Minuten backen.

5 Dann Pfannkuchen in mundgerechte Stücke teilen und ½ EL Butterflöckchen mit 1 EL Puderzucker untermischen. Die Pfannkuchenstücke unter Wenden noch einmal etwa 3 Minuten backen, bis sie schön knusprig werden. Den Kaiserschmarren auf eine vorgewärmte Platte füllen und im Backofen bei 70 Grad (Umluft 50 Grad) warm halten. Dann die zweite Teigportion ebenso backen.

6 Wenn der Kaiserschmarren fertig ist, noch eine dünne Schicht Puderzucker darüberstäuben. Den Schmarren sofort warm servieren.

Das schmeckt dazu: Apfelmus oder Zwetschgenkompott.

Tipp:

Echte Rosinenfans weichen 50 g von den getrockneten Beeren in 2 EL Rum oder Apfelsaft ein und mischen sie vor dem Backen unter den Schmarrenteig. Oder sie streuen die Rosinen vor dem Wenden auf die ungebackene Seite des Pfannkuchens.

Quarknockerl in Aprikosensauce

Leicht und frisch

Zutaten für 4 Personen:
Für die Quarknockerl:
500 g Magerquark oder Topfen
40 g weiche Butter
50 g Zucker
1 Pck. Vanillezucker
Salz
2 Eier (M)
75 g Hartweizengrieß
75 g Mehl
1 TL Speisestärke
Für die Aprikosensauce:
700 g Aprikosen
1 Bio-Orange
1/8 l trockener Weißwein, Cidre oder Apfelsaft
30 g Zucker
1 Prise Zimtpulver
Außerdem:
Zimtzucker zum Bestreuen

Zubereitungszeit: 45 Minuten
Kalorien pro Portion: 510 kcal

1 Für die Nockerl den Quark in einem Sieb abtropfen lassen. Butter mit Zucker, Vanillezucker und 1 Prise Salz schaumig rühren. Die Eier und Quark oder Topfen unterrühren. Dann Grieß, Mehl und die Speisestärke mischen und untermengen.

2 Für die Sauce Aprikosen waschen, halbieren und entsteinen. Die Aprikosen würfeln und in einen Topf geben. Die Orange heiß waschen und die Hälfte der Schale fein abreiben, Saft auspressen. Beides mit Wein, Cidre oder Apfelsaft, Zucker und Zimt zu den Aprikosen geben. Aufkochen, bei geringer Hitze zugedeckt 10–15 Minuten köcheln lassen.

3 Inzwischen in einem großen Topf Salzwasser zum Kochen bringen. Von der Quarkmasse mit zwei Teelöffeln Klößchen abstechen und ins Wasser legen. Bei geringer Hitze offen etwa 10 Minuten ziehen lassen.

4 Die Aprikosen fein pürieren, Sauce abschmecken, in tiefe Teller verteilen. Quarknockerl mit einem Schaumlöffel aus dem Wasser heben, kurz abtropfen lassen und in die Sauce legen. Mit Zimtzucker bestreuen.

Topfen-palatschinken

Nicht vergessen: die Topfenschüssel ausschlecken!

Zutaten für 4 Personen:
110 g weiche Butter
100 g Mehl
200 ml Milch
5 Eier (M)
2 Pck. Vanillezucker
1 Prise Salz
1 Bio-Zitrone
50 g gemahlene Haselnüsse
250 g Topfen oder Schichtkäse
50 g Zucker
150 g saure Sahne oder Crème fraîche
Puderzucker zum Bestäuben

Zubereitungszeit: 50 Minuten
+ 25 Minuten Backen
Kalorien pro Portion: 730 kcal

1 Für den Teig 50 g Butter zerlassen. Mehl in eine Schüssel sieben. Nach und nach Milch, 2 Eier und die geschmolzene Butter mit 1 Pck. Vanillezucker und dem Salz unterrühren. Teig etwa 30 Minuten stehen lassen.

2 Inzwischen für die Füllung Zitrone heiß waschen, abtrocknen, Schale fein abreiben. Die Nüsse in einer Pfanne bei mittlerer Hitze rösten, bis sie fein duften, und abkühlen lassen. 30 g Butter cremig rühren und 2 Eier, Topfen oder Schichtkäse, Zucker, Zitronenschale und Nüsse dazugeben und alles gut verrühren.

3 Backofen auf 200 Grad (erst später: Umluft 180 Grad) vorheizen. Eine Pfanne erhitzen, etwas von der restlichen Butter darin schmelzen lassen. 1 Schöpfkelle voll Teig einfüllen und die Pfanne hin- und herdrehen, bis der Pfannenboden mit Teig ausgefüllt ist. Pfannkuchen etwa 1 Minute bei mittlerer Hitze backen, umdrehen und noch mal ½ Minute backen. Herausnehmen, abkühlen lassen. Aus dem Teig weitere 7 Pfannkuchen backen.

4 Die Füllung auf den Pfannkuchen verstreichen, aufwickeln und jedes Röllchen schräg in vier Stücke schneiden, leicht überlappend nebeneinander in eine ofenfeste Form legen. Restliches Ei mit saurer Sahne oder Crème fraîche und übrigem Vanillezucker verrühren, darübergießen. Palatschinken etwa 25 Minuten im Ofen (Mitte) backen. Vor dem Servieren mit Puderzucker bestäuben.

Palatschinken mit Birnen

Wenden verboten!

Zutaten für 1–2 Personen:
2 Eier (M)
50 g Mehl
2 EL gemahlene Haselnüsse
100 ml Milch
50 g saure Sahne
2 EL Puderzucker + Puderzucker zum Bestäuben
1 Birne
1 Prise Salz
1 EL Butter

Zubereitungszeit: 30 Minuten
+ 8–10 Minuten Backen
Kalorien pro Portion (bei 2): 445 kcal

1 Die Eier trennen und die Eigelbe mit dem Mehl und den Haselnüssen glatt verrühren. Dann die Milch, die saure Sahne und 1 EL Puderzucker einrühren. Den Teig 15 Minuten quellen lassen.

2 Inzwischen Backofen auf 250 Grad (auch schon jetzt: Umluft 220 Grad) vorheizen. Die Birne schälen, halbieren, entkernen und längs in dünne Spalten schneiden. Die Eiweiße mit dem Salz zu steifem Schnee schlagen und unter den Teig ziehen.

3 In einer ofenfesten Pfanne (26 cm Ø) bei mittlerer Hitze die Butter zerlassen. Den Palatschinkenteig darin verstreichen und etwa ½ Minute warten, bis er leicht gestockt ist. Dann die Birnenspalten auf dem Teig verteilen, sodass er aber noch ein bisschen Platz zum Aufgehen hat.

4 Den Palatschinken mit etwas Puderzucker bestäuben und die Pfanne in den Ofen (Mitte) schieben. Palatschinken 8–10 Minuten backen, bis er schön aufgegangen und leicht gebräunt ist. Raus damit und gleich servieren.

Grießschnitten mit Birnen-Apfel-Kompott

Auch Süßes macht satt

Zutaten für 4 Personen:
Für die Grießschnitten:
1 l Milch | 1 Prise Salz
4 EL Butter | 60 g Zucker
250 g Hartweizengrieß
2 Eier (S)
Für das Kompott:
je 500 g Äpfel und Birnen
1 Bio-Zitrone | 2 EL brauner Zucker
50 ml Cidre oder naturtrüber Apfelsaft
50 g Honig | 1 Prise Nelkenpulver

Zubereitungszeit: 1 Stunde
Kalorien pro Portion: 725 kcal

1 Für die Schnitten Milch mit Salz und 1 EL Butter in einem hohen Topf erhitzen. Zucker und Grieß einrieseln lassen, Hitze ganz klein stellen und Deckel auflegen. Den Grieß 10 Minuten quellen lassen.

2 Grießbrei in eine Schüssel umfüllen und 5 Minuten abkühlen lassen, dann Eier unterrühren. Den Brei in eine kleine Kastenform füllen, auskühlen lassen.

3 Inzwischen fürs Kompott Äpfel und Birnen vierteln, schälen, entkernen und in Schnitze schneiden. Die Zitrone heiß waschen und abtrocknen, Schale fein abreiben, Saft einer Hälfte auspressen.

4 Braunen Zucker in einem Topf bei mittlerer Hitze schmelzen lassen, Äpfel und Birnen unterrühren. Zitronenschale und -saft, Cidre oder Apfelsaft und den Honig untermischen. Die Früchte bei geringer Hitze in etwa 10 Minuten zugedeckt weich kochen, aber nicht zerfallen lassen. Mit Nelkenpulver und vielleicht etwas Honig abschmecken.

5 Grießbrei aus der Form auf ein Brett stürzen und in etwa 1 cm dicke Scheiben schneiden. Große Scheiben noch einmal halbieren. Übrige Butter in einer großen Pfanne zerlaufen lassen. Grießschnitten darin portionsweise bei mittlerer Hitze pro Seite in 2–3 Minuten goldbraun und knusprig braten. Fertige Schnitten im Backofen bei 70 Grad (Umluft 50 Grad) warm halten. Mit Kompott servieren.

Apfelpuffer mit Ahornsirup

Am besten frisch aus der Pfanne

Zutaten für 4 Personen:
2 Eier (M)
30 g Zucker
1 Prise Salz
300 ml Milch
200 g Mehl
500 g Äpfel
1 EL frisch gepresster Zitronensaft
Butterschmalz zum Ausbacken
Ahornsirup nach Geschmack (oder Zimtzucker oder einfach Rohrzucker)

Zubereitungszeit: 30 Minuten
Kalorien pro Portion: 620 kcal

1 Die Eier mit Zucker, Salz, Milch und Mehl zu einem glatten Teig verrühren. 15 Minuten quellen lassen.

2 Inzwischen Äpfel vierteln, schälen und entkernen. Die Viertel quer in feine Scheibchen schneiden oder grob raspeln und sofort mit dem Zitronensaft mischen, dann unter den Teig rühren.

3 In einer beschichteten Pfanne 2 EL Butterschmalz erhitzen. Mit einem Esslöffel kleine Portionen vom Teig in die Pfanne geben, von beiden Seiten bei mittlerer Hitze in etwa 5 Minuten goldbraun braten.

4 Apfelpuffer aus der Pfanne nehmen, auf Küchenpapier abtropfen lassen und auf Teller verteilen. Mit Ahornsirup beträufeln und sofort servieren. Den Rest des Teiges ebenso verarbeiten.

Tipp:

Falls alle Apfelpuffer gleichzeitig serviert werden sollen, dann die gebackenen im 80 Grad heißen Backofen stapeln und warm halten, bis der Teig verbraucht ist.

Reisauflauf mit Zimtkirschen

Außen knusprig, innen fruchtig

Zutaten für 4 Personen:
1 Glas Sauerkirschen (680 g)
2 EL Speisestärke
½ TL Zimtpulver
½ Bio-Zitrone
160 g Milchreis
½ l Milch
5 Eier (M)
1 Prise Salz
100 g Zucker
Butter für die Form

Zubereitungszeit: 45 Minuten
+ 40 Minuten Backen
Kalorien pro Portion: 425 kcal

1 Kirschen in ein Sieb gießen, dabei 200 ml Saft auffangen. Davon 2 EL Saft abnehmen und mit der Stärke glatt verrühren. Übrigen Saft in einen Topf geben, aufkochen. Die angerührte Stärke in den heißen Saft rühren und alles 1 Minute kochen lassen. Jetzt den Topf vom Herd ziehen und die Kirschen und den Zimt unterrühren, abkühlen lassen.

2 Zitrone heiß waschen, abtrocknen und die Schale so weit abreiben, dass das Weiße noch dranbleibt – sonst wird sie bitter. Den Reis im Sieb mit heißem Wasser gründlich waschen, dann mit der Milch und der Zitronenschale in einen Topf geben und unter Rühren aufkochen. Etwa 25 Minuten bei geringer Hitze leise kochen lassen, ab und zu umrühren.

3 Backofen auf 225 Grad (auch schon jetzt: Umluft 200 Grad) vorheizen. Eier trennen und die Eiweiße mit dem Salz cremig schlagen, dann den Zucker nach und nach einrieseln lassen und alles zu einem steifen Schnee schlagen. Eigelbe unter den heißen Milchreis rühren, den Eischnee unterheben.

4 Eine Auflaufform (etwa 1½ l Inhalt) buttern und die Hälfte der Reismasse darin verteilen. Darauf die Kirschen geben und mit der übrigen Reismasse bedecken. Auflauf in den Ofen (Mitte) schieben und 10 Minuten backen. Dann die Hitze auf 175 Grad (Umluft 150 Grad) reduzieren und den Auflauf in weiteren 30 Minuten fertig backen. Gleich essen.

Desserts

& Gebäck

Das Beste kommt zum Schluss – also folgt hier das Beste vom Best of! Und was wäre schon ein Best-of-Basic-Band ohne Tiramisu, Panna cotta und Zitronentarte, Erdbeerparfait und kleine Schokokuchen? Das werden wir wohl nie erfahren ...

Mousse au chocolat

Wunderbar cremig – und bei uns ganz ohne Butter!

Zutaten für 4–6 Personen:
200 g Zartbitterschokolade (70 % Kakaoanteil sollte die schon haben!)
4 ganz frische Eier (M)
150 g Sahne
3 EL Zucker

Zubereitungszeit: 20 Minuten
+ 2–4 Stunden Kühlen
Kalorien pro Portion (bei 6): 340 kcal

1 Die Schokolade in Stücke brechen und in eine hitzefeste Tasse füllen. Die Tasse in einen Topf mit heißem Wasser stellen und die Schokolade schmelzen lassen. Dabei ab und zu umrühren. Die Tasse aus dem Wasser nehmen, die Schokolade lauwarm werden lassen.

2 Die Eier trennen. Die Eiweiße zu sehr steifem Schnee schlagen und in den Kühlschrank stellen, damit sie auch schön fest bleiben. Sahne ebenfalls steif schlagen.

3 Eigelbe mit dem Zucker schaumig schlagen. Langsam nach und nach die Schokolade dazufließen lassen und gut unterrühren. Den Eischnee und die Sahne getrennt mit dem Schneebesen locker, aber gründlich unterheben.

4 Die Mousse in Portionsschälchen füllen und 2–4 Stunden in den Kühlschrank stellen, bis sie fest ist. Oder in der Schüssel kühl stellen und dann zum Servieren von der Mousse kleine Nocken abstechen.

Tiramisu

Mal ohne rohes Ei

Zutaten für 6–8 Personen:
1 große Bio-Zitrone
500 g Mascarpone
etwa 100 ml Milch
80 g Zucker
2 Pck. Vanillezucker
150–200 g Löffelbiskuits (vom guten Bäcker schmecken die besser als vom Supermarkt)
3/8 l starker Espresso
2 EL Grappa
1 TL Kakaopulver
1 Prise Zimtpulver

Zubereitungszeit: 30 Minuten
+ 8 Stunden Kühlen
Kalorien pro Portion (bei 8): 490

1 Zitrone heiß waschen, abtrocknen und die Schale fein abreiben, 1 EL Saft auspressen. Den Mascarpone mit der Milch, Zucker und Vanillezucker in eine Schüssel geben und mit den Quirlen des Handrührgeräts zu einer glatten, streichfähigen Creme verrühren. Die Zitronenschale und den Saft untermischen.

2 Eine kleinere, eckige Form suchen, die etwa 5 cm hoch sein sollte. Den Boden der Form mit einer Schicht Löffelbiskuits auslegen. Espresso mit Grappa verrühren und ein wenig davon auf die Löffelbiskuits träufeln. Am besten mit dem Löffel, damit die Biskuits gleichmäßig getränkt werden.

3 Wenn die Biskuits schön kaffeebraun geworden sind, ein Drittel von der Creme darüber verstreichen. Mit Löffelbiskuits belegen und wieder beträufeln. Noch mal Creme darauf, noch mal Biskuits tränken – und noch mal Creme.

4 Zum Schluss das Kakaopulver mit Zimt mischen und durch das kleine Sieb auf das Tiramisu rieseln lassen. Und das kommt jetzt mindestens für 8 Stunden in den Kühlschrank und darf erst mal so richtig durchziehen, bevor es dann aufgegessen wird!

Panna cotta mit Orangensauce

Besonders luftige Variante

Zutaten für 4 Personen:
1 Vanilleschote
500 g Sahne
50 g Zucker
3 Blatt weiße Gelatine
2 Orangen
1 EL frisch gepresster Zitronensaft
1 EL Ahornsirup oder milder Honig
1 kleine Prise Nelkenpulver

Zubereitungszeit: 35 Minuten
+ 4 ½ Stunden Kühlen
Kalorien pro Portion: 475 kcal

1 Die Vanilleschote der Länge nach aufschlitzen und aufklappen, das Mark herausschaben. Mark und Schote mit 400 g Sahne und Zucker in einem Topf erhitzen. Dann bei mittlerer Hitze etwa 10 Minuten leicht köcheln lassen, dabei ab und zu umrühren. Und immer dabeibleiben, damit die Sahne nicht zu heiß wird und überkocht. Inzwischen die Gelatine 10 Minuten in kaltem Wasser einweichen und weich werden lassen.

2 Topf mit der Sahne vom Herd nehmen. Gelatine nacheinander aus dem Wasser holen, leicht ausdrücken und unter die heiße Sahne rühren und auflösen. Die Sahne abkühlen lassen, dabei immer mal wieder umrühren, damit sich keine Haut bildet. Dann etwa 30 Minuten in den Kühlschrank stellen, bis sie anfängt, fest zu werden.

3 Übrige Sahne steif schlagen, auf die Sahnecreme häufen und mit dem Schneebesen locker unterheben. Panna cotta in vier Förmchen (je etwa 150 ml) füllen und für etwa 4 Stunden in den Kühlschrank stellen und fest werden lassen.

4 Dann die Schale von den Orangen mit einem Messer so abschneiden, dass auch die weiße Haut mit entfernt wird. Die Fruchtfilets zwischen den weißen Häutchen herausschneiden, Kerne entfernen. Orangenfleisch würfeln und mit Zitronensaft und Ahornsirup oder Honig fein pürieren. Mit Nelkenpulver würzen. Zur Panna cotta servieren.

Crème Caramel

Dauerbrenner für alle Süßschnäbel

Zutaten für 6 Personen:
1 dicke, fleischige Vanilleschote
1/4 l Milch
250 g Sahne
140 g Zucker
3 Eier (M)
2 Eigelb (M)

Zubereitungszeit: 30 Minuten
+ 45 Minuten Garen
+ 4 Stunden Kühlen
Kalorien pro Portion: 315 kcal

1 Vanilleschote längs aufschlitzen und aufklappen, Mark mit dem Messerrücken herausschaben. Beides mit Milch und Sahne in einen Topf geben. Aufkochen, neben dem Herd kurz ziehen lassen.

2 Sechs ofenfeste Portionsförmchen (je etwa 200 ml) nebeneinander in eine Auflaufform stellen. 80 g Zucker in einem Topf mit 2 EL Wasser bei starker Hitze flüssig und karamellbraun werden lassen. Nicht umrühren! Den Karamell in den Portionsförmchen verteilen.

3 Backofen auf 150 Grad (erst später: Umluft 130 Grad) vorheizen. Die Vanilleschote aus der Milchmischung fischen. Eier, Eigelbe, Milch und den restlichen Zucker gründlich miteinander verquirlen. Eiermilch vorsichtig auf den Karamell in den Förmchen gießen.

4 Jetzt so viel kochend heißes Wasser in die Auflaufform füllen, dass die Portionsförmchen zu zwei Drittel ihrer Höhe darin stehen. Auflaufform in den Ofen (unten) schieben und die Eiermilch etwa 45 Minuten garen, bis sie fest ist. Herausnehmen und abkühlen lassen, dann vor dem Servieren mindestens 4 Stunden in den Kühlschrank stellen.

5 Zum Servieren einen kleinen Dessertteller oder ein Schälchen umgedreht auf jeden Flan setzen. Beides mit Schwung umdrehen und den Flan so auf den Teller oder in das Schälchen stürzen.

Variante: Crème brûlée

Nur den Flan ohne den Karamell in den Förmchen garen und fest werden lassen. Dann vor dem Servieren nicht stürzen, sondern jede Portion mit etwa 1 EL Puderzucker bestäuben und diesen unter den heißen Grillschlangen (10 cm Abstand) in etwa 5 Minuten karamellisieren lassen. Auch möglich: einen kleinen Bunsenbrenner nehmen – Zucker aufstreuen (in dem Fall kann es auch weißer oder brauner Kristallzucker sein) und ganz vorsichtig mit der Flamme des Bunsenbrenners schmelzen und goldbraun werden lassen.

Beerenkaltschale

Sommerlich frisch

Zutaten für 4 Personen:
600 g gemischte Beeren (z. B. Heidelbeeren, Himbeeren, Brombeeren und Johannisbeeren)
1 Bio-Zitrone
100 g Zucker
1 Zimtstange
200 g Sahne
1 Pck. Vanillezucker

Zubereitungszeit: 40 Minuten
Kalorien pro Portion: 310 kcal

1 Zarte Beeren wie Himbeeren nur verlesen, die anderen vorsichtig waschen und abtropfen lassen.

2 Zitrone heiß waschen, abtrocknen und die Schale dünn abschälen. Wichtig: Wirklich dünn schälen, die weiße Haut unter der gelben schmeckt bitter! Eine Zitronenhälfte auspressen.

3 Zitronensaft und -schale mit Zucker, Zimtstange und 3/4 l Wasser in einem Topf erhitzen. Deckel halb auflegen und die Flüssigkeit bei starker Hitze etwa 10 Minuten kochen lassen.

4 Dann die Beeren untermischen und alles 5 Minuten weiterkochen. Abkühlen lassen, den Zimt und die Zitronenschale aus dem Sud fischen. Die Beeren mit dem Sud pürieren und durch ein Sieb streichen (so bleiben die Kerne im Sieb).

5 Die Sahne steif schlagen, dabei den Vanillezucker einrieseln lassen. Beerenkaltschale in Suppenteller oder -tassen schöpfen. Jeweils ein paar Sahnetupfen darauf verteilen.

Zitronencreme

Schmeckt auch nach einem üppigen Menü

Zutaten für 4–6 Personen:
2 Blatt weiße Gelatine
2 Bio-Zitronen
2 ganz frische Eier (M)
80 g Zucker
150 g Crème fraîche
200 g Sahne
4–6 kandierte Zitronenscheiben zum Garnieren

Zubereitungszeit: 30 Minuten
+ 4 Stunden Kühlen
Kalorien pro Portion (bei 6): 285 kcal

1 Gelatine 10 Minuten in kaltem Wasser einweichen. Die Zitronen heiß waschen und abtrocknen, Schale fein abreiben. Den Saft von 1 1/2 Zitronen auspressen.

2 Die Eier trennen. Die Eigelbe mit dem Zucker in einer Schüssel kurz verquirlen und diese in ein heißes Wasserbad setzen. Die Mischung 5 Minuten lang kräftig aufschlagen, bis eine helle, dickschaumige Creme entstanden ist.

3 Zitronensaft und -schale unter die Schaumcreme mischen. Gelatineblätter nach und nach ausdrücken und unter die warme Creme rühren, bis sie sich aufgelöst haben. Die Zitronencreme abkühlen lassen, dann Crème fraîche untermischen (wenn die Zitronencreme schon sehr fest ist, vorher cremig rühren).

4 Sahne und Eiweiße getrennt steif schlagen und unter die Creme heben. Die Creme in Portionsförmchen füllen und mindestens 4 Stunden kühl stellen. Vorm Servieren je 1 kandierte Zitronenscheibe in die Creme stecken.

Tipp:

Kandierte Zitronenscheiben gibt es in Delikatessengeschäften und in Fruchthäusern. Am besten schmecken schwach kandierte Fruchtscheiben. Wer sie nicht bekommt, schneidet einfach 1 langes Stück Bio-Zitronenschale (5–6 cm) längs in ganz feine Streifen. Mit wenig Wasser benetzen, in feinen Zucker tauchen und als Garnitur aufstreuen.

Mascarpone-Erdbeer-Creme

Superschnell gemacht

Zutaten für 4 Personen:
150 g Sahne
2 Pck. Vanillezucker
250 g Mascarpone
1 TL frisch gepresster Zitronensaft
400 g Erdbeeren
1 EL Puderzucker
ein paar Minze- oder Basilikumblättchen (wer mag)

Zubereitungszeit: 15 Minuten
Kalorien pro Portion: 460 kcal

1 Erst mal die Sahne steif schlagen, dabei nach und nach 1 Pck. Vanillezucker einrieseln lassen.

2 Den Mascarpone und Zitronensaft mit dem restlichen Vanillezucker in eine Schüssel füllen und gut durchrühren. Die Hälfte der Sahne unter die Creme rühren, Rest daraufhäufen und mit dem Schneebesen durch beide Massen ziehen, bis Mascarpone und Sahne ganz locker gemischt sind.

3 Die Erdbeeren kurz waschen und die Kelchblätter mit der Messerspitze herauslösen. Die Erdbeeren mit Puderzucker bestäuben und mit einer Gabel grob zerdrücken.

4 Die Mascarpone-Sahne-Creme und die Erdbeeren schichtweise in Gläser oder Schälchen füllen. Und wer mag, wäscht noch die Minze- oder Basilikumblättchen, tupft sie trocken und dekoriert damit das cremig-fruchtige Dessert.

Tipp:

Wer das Dessert erst etwas später essen möchte, stellt es bis zum Servieren einfach in den Kühlschrank, es bleibt einige Stunden schön frisch. Aber bitte nicht schon am Vortag machen, sonst verlieren die Erdbeeren einiges an Aroma und die Mascarponecreme verfärbt sich unschön.

Honig-Rhabarber aus der Folie

Frühlingsfrische in der Hülle

Zutaten für 4 Personen:
600 g junger Rhabarber
½ Bio-Limette oder Bio-Zitrone
70 g Honig
150 g Schmand
50 g Sahne

Zubereitungszeit: 30 Minuten
+ 20 Minuten Backen
Kalorien pro Portion: 205 kcal

1 Den Backofen auf 220 Grad (auch schon jetzt: Umluft 200 Grad) vorheizen. Den Rhabarber waschen und die Enden abschneiden. Die Fäden, die sich dabei ablösen, ganz abziehen. Den Rhabarber in etwa 1 cm lange Stücke schneiden.

2 Die Zitrushälfte heiß waschen, abtrocknen und die Schale fein abreiben, den Saft auspressen. Beides mit 50 g Honig gut verrühren.

3 Vier Stück Alufolie auf der Arbeitsplatte auslegen. Die Rhabarberstücke darauf verteilen und jeweils mit Honigmischung beträufeln. Folie zusammenklappen und die Enden verschließen. Die Päckchen auf dem Backblech in den Ofen (Mitte) schieben und etwa 20 Minuten backen.

4 Dann den Schmand mit der Sahne und dem übrigen Honig verrühren. Folienpäckchen öffnen und den Rhabarber auf Teller verteilen. Mit Schmand garnieren und warm essen.

Tipp:

Statt mit Schmand schmeckt der heiße Rhabarber auch sehr gut mit Vanilleeis. Dann zusätzlich Waffelröllchen servieren.

Obstsalat mit Kokossahne

Schmeckt mit jedem Obst

Zutaten für 4 Personen:
150 g kleine Erdbeeren
100 g Himbeeren
1 Birne
1 Apfel
1 Banane
2 Kiwis
1½ EL frisch gepresster Zitronensaft
2 EL Zucker
4 EL Kokosraspel
150 g Sahne

Zubereitungszeit: 20 Minuten
+ 15–30 Minuten Marinieren
Kalorien pro Portion: 295 kcal

1 Die Erdbeeren vorsichtig waschen und die Kelchblätter herausschneiden. Die Himbeeren verlesen.

2 Birne, Apfel, Banane und die Kiwis schälen. Birne und Apfel vierteln, entkernen und in Schnitze schneiden. Die Banane in Scheiben schneiden. Die Kiwis längs vierteln, den Strunk aus der Mitte heraustrennen und die Kiwis in dünne Scheiben schneiden.

3 Den Zitronensaft mit 1 EL Zucker verrühren, unter die Früchte mischen und 15–30 Minuten marinieren lassen.

4 Die Kokosraspel mit 1 TL Zucker in einer Pfanne mischen und ohne Fett unter Rühren bei mittlerer Hitze goldgelb rösten. Dabei aufpassen, dass sie nicht verbrennen! Auf einen Teller geben. Sahne nicht ganz steif schlagen, dabei den restlichen Zucker einrieseln lassen, die Kokosflocken untermischen. Den Obstsalat auf Tellern verteilen und mit der Kokossahne garnieren.

Tipp:

Statt Kokosraspel auch mal etwas fein abgeriebene Orangen- oder Limettenschale unter die Sahne mischen. Ebenso fein: Haselnusskrokant.

Feigenjoghurt mit Honig

Genial auch als Frühstück

Zutaten für 4 Personen:
100 g getrocknete Feigen
½ Bio-Zitrone
1 EL Butter
50 g Mandelstifte und Pinienkerne (nach Belieben gemischt)
4 EL flüssiger Honig
400 g cremiger Naturjoghurt (am besten türkischer oder griechischer und eventuell auch aus Schafsmilch)
¼ TL Zimtpulver

Zubereitungszeit: 20 Minuten
Kalorien pro Portion: 335

1 Feigen in kleine Würfel schneiden. Die Zitronenhälfte heiß waschen, abtrocknen und die Schale fein abreiben, den Saft auspressen.

2 Die Butter in einem Topf schmelzen lassen, Mandeln und Pinienkerne einrühren und bei mittlerer Hitze rösten, bis sie fein duften. Feigen dazugeben und kurz mitbraten, Zitronenschale und -saft mit 2 EL Honig gründlich untermischen, den Topf vom Herd ziehen und alles abkühlen lassen.

3 Den Joghurt mit der Feigenmischung gut durchrühren und in flache Dessertschalen füllen. Übrigen Honig zickzackförmig darüberlaufen lassen und den Joghurt mit Zimt bestreuen. Fertig!

Double Chocolate Icecream

Schokolade im Doppelpack

Zutaten für 6 Personen:
50 g Vollmilchschokolade
100 g Zartbitterschokolade
250 g Sahne
3 Eigelb (M)
50 g Zucker
2 Eiweiß (M)
½ TL Zimtpulver (wer mag)

Zubereitungszeit: 25 Minuten
+ 4 Stunden Tiefkühlen
Kalorien pro Portion: 335 kcal

1 Die Vollmilchschokolade und 50 g Zartbitterschokolade in Stücke brechen und mit 50 g Sahne in eine kleine Metallschüssel füllen. In einen Topf mit heißem Wasser stellen und bei mittlerer Hitze erwärmen und schmelzen lassen. Ab und zu umrühren. Schüssel aus dem Wasserbad heben und die Schokolade lauwarm werden lassen.

2 Eigelbe mit dem Zucker zu einer schaumigen Creme aufschlagen. Die restliche Schokolade in kleine Stücke schneiden. Die Eiweiße und die übrige Sahne getrennt steif schlagen.

3 Die geschmolzene Schokolade unter die Eigelbcreme rühren. Den Eischnee und die Sahne mit den Schokostückchen und eventuell dem Zimt unterheben. Die Masse in der Schüssel ins Gefrierfach stellen, in etwa 4 Stunden fest werden lassen. Dabei jede Stunde ganz gründlich durchrühren, damit die Schokostückchen gut verteilt werden.

Erdbeerparfait

Zum Dahinschmelzen gut

Zutaten für 4–6 Personen:
250 g sehr aromatische Erdbeeren (auf die Nase verlassen – duften die Beeren nicht, haben sie auch wenig Aroma)
120 g Puderzucker
1 Stängel Minze (wer mag)
4 ganz frische Eigelb (M)
75 g Crème fraîche oder Crème double
150 g Sahne
1 Prise mittelgrob gemahlener Pfeffer

Zubereitungszeit: 25 Minuten
+ 4 Stunden Tiefkühlen
Kalorien pro Portion (bei 6): 265 kcal

1 Erdbeeren vorsichtig abbrausen und abtropfen lassen. Die Kelchblätter mit der Messerspitze herauslösen. Die Erdbeeren grob würfeln und mit 1 EL Puderzucker mit einer Gabel fein zerdrücken. Nach Belieben die Minze abbrausen, trocken schütteln und die Blättchen so fein wie möglich hacken und gleich mit dem Erdbeerpüree mischen.

2 Die Eigelbe und den übrigen Puderzucker gut schaumig schlagen. Crème fraîche oder Crème double und das Püree unterrühren. Sahne steif schlagen und mit dem Pfeffer unterheben.

3 Die Mischung in eine kleine Kastenform (etwa 800 ml Inhalt) füllen und für mindestens 4 Stunden ins Gefrierfach stellen und fest werden lassen.

4 Zum Servieren das Waschbecken mit heißem Wasser füllen. Die Form kurz hineintauchen, bis das Parfait am Rand schmilzt. Das Erdbeerparfait auf eine Platte stürzen, in Scheiben schneiden und schmecken lassen.

Tipp:

Das Parfait schmeckt pur, noch besser aber mit Sahne. Diese am besten mit Vanillezucker nicht ganz steif schlagen und als besonderen Clou ein bisschen Pastis darunterrühren.

Orangen-Limetten-Granita

Herrlich erfrischend

Zutaten für 4 Personen:
5 Orangen (davon 1 Bio-Orange)
1 Bio-Limette
70 g Zucker
½ TL Zimtpulver
2 EL Orangenblütenwasser
Minzeblättchen zum Dekorieren
Zimtpulver zum Bestäuben

Zubereitungszeit: 30 Minuten
+ 3–4 Stunden Tiefkühlen
Kalorien pro Portion: 100

1 Die Bio-Orange und die Limette heiß waschen und die Schale fein abreiben. Den Saft von allen Orangen und der Limette auspressen.

2 Den Orangen- und Limettensaft mit dem Zucker in einem Topf unter Rühren erhitzen, bis sich der Zucker aufgelöst hat. In eine Schüssel füllen, mit Zimt, Orangenblütenwasser und der Zitrusschale mischen und abkühlen lassen.

3 Die Schüssel ins Gefrierfach stellen und die Saftmischung in 3–4 Stunden fest werden lassen. Dabei ab und zu durchrühren, aber nicht so oft wie bei Sorbet und Cremeeis. Granita soll gar nicht ganz so fein werden.

4 Vorm Servieren die Masse in grobe Stücke zerstoßen und in Gläser oder Dessertschälchen füllen. Mit den Minzeblättchen garnieren, mit dem Zimt bestäuben und servieren.

Kleine Schokokuchen mit Zabaione

Für besonders liebe Gäste

Zutaten für 6 Personen:

Für die Schokokuchen:
150 g Zartbitterschokolade
100 g Butter
3 Eier (M)
50 g Zucker
1 Pck. Vanillezucker
50 g Mehl
Butter und Mehl für die Förmchen oder Gläser

Für die Zabaione:
2 sehr frische Eier (M)
2 sehr frische Eigelb (M)
2 ½ EL Zucker
1 Prise Zimtpulver
150 ml Marsala, Prosecco oder fruchtiger Weißwein

Zubereitungszeit: 1 Stunde
Kalorien pro Portion: 465 kcal

1 Erst mal brauchen wir sechs Förmchen (je etwa 200 ml) für die Kuchen. Das können kleine Flan- oder Auflaufformen oder auch hitzfeste Gläser wie Einweckgläser oder hitzefeste Tassen sein. Förmchen mit Butter ausstreichen. Dann mit Mehl ausstäuben: Dazu 1 TL Mehl in jedes Förmchen löffeln und dieses so lange nach allen Seiten drehen, bis das Mehl überall haftet. Backofen auf 220 Grad (auch schon jetzt: Umluft 200 Grad) vorheizen.

2 Für die Kuchen Schokolade in Stücke brechen, die Butter klein würfeln. Beides zusammen in eine kleine Metallschüssel füllen und in einem heißen Wasserbad schmelzen lassen. Dabei immer mal wieder durchrühren.

3 Wenn die Mischung geschmolzen ist, Schüssel aus dem Wasserbad nehmen. Das Wasser aber noch nicht wegschütten, wir brauchen es später für die Zabaione.

4 Die Eier mit dem Zucker und Vanillezucker mit den Quirlen des Handrührgeräts schaumig schlagen. Die Schokobutter nach und nach einfließen lassen und gut unterrühren. Das Mehl darübersieben und zügig untermischen.

5 Die Schokoladenmasse gleichmäßig in den Förmchen verteilen. In den Ofen (Mitte) stellen und etwa 15 Minuten backen. Die Kuchen sollen innen noch einen flüssigen Kern behalten.

6 Zeit für die Zabaione: Eier, Eigelbe, Zucker und Zimt in eine Metallschüssel mit rund gewölbtem Boden geben und alles schaumig schlagen (ebenfalls mit dem Handrührgerät). Marsala, Prosecco oder Weißwein untermischen.

7 Die Schüssel in den Topf hängen und die Schaummasse im heißen Wasserbad 5–10 Minuten kräftig aufschlagen, bis sie dicker wird und schön luftig ist.

8 Die Schokokuchen aus dem Ofen nehmen, 5–10 Minuten stehen lassen und dann mit einem Messer vom Rand der Förmchen lösen. Die Schokokuchen ganz vorsichtig auf kleine Teller gleiten lassen. Die Zabaione rundherum gießen. Gleich servieren.

Schokowürfel

Einfach gut

Zutaten für 1 Blech (etwa 50 Stück):
300 g Zartbitterschokolade
2 Birnen
2 Bananen
3 EL frisch gepresster Zitronensaft
9 Eier (M)
Salz
250 g weiche Butter
150 g Zucker
150 g Mehl
150 g gemahlene Mandeln
2 TL Backpulver
100 g Zartbitterkuvertüre

Zubereitungszeit: 1 Stunde
+ 25 Minuten Backen
Kalorien pro Stück: 140

1 Schokolade in Stücke brechen, in eine große Tasse legen und im heißen Wasserbad schmelzen. Dabei immer mal wieder durchrühren. Schokolade etwas abkühlen lassen.

2 Die Birnen vierteln, schälen und das Kerngehäuse rausschneiden. Bananen schälen. Früchte würfeln und mit dem Zitronensaft mischen.

3 Eier trennen. Eiweiße mit 1 Prise Salz steif schlagen und in den Kühlschrank stellen. Butter in Stücke schneiden und mit dem Zucker schaumig rühren. Nach und nach die Eigelbe drunterrühren.

4 Backofen auf 200 Grad (auch schon jetzt: Umluft 180 Grad) vorheizen, ein Backblech mit Backpapier auslegen.

5 Geschmolzene Schokolade unter die Buttercreme rühren. Mehl mit Mandeln und Backpulver mischen und mit den Früchten unter den Teig mischen. Den Eischnee unterheben. Teig aufs Blech geben und glatt verstreichen. Im Ofen (Mitte) etwa 25 Minuten backen. Das Blech herausnehmen und den Kuchen auskühlen lassen.

6 Kuvertüre schmelzen und auf dem Kuchen verstreichen oder den Kuchen damit verzieren, zum Beispiel mit einem Schokogitter überziehen. Den Kuchen in Würfel schneiden und vom Blech lösen.

Zitronentarte

Erklärter Liebling des Basic-Teams

Zutaten für 1 Tarte (28–30 cm Ø, 12 Stück):
Für den Teig:
200 g Mehl | 50 g Zucker
1 Pck. Vanillezucker
abgeriebene Schale von ½ Bio-Zitrone
100 g kalte Butter | 1 Eigelb (M)
Für die Füllung:
2 ½ Bio-Zitronen | 4 Eier (M)
1 Eigelb (M) | 200 g Zucker
125 g Sahne | 1 EL Puderzucker
Zum Blindbacken:
Butterbrotpapier und getrocknete Bohnen oder Erbsen

Zubereitungszeit: 35 Minuten
+ 1 Stunde Kühlen
+ 1 Stunde Backen
Kalorien pro Stück: 290

1 Für den Teig Mehl mit Zucker, Vanillezucker, Zitronenschale, Butter in Flöckchen und Eigelb rasch zu einem glatten Mürbteig verkneten. Teig rund ausrollen, so groß, dass man die Form damit auskleiden kann.

2 Teig in die ungefettete Form legen, auch am Rand 2–3 cm hochziehen, in der Form 1 Stunde kühl stellen.

3 Backofen auf 180 Grad (auch schon jetzt: Umluft 160 Grad) vorheizen. Teigboden mit einer Gabel ein paarmal einstechen. Ein rundes Stück Papier zuschneiden und reinlegen, mit einer Lage Bohnen oder Erbsen beschweren. Teig im Ofen (Mitte) 10 Minuten vorbacken.

4 Für die Füllung die Zitronen heiß waschen, abtrocknen und die Schale abreiben, Saft auspressen. Eier, Eigelb und Zucker schön schaumig schlagen, Zitronenschale und -saft unterrühren. Sahne steif schlagen, unterheben.

5 Bohnen oder Erbsen und Papier vom Teig nehmen. Zitronencreme auf den Teig gießen. Im Ofen (Mitte, 150 Grad, Umluft 130 Grad) etwa 50 Minuten backen.

6 Die Tarte herausnehmen und in der Form abkühlen lassen. Vorm Servieren den Backofengrill einschalten. Puderzucker über die Tarte sieben, unter die heißen Grillschlangen schieben und in etwa 1 Minute bräunen.

Vanilletartes

Feines zu Caffè latte und Café au lait

Zutaten für 6 Törtchen (8–10 cm Ø):
2 Platten TK-Blätterteig
1 Vanilleschote
5 Eigelb (M)
200 g Sahne
1 TL Speisestärke
30 g Zucker
abgeriebene Schale von ½ Bio-Zitrone
2 TL Puderzucker
¼–½ TL Zimtpulver

Zubereitungszeit: 20 Minuten
+ 10 Minuten Backen
Kalorien pro Törtchen: 230

1 Die Teigplatten auf der Arbeitsfläche ausbreiten und auftauen lassen. Vanilleschote der Länge nach aufschlitzen, das Mark rauskratzen. Eigelbe durch ein Sieb in einen Topf streichen, Mark einrühren.

2 Von der Sahne 2 EL mit der Speisestärke verrühren. Restliche Sahne und Zucker zu den Eigelben gießen. Zitronenschale untermischen. Bei geringer Hitze unter Rühren langsam erwärmen.

3 Wenn die Creme warm ist, Speisestärke unterrühren. Fängt die Creme an zu dampfen, wird sie langsam dicker. Aber die Creme darf nicht kochen, weil sonst die Eigelbe gerinnen. Dickflüssige Creme lauwarm werden lassen.

4 Den Backofen auf 220 Grad (auch schon jetzt: Umluft 200 Grad) vorheizen. Die Förmchen kalt ausspülen, nicht abtrocknen. Teigplatten einzeln auf wenig Mehl längs ausrollen, bis man aus jeder Platte 3 runde Teigstücke für die Förmchen schneiden kann. Förmchen umgedreht darauflegen und jeweils mit 1 cm Abstand rundherum ausschneiden. Teig in die Förmchen legen.

5 Die Förmchen auf ein Backblech stellen. Die Creme fast bis zum Rand einfüllen. Tartes im Ofen (Mitte) etwa 10 Minuten backen, bis die Oberfläche braune Pünktchen bekommt. Herausnehmen und auskühlen lassen, dann mit Puderzucker und Zimt bestäuben.

Marmorwaffeln mit Erdbeer-Quark-Butter

Auch fein zum Frühstück

Zutaten für 8–10 Personen:
Für die Erdbeer-Quark-Butter:
250 g Erdbeeren
1 Pck. Vanillezucker
100 g weiche Butter
50 g Magerquark
Für die Waffeln:
250 g weiche Butter + etwas mehr fürs Waffeleisen
150 g Zucker | 1 Prise Salz
4 Eier (M) | 1 Msp. Backpulver
150 g Mehl | 100 g Speisestärke
2 EL Kakaopulver | 4 EL Milch

Zubereitungszeit: 45 Minuten
Kalorien pro Portion (bei 10): 480 kcal

1 Die Erdbeeren waschen, von den Kelchblättern befreien und in Scheiben schneiden. In einer Schüssel mit dem Vanillezucker vermischen.

2 Butter und Quark zu den Erdbeeren geben und alles mit der Gabel nur grob zerdrücken – es soll keine glatte Masse ergeben. Die Erdbeer-Quark-Butter in den Kühlschrank stellen.

3 Für die Waffeln Butter mit Zucker und Salz mit den Quirlen des Handrührgeräts schaumig rühren. Dann ein Ei nach dem anderen einrühren, wobei der Teig jedes Mal wieder schön glatt sein sollte. Backpulver, Mehl und Stärke vermischen und unter den Teig ziehen.

4 Den Teig halbieren. Kakao mit der Milch glatt rühren und unter eine Hälfte des Teigs ziehen, bis dieser schön braun ist. Nun den dunklen auf den hellen Teig geben und beide mit einer Gabel locker vermengen – wie beim Marmorkuchen.

5 Das Waffeleisen auf mittlerer Stufe anheizen und gut einfetten. Dann nach und nach jeweils 1 ordentlichen EL voll Teig hineingeben, Eisen zuklappen und den Teig goldbraun backen, wie es in der Gebrauchsanweisung steht (meistens bis das Licht am Waffeleisen erloschen ist). Die Marmorwaffeln auf Teller geben und darauf etwas Erdbeer-Quark-Butter schmelzen lassen.

Aprikosen-Minze-Muffins

Luftige Leckerbissen

Zutaten für 12 Stück:
250 g Aprikosen
4 Stängel Minze | ½ Bio-Zitrone
80 g Butter | 2 Eier (M)
150 g brauner Zucker
150 g Naturjoghurt
250 g Mehl | 3 TL Backpulver
Außerdem:
12er-Muffinblech
Öl oder weiche Butter für die Form oder 24 Papierbackförmchen für Muffins
Puderzucker zum Bestäuben

Zubereitungszeit: 30 Minuten + 25 Minuten Backen
Kalorien pro Stück: 205 kcal

1 Die Aprikosen waschen, halbieren und die Steine auslösen. Die Früchte in kleine Würfel schneiden. Die Minze abbrausen und trocken schütteln, Blättchen abzupfen und fein schneiden. Die Zitrone heiß waschen, abtrocknen und die Schale fein abreiben.

2 Backofen auf 180 Grad (auch schon jetzt: Umluft 160 Grad) vorheizen. Das Muffinblech einfetten oder je 2 Papierförmchen ineinanderstellen.

3 Butter in einem Töpfchen erwärmen, bis sie schmilzt, dann wieder abkühlen lassen. Eier in eine Schüssel aufschlagen, mit den Quirlen des Handrührgeräts verquirlen. Zucker, Joghurt und Butter in die Schüssel geben und gut unterrühren. Das Mehl mit dem Backpulver mischen, zügig unter die Eiercreme rühren.

4 Aprikosen und Minze dazugeben und kurz untermengen. Den Teig in die Vertiefungen des Muffinblechs oder in die Papierförmchen füllen. Muffins im Ofen (Mitte) etwa 25 Minuten backen, bis sie braun und aufgegangen sind.

5 Aus dem Ofen nehmen und kurz stehen lassen, dann die Muffings aus den Mulden des Blechs lösen, abkühlen lassen (das entfällt bei den Papierförmchen). Vorm Servieren mit einer dünnen Schicht Puderzucker bestäuben.

Pinienkern-Orangen-Cantuccini

Abwandlung des toskanischen Klassikers

Zutaten für etwa 45 Stück:
1 Bio-Orange
150 g Pinienkerne
250 g Mehl
½ Pck. Backpulver
100 g Zucker
1 Prise Salz
1 Ei (M)
2 Eigelb (M)
2 EL Olivenöl

Zubereitungszeit: 30 Minuten
+ 30 Minuten Backen
Kalorien pro Stück: 60 kcal

1 Orange heiß waschen, abtrocknen und die Schale fein abreiben, den Saft auspressen. Die Pinienkerne in eine Pfanne schütten und bei mittlerer Hitze goldgelb rösten. Dabei immer rühren und gleich aus der Pfanne nehmen, wenn sie zu dunkel werden.

2 Backofen auf 180 Grad (auch schon jetzt: Umluft 160 Grad) vorheizen. Das Mehl mit der Orangenschale, dem Backpulver, Zucker und Salz mischen. Das Ei, 1 Eigelb und das Olivenöl mit etwa 3 EL Orangensaft und den Pinienkernen dazugeben und alles zu einem glatten Teig verkneten.

3 Den Teig zu einer Rolle (etwa 3 cm Ø) formen, einmal quer durchschneiden und die beiden Rollen auf ein Backblech legen. Etwas flacher drücken und mit dem restlichen Eigelb einpinseln.

4 Die Teigrollen im Ofen (Mitte) etwa 20 Minuten backen. Dann aus dem Ofen nehmen und etwa 10 Minuten abkühlen lassen. Jetzt in gut 1 cm dicke Scheiben schneiden. Die Scheiben nebeneinander wieder auf das Blech legen und noch einmal etwa 10 Minuten backen, bis sie schön knusprig sind. Abkühlen lassen.

Tipps:

Die Cantuccini einfach so essen oder in Espresso oder Vin Santo tunken.
Die Kekse halten sich in einer Blechdose mehrere Wochen frisch.

Register von A – Z

L

M

Q/R

S

T

V/W

Y/Z

Die Basic family

rund ums Kochen und Verwöhnen

ISBN 978-3-7742-4910-3

ISBN 978-3-7742-1642-6

ISBN 978-3-7742-1142-1

ISBN 978-3-8338-2162-2

ISBN 978-3-8338-3334-2

ISBN 978-3-7742-5798-6

ISBN 978-3-8338-2899-7

ISBN 978-3-8338-0077-1

ISBN 978-3-8338-1440-2

ISBN 978-3-8338-0835-7

ISBN 978-3-7742-2005-8

ISBN 978-3-7742-6624-7

ISBN 978-3-8338-2517-0

ISBN 978-3-7742-8795-2

ISBN 978-3-8338-2899-7

Alle hier vorgestellten Bücher sind auch als eBook erhältlich.

Mehr von GU auf www.gu.de und
facebook.com/gu.verlag

GU

Willkommen im Leben.

Impressum

Alle Rezepte von den Basic-Autoren
Cornelia Schinharl (fast alle)
Sebastian Dickhaut (10), Sabine Sälzer (16)
Tanja Dusy (12)

Sabine Sälzer	Projektleitung, Redaktion
Monika Bachmeier Melanie Haizmann	Redaktionsassistenz
engels + partner, Thomas Jankovic	Gestaltung & Layout, Cover
Redaktionsbüro Christina Kempe	Lektorat, Satz/DTP, Gestaltung
Susanne Mühldorfer	Herstellung
Mischa Gallé	Schlusskorrektur
Repro	Repro Ludwig
Druck	Firmengruppe APPL, aprinta druck, Wemding
Bindung	Firmengruppe APPL, m.appl, Wemding

Bildnachweis:

Cover-Zitrone: Thomas Jankovic (engels + partner GbR)

Barbara Bonisolli: alle Foodfotos (außer 255, 262 rechts).
Außerdem Step- und Produktfotos auf den Seiten 34 Mitte, 36 Mitte, 40 Mitte, 47 rechts, 49 links, 50 Mitte, 63 links, 69 links, 74 Mitte, 75 links und rechts, 79 rechts, 81 links, 85 rechts, 92, 95 links, 100 Mitte, 104 Mitte, 107 links, 116 Mitte, 117 rechts, 123 links, 130 Mitte, 131 rechts, 135 links, 140 Mitte, 155 links, 167 links, 168, 170 Mitte, 171 links, 177 rechts, 179 links, 183 links und rechts, 187 links und rechts, 191 links, 192 Mitte, 197 links, 208 Mitte, 213 links, 214 rechts, 223 rechts, 229 links, 232 Mitte, 233 links und rechts, 239 Mitte und rechts, 240 rechts, 252 Mitte, 253 Mitte und rechts, 254 rechts, 255 rechts, 262 Mitte, 263 rechts, 269 links, 271 links, 276 Mitte, 277 links.

Alexander Walter: alle Peoplefotos, Küchenhandgriffe mit den Basic-Models. Außerdem die Motive auf den Seiten 2/3, 7, 11 Mitte, 15 links, 16 rechts, 20 Mitte, 21 links, 23 links und rechts, 25 links, 31 rechts, 42 Mitte, 47 links, 49 rechts, 52 Mitte, 56 Mitte, 57 links, 64 Mitte, 65 links und rechts, 80 Mitte, 81 rechts, 86 Mitte, 87 links, 90 Mitte, 91 rechts, 97 links und rechts, 101 links und rechts, 105 links, 107 rechts, 109 rechts, 113 links, 117 links, 123 rechts, 128 Mitte, 131 links, 136 Mitte, 141 links, 144, 146 Mitte, 147 Mitte und rechts, 153 links und rechts, 156 Mitte, 157 links, 164 Mitte, 165 links, 166 Mitte, 172 Mitte, 173 links, 176 Mitte, 178 Mitte, 182 Mitte, 193 links, 196 Mitte, 197 rechts, 199 Mitte und rechts, 209 rechts, 212 Mitte und rechts, 219 links und Mitte, 229 rechts, 238 rechts, 241 rechts, 245 links, 248 rechts, 255 links, 256 Mitte, 257 links, 259 links, 260, 262 rechts, 263 links, 267 links, 270 Mitte, 274 Mitte, 275 links und rechts.

Coco Lang: Motive auf den Seiten 37 links, 189 rechts, 198 rechts, 259 rechts.

Syndication: www.jalag-syndication.de

Umwelthinweis: Dieses Buch ist auf PEFC-zertifiziertem Papier aus nachhaltiger Waldwirtschaft gedruckt.

ISBN 978-3-8338-3334-2
1. Auflage 2013

www.facebook.com/gu.verlag

DAS ORIGINAL GU MIT GARANTIE

Unsere Garantie

Alle Informationen in diesem Ratgeber sind sorgfältig und gewissenhaft geprüft. Sollte dennoch einmal ein Fehler enthalten sein, schicken Sie uns das Buch mit dem entsprechenden Hinweis an unseren Leserservice zurück. Wir tauschen Ihnen den GU-Ratgeber gegen einen anderen zum gleichen oder ähnlichen Thema um.

Liebe Leserin, lieber Leser,

wir freuen uns, dass Sie sich für ein GU-Buch entschieden haben. Mit Ihrem Kauf setzen Sie auf die Qualität, Kompetenz und Aktualität unserer Ratgeber. Dafür sagen wir Danke! Wir wollen als führender Ratgeberverlag noch besser werden. Daher ist uns Ihre Meinung wichtig. Bitte senden Sie uns Ihre Anregungen, Ihre Kritik oder Ihr Lob zu unseren Büchern. Haben Sie Fragen oder benötigen Sie weiteren Rat zum Thema? Wir freuen uns auf Ihre Nachricht!

Wir sind für Sie da!
Montag–Donnerstag:
8.00–18.00 Uhr;
Freitag: 8.00–16.00 Uhr
Tel.: 08 00/7 23 73 33
Fax: 08 00/5 01 20 54
(kostenlose Servicenummern)
E-Mail: leserservice@graefe-und-unzer.de

P.S.: Wollen Sie noch mehr Aktuelles von GU wissen, dann abonnieren Sie doch unseren kostenlosen GU-Online-Newsletter und/oder unsere kosten losen Kundenmagazine.

GRÄFE UND UNZER VERLAG
Leserservice
Postfach 86 03 13
81630 München

GRÄFE UND UNZER

Ein Unternehmen der
GANSKE VERLAGSGRUPPE